石破天惊

人机大战的跨时空解读

王元 谢锐 著

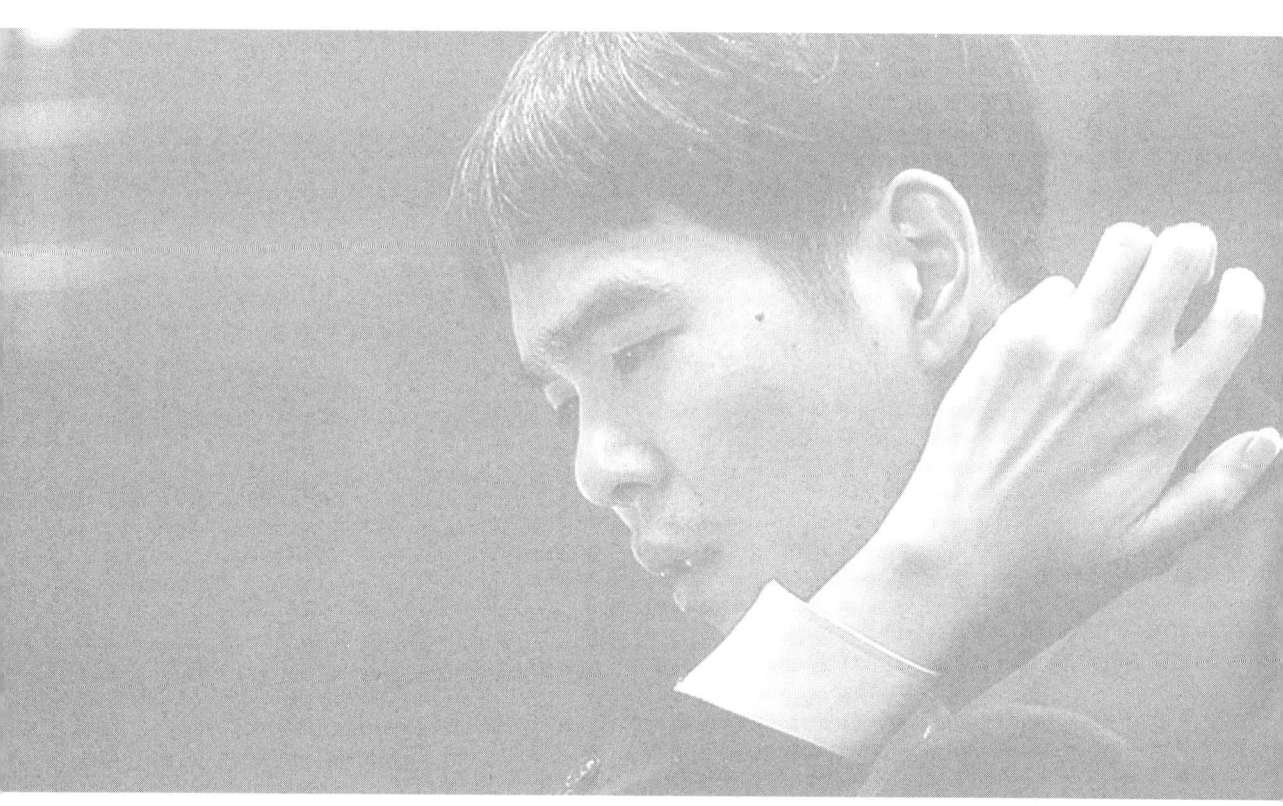

山西出版传媒集团　书海出版社

图书在版编目（CIP）数据

石破天惊：人机大战的跨时空解读／王元，谢锐著.
—太原：书海出版社，2016.6
ISBN 978－7－5571－0046－9

Ⅰ.①石… Ⅱ.①王… ②谢… Ⅲ.①围棋－对局（棋类运动）－研究 Ⅳ.①G891.3

中国版本图书馆 CIP 数据核字（2016）第 120418 号

石破天惊：人机大战的跨时空解读

著　　者：王　元　谢　锐
策　　划：姚　军
责任编辑：梁晋华
封底篆刻：王　毅
图片来源：谷歌网站

出 版 者：山西出版传媒集团·书海出版社
地　　址：太原市建设南路 21 号
邮　　编：030012
发行营销：0351—4922220　4955996　4956039　4922127（传真）
天猫官网：http：//sxrmcbs.tmall.com　电话：0351—4922159
E — mail：sxskcb@163.com　发行部
　　　　　sxskcb@126.com　总编室
网　　址：www.sxskcb.com

经 销 者：山西出版传媒集团·书海出版社
承 印 者：山西出版传媒集团·山西新华印业有限公司

开　　本：787mm×1092mm　1/16
印　　张：12
字　　数：250 千字
印　　数：1－5000 册
版　　次：2016 年 6 月　第 1 版
印　　次：2016 年 6 月　第 1 次印刷
书　　号：ISBN 978－7－5571－0046－9
定　　价：35.00 元

如有印装质量问题请与本社联系调换

目录

001　客来问鼎

001　第一局　晴天霹雳一败
028　第二局　再战濒临绝望
059　第三局　再败无限悲壮
085　第四局　无与伦比之胜
117　第五局　楼兰未破终有憾
147　时空感
157　复吴图
168　"人机大战"带给人类的不是噩耗
171　后记　围棋"老炮儿"

客来问鼎

王 元

  之所以急着要出这本书，主要有两个原因。

  李世石九段与谷歌AlphaGo（以下简称阿尔法）的"人机大战"，石破天惊。第一局出结果时，我在由首都机场回家的出租车中。闻讯后，惊愕！随即产生心紧的生理反应。第二局，与几位非围棋界的棋友相约看棋；第三局和第四局，自己在家观看；第五局，又是与那几位棋友在同样的地方再约同看——他们为此暂时连班都不上了。

  与棋友一起看棋的方式是，将电脑棋局实况投影于大屏幕，再置棋盘棋子，边看边摆边聊。我因视力缘故，电视、电脑及有力度的光均不宜，所以，当时那么多的、各式各样的高手讲解，都遗憾地错过了。朋友们为了照顾我，只投影了无声无响的棋盘棋子实况画面，他们实在想听想看时，便用自己的手机接上耳机，以得其乐。

  是的，这样的看棋，更多地是我与他们的交流或者说是我在"讲棋"。然而，不少次，我发现，当我说"阿尔法这着棋肤浅，那着棋有疑问"时，便有棋友幽默而对立地跟我摆棋，类似于"你下这里，我便应那里；你下那里，我便下这里"的状态，其潜台词显然是："阿尔法，是不会下错的；李世石，怎么下都是输！"

  从李世石九段输掉第一局后，愈演愈烈的谷歌阿尔法神话，包含着相当大的误判、误解的神话，已经如滚滚洪流，势不可挡了。

看棋，除了看结果，更要看内容，尤其是这一开天辟地以来、轰动世界一时的"人机大战"。我想告诉棋友们：阿尔法精彩地以4比1战胜了李世石，这具有划时代的伟大意义。但，电脑围棋并没有超越人脑围棋！或者换一个说法：阿尔法，并没有比李世石高明！当然，阿尔法已经成为高手。

这便是想出这本书的第一个原因。

第二个原因也简单。当今信息时代，任何事都应该"快"，无论是为"请赞扬阿尔法的棋力时不要神乎其神"做点什么，还是"趁着热乎劲儿，能出书的话，就赶紧吧"。

人工智能，我不懂，却知道其意义非凡。其不少实践已经为人类服务多时（比如飞机的自动巡航系统或任何更多的自动机器）；其许多理论，作用于某个具体项目时，也许实效成疑，却可能是美好前景的起步，比如汽车的自动驾驶。乍一听觉得无聊，但如果想象到将来的某一天，所有汽车都装上"无人系统"，安全、环保、效率等问题岂不是在这一领域都最大限度地解决了吗？另外，对此技术的研发和促其成熟，必然地可以举一反三，用于更宽泛的领域。

阿尔法，于围棋之外的意义，亦在于此。从它已在围棋上达到的高度，一点不懂人工智能的我，也可以想象得出，它（此技术）可能去解读动物的交流方式，从而让人类能更多地认知这个世界，进而让世界更美好；它可能使医疗卫生事业出现革命，颠覆性地提升诊断甚至治疗的效率或水平……

阿尔法是否真正意义上地会下围棋，这并不重要。重要的是，阿尔法已经具备对于围棋讯息的识别、存储、分析、选择和运用的能力。这样的能力，让我这个"科盲"深感震惊，并有"今生得见，幸运之至"之叹。尽管，真正意义的"会下围棋"，必须包括思想、情感、感觉、文明、道德和交流等，应该有"有约不来过夜半，闲敲棋子落灯花"、"别后竹窗风雪夜，一灯明暗复吴图"的延伸。

据说，阿尔法是超过千台的电脑同时工作，所以，在它已"会"的范围，能力强大；据说，它下棋，其每一步，并不像"应该有"的那样，从前后连贯的角度着手，而是"重新审视"即每步棋都是独立成章、将其当作单个问题来处理。如果是这样的话，这对于它是否意味着每着棋的"质量"（物理意义的）都远超人的一局棋或终生所下的棋局，这是另一个问题。但显而易见的是，人对弈中的"情感、气合"等血肉之躯的必然反映，在人机对战中，便统统归零或者归负数了。

气合，该术语来自于日本相扑，其中，"较劲"、"负气"或"道高一尺，魔高一丈"这类意思的比例较大。在围棋对局中，气合不可能是绝对单方面的。比如，一方严重失礼，对方就算海涵，雁过必然留声。因此，情感等等，根本就是围棋的组成部分；围棋，绝不仅仅是技艺、胜负。

但是，面对机器，人之用"情"，就像"手机信号屏蔽"、"打招呼人家不理你"甚至"放火烧荒，风向陡转，烧着自己"。遗憾的是，李世石此次气合即情不自禁地用"情"处，很多……其实十番棋时的吴清源先生曾说过（应对记者询问"听说重大对局时，棋手都会专门研究对手并作有针对性的预案，您怎么看"）："我从不研究对手。我只是针对一局棋的本身。"

是的，我不相信机器能在围棋上胜过人。为此，我刻意在按预约于3月6日（"人机大战"3月9日开始）在成都西南棋王赛期间所做的"世界冠军如是说"的视频访谈节目的开场白中清楚地表达了。因为，我不相信只有血肉之躯才能产生的思想、情感等，机器也能有。而没有属于自己的思想，面对万物的情感，是不可能下出真正富于灵气的好棋的——虽然模仿可以并确实已经达到了相当的技术高度。这个信念，我今天仍然坚持，即使我知道人工智能是伟大的事业，已经建立起了伟大的成就；即使在看过李世石对阿尔法的五盘棋，面对现实且"心脏几乎不能支撑"之后。因为我看棋的内容和本身，而不仅仅是结果。

李世石九段是我敬重的棋手。除了各位已知的有关他的种种轶事，我不会忘记他和赵汉乘九段在2008年进入亚洲电视快棋赛决赛后，相约并兑现了"将冠亚军奖金捐献于四川地震灾区"的承诺。棋手或者其他项目的运动员，在外国能有如此义举的例子，可能也有，但我只知道这一桩。不用说，在围棋上，李世石九段影响大、贡献大。与这本书的棋评技术部分都是我的"个人感想报告"（这表示"不够自信、文责自负"）一样，我还想说，在李昌镐九段之后，职业围棋界越来越自由、激烈的趋势和现象，源起者，就是李世石九段。

是的，这次"人机大战"之前，我料定阿尔法根本不是李世石的对手。之中，我为李世石加油；之后，我向李世石致敬！我认为他并没有输——精神和棋艺没有输。但五局之战，看结果他确实输了……

2016年初，媒体刚刚报道阿尔法5比0胜欧洲围棋冠军樊麾二段的消息，我打了第一局棋谱后，得到的印象与稍后各高手多为惊叹及过誉者相当不同。我对身边的棋友说，电脑达到这个水平，相当了不起！但若数字化，顶尖职业棋手能够让两子。为此，我还戏作一联——

须知棋诀能变调
不信谷歌就翻天

然而，真的想不到，真的又长见识了啊：半年来，阿尔法居然又一次蜕变升华了。

借此机会，必须向谷歌阿尔法的团队致敬！你们确实完成了匪夷所思的壮举，你们的智慧、技术、能力和付出，必能转向为个人、公司、社会甚至更大范围做出更多的贡献。祝福你们！

这五局棋，牵肠挂肚，惊心动魄。比分上，李世石九段输了，而他应有的棋艺水平，明显极不发挥。那么，从4比1的结果和五局棋的内容里，还能看出什么呢？

一、阿尔法确实是革命性的优秀。其在人工智能方面的"工、功、意义"我知道很大，却不知道怎样用专业术语来表达。

二、阿尔法很显然已经把所有能见到的棋谱，都看过并且都以它的方式学习、研究过了。只有在这一点上，它确实超过了人类。几年前，据报道，有记者采访巅峰期的李世石九段："专家们认为您的棋，与坂田荣男九段的棋很像。"李世石回答："我没有看过坂田九段的棋谱。"哦？原来是这样。但阿尔法就不同了，我想象，这次"人机大战"之前，阿尔法或许专门对李世石的棋谱尤其是他输掉的棋谱，做过它所能做的研究，同时，因它检索任何信息的能力超强，还专门将坂田荣男九段的所有棋谱又过了一遍。"您不是没看过坂田的棋谱吗？那么，坂田的着法，自然就更有用了。"这些工作对它而言，只是分分钟的事情。

第二局中，阿尔法得到观战者们赞叹的序盘阶段左边那个五路轻吊，可以说正是坂田先生比较有名的一手；五局之中，黄龙士、施襄夏、本因坊道策、本因坊丈和、吴清源、加藤正夫、李昌镐等，有的是形，有的是影，阿尔法都有借用。我学棋至今，打的棋谱太少了，但即便如此，也能在看阿尔法的棋局之时，看出以上诸位围棋大家的思想和着法。没有精力和能力去做更细的对比，如果有，肯定能为"五局棋中，阿尔法用李世石本人的思想和着法，所谓'以夷制夷'的实践，我想应该更多"找出证据。

三、阿尔法确实"见多识广"，但一来"大有大的难处"、"多也有多的烦恼"，起码，选项过多时，反而顾此失彼。再则，更大更多的围棋内涵和精彩，其实都无法面世而只停留在人的思想中，是电脑不可模仿、不可拿来就用的。也许因为这些原因，阿尔法在表现出色的同时，也出现了一些按图索骥、画蛇添足以及根本错误的着法。正因为如此，当看到《参考消息》报道一位阿尔法团队的灵魂人物夸赞李世石"您下得真出色"时（这类夸奖，如果出自围棋大家之口，可信度更高，亲切感更甚），感到阿尔法已经被大面积、高强度地神化时，我心里非常非常不是滋味。

四、李世石之败，真的是败给了自己，主要是败在心理和策略。开赛前，他声称将5比0取胜。是的，当时我也有高度同感——如果依据阿尔法与樊麾的五局棋谱的话。甫一交手，李世石的对局心情在"对手半年来变化进步很大"和"哦，原来也不过如此"之间来回摇摆，从而失去了平常心。既然如此，便自然加速了能量消耗，作茧自缚。一不小心，再加上时间紧（顺便提一句，对局时限，越长对人越公平），竟然输了！第二局如临大敌。孰料开局不久，对手便在"方向"上至少相当相当地不明棋理，于是他很快又陷入心理矛盾之中，再加上白74、白80这两着"李世石流"本身"尖锐加局限"的特性，致局势失去操控。同时，阿尔法的中后盘功夫，在本局表现出色。

转眼间，怎么就两连败了？围棋中的三番、五番、七番、十番棋，都是想象中"胜负漫长"，但气场的确立和转换，其实是很快的。在围棋界，如果要论"意志坚强"，能与李世石比肩者寥寥无几。尽管如此，坚强与豪气，用过头了或难免动摇，均情有可原。而无论是"过头"还是"动摇"，导致策略失当，亦可想而知。

第三局，李世石很放得开，但策略过于针对电脑了——哪怕是非常于己不利的布局，只要它是阿尔法"没见过"的！另一方面，阿尔法不是以"布局模式"，而是以"见招拆招"的方式对应，确实又"聪明可爱"或"运气太好"……在本局最后，李世石明知不可为而为之的那一手"内靠"落于盘上的瞬间，我完全是有泪欲下的感觉，完全被李世石感动了。

五、阿尔法的围棋水准，我认为很高，大致与一线职业棋手接近；但距离人脑曾达到的高度，还有相当的距离，而且，这才是鸿沟。

六、阿尔法横空出世，如果该项目坚持下去，而不是刀枪入库马放南山，那么，将出现电脑与人类你追我赶、彼此竞争进步的良好状况。考虑到阿尔法运行成本昂贵，有说法是"每手棋成本3000美元"，我感谢他们的坚持，并再祝福他们！

七、"人机大战"，其实是双赢。据说，谷歌的英文原名，其意思是"（数字）无穷大"，而谷歌的人员公开说："围棋的变化，比所有的原子数量还大（10的170次方）。"换言之，围棋与谷歌，有着"莫须有"的共同点。陈丹淮将军说，李世石与阿尔法的五番棋，与其说是"人机大战"，还不如说"人对机器的测试"。人机相向，其实是共同做事。先前提到的那位与我一起观看"人机大战"时、摆棋跟我幽默的棋友，后来还说："也许，以后可以借助阿尔法解决'围棋中黑先究竟应该贴多少子才更公平'的疑难问题。"

是的，棋中许多人脑不可能解惑之处，也许阿尔法们是救星。现在的阿尔法，我想，它于本质上更接近于"围棋着法的搜索引擎"。与人对弈时，人的每一着，可类比于在搜索"我此着一出，请您告诉我，棋局历史上，对此着可能有的最佳答案是什么？或者，阿尔法您推荐一着"。阿尔法似乎已经具备认识、鉴别已知棋谱中"好着"的能力，但是，在它的新的实际对局中，完全符合"库中好棋"的条件，并不存在。而这正应是我们的优越之处——如果我们博学和融会贯通并创新的话。当然，除了搜索，只要工程师们愿意，将它改装为"围棋疑问的评估和计算平台",应该是举手之劳吧。有个棋盘上的问题,我曾在近十年之前的《围棋天地》的"天地讲议"中提及——

参考图一 右上角,假设有这样的棋形,星位的"粘上",价值连城……

右下角,若黑1粘上,外围白两子分别"撞墙",黑势如铁,隐形的"地",价值无限。

左下角,若白1粘上,与右下角立场正好相反:外围黑两子,原告变被告。

左上角,随着相关子力的增加,"粘上"的价值,几乎倍增。

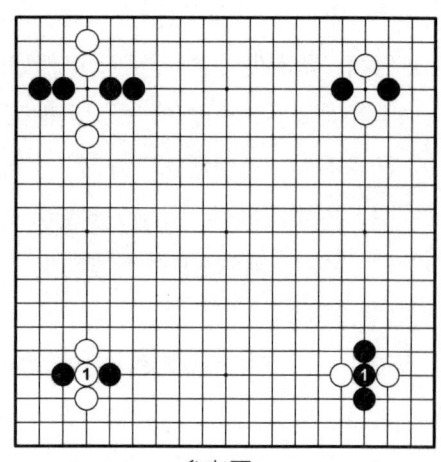

参考图一

参考图二 如果在中腹,"高者在腹",可知天元"粘上"的价值更大。随着黑A、白B的附加条件改变,"粘上"的价值,更骇人。

参考图三 然而,如果"附加条件"之量化到极致呢?

显然,量变到质变,曾经是无价之宝的天元,现在却沦落为"单官"!

过犹不及,古有明训。有时最重要的,或许不在于"事成"、"事败",而是在于"度"。

那么,这几个棋图带来的问题,还有什么呢?

第一,参考图一中,四角"粘上"的价值究竟是多少?肯定,对此人脑无解。只能简单评估:30目?40目?50目?

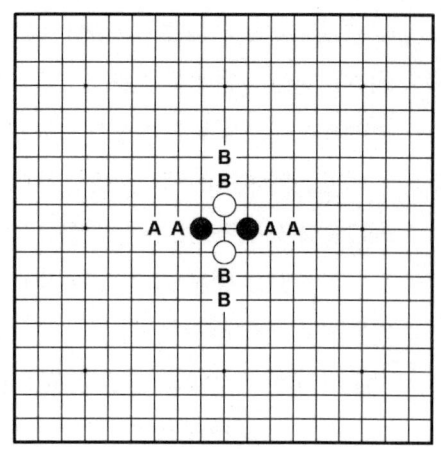

参考图二

第二,参考图二在中腹,感觉上价值超过角上。一定要评估的话,60目?80目?100目?

第三,参考图三中,随着相关子力的增加,价值先是随之增加(是多少?),然后是逐次下降(又是多少?),那么,拐点是第几个棋子?每颗棋子所影响到天元价值的数字,又是多少?

对于这些问题,若求数字化的结论(如果有的

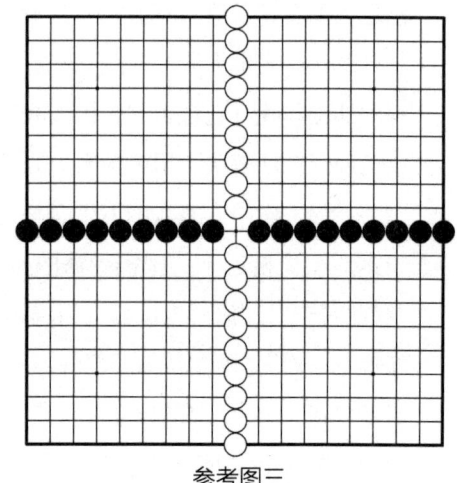

参考图三

话），人类，只能求助于机器了。阿尔法们，拜托了！这些问题不解决，或者不出现解决的点点希望，人在对围棋认知方面的突破，终归困难。

  当然，阿尔法围棋的"强大"，已经可以帮助我们了。众所周知，对于前人在围棋上的种种，今天的棋手们虽然足够优秀，却似乎没有去了解（没有时间精力也可能没有兴趣或者根本就抱有偏见和误解），也没有"动力"去了解，一如人如果没有病痛，谁也不想去医院。但是，阿尔法来了！它背负千余台电脑，内存所有能见到的棋谱、着法，同时身怀"识别、分析、选择和运用"的绝技，它来了！

  想在心态调整得很好的基础上与它切磋棋艺吗？请尽可能多地读点过去的书（谱）吧，"书到今生读已迟"，不完全是"来不及了"的解读，更具有"只要学习并善于学习包括向比自己水平似乎低的对象学习，就总是有用的"的积极意义。

  而我们，也许也包括本书吧，很乐意可以帮助阿尔法，促它更完善（顺便重复一句，"人机大战"五局棋中，阿尔法的错着很多），让它有更好的技能，可在任何领域更好地为人类服务。

  至于什么"阿尔法的此版本可以让彼版本四子"、"阿尔法自我复盘'人机大战'五局得出结论，已满世界无敌"等，人家有人家的依据，而我，只是觉得"这很幽默"。还有那人云亦云之"阿尔法遇强更强"的说法，哦？是吗？那么，它为什么输了一局呢？另外，看棋要看内容！总体来看，李世石的"内容"并不比阿尔法差多少，而李自己的发挥，50%，肯定不到。

  总之，请不要编织神话。

  八、人工智能的围棋，与我们的围棋，完全是两回事。阿尔法们，通过在围棋上的磨练和进步，可以更好地成为人类在任何事业上的帮手；而围棋之于我们，仍然是观察自然界、人类社会的借镜，仍然是自我丰富、自我提升的手段，仍然是中华灿烂文化中的一点。

七律《人机之战》

岂料棋风顺谷歌，客来问鼎未传讹。
精灵不外邯郸步，思想非同磁电波。
正视此时虽落败，方知往日竟偏颇。
莫将心乱杯弓影，石借他山兴烂柯。

第一局　晴天霹雳一败

● 李世石九段　黑贴3又3/4子
○ AlphaGo

2016.3.9 / 韩国首尔

"人机大战"这件事还得从2016年1月28日世界顶级杂志《自然》刊登的一篇名为《面对谷歌围棋AI，人类最后的智力骄傲崩塌了》的文章说起。这篇文章爆出了一条令人无比震惊的消息：Google公司开发的一款名为"阿尔法围棋"（AlphaGo）的人工智能，在没有任何让子的情况下5比0完胜欧洲冠军、职业围棋二段樊麾。人工智能在围棋领域打败职业高手的时代到来了？

文中写道："1997年，国际象棋AI第一次打败顶尖的人类；2006年，人类最后一次打败顶尖的国际象棋AI。欧美传统里的顶级人类智力试金石，在电脑面前终于一败涂地，应了四十多年前计算机科学家的预言。至少还有东方，人们自我安慰道：围棋AI长期以来举步维艰，顶级AI甚至不能打败稍强的业余选手。这似乎也合情合理：国际象棋中，平均每回合有35种可能，一盘棋可以有80回合；相比之下，围棋每回合有250种可能，一盘棋可以长达150回合。这一巨大的数目，足以令任何蛮力穷举者望而却步——而人类，我们相信，可以凭借某种难以复制的算法跳过蛮力，一眼看到棋盘的本质。"

人工智能已在国际象棋、象棋上取得巨大成就，1997年，IBM"深蓝"打败棋王卡斯帕罗夫；象棋电脑软件起步稍晚，但进步神速，2006年北京举行象棋"人机大战"，结果象棋特级大师们败下阵来。如今，如何防范象棋比赛中使用电脑软件作弊成为一桩大事，甚至到了现场屏蔽手机信号的地步。

但在围棋领域，计算机一直还是在蹒跚学步。过去认为这是因为围棋变化复杂之故，围棋每盘棋的行棋总变化量约为10的808次方。而国际象棋的总变化量约为10的201次方，象棋的总变化量约为10的200次方，与围棋的差别量为天文数字。

在这样的天文数字面前,运算再快的超级电脑都无济于事。在围棋与电脑程序设计间跨界的俞斌九段看来,国际象棋的程序是围绕着杀死王这一要点设计的。而围棋的棋子没有大小之分,电脑无法去计算哪条大龙更大。围棋到后盘收官变化无穷,越到后形势越复杂。"拿天河2号来运算也没有用,这不是拼蛮力。"

在2015年11月北京举行的人工智能围棋赛中,获得冠军的电脑软件在与职业七段棋手连笑的让五子局中败下阵来,当时普遍的观点是,人工智能在围棋领域最高水平不到业余5段,要想达到职业高手的高度,还有遥远的道路要走。

但不曾想,仅仅两个月的时间里,人工智能界就爆出这样一条震撼性的消息来;而且,这还是2015年10月进行的对局,谷歌公司将此消息封锁,直至三个月后才公布开来。根据保密协议,樊麾一直保持沉默,而协议中还有哪些技术性的约束则不得而知。

阿尔法围棋水平到底有多高?研究者让AlphaGo与其他的围棋AI进行较量,在总计495局中只输了一局,胜率是99.8%。它甚至尝试了让四子对阵Crazy Stone、Zen和Pachi这三个比较有名的先进的围棋AI,胜率分别是77%、86%和99%。这次阿尔法在与人类职业高手对弈中5战全胜,已经超出了之前所有人工智能在围棋领域的成就。樊麾说:"虽然我的水平不是特别高,但对我5比0的比分就算放在职业棋界,恐怕也没有太多人能绝对做到。"

樊麾生于20世纪80年代,在中国打上职业二段后赴法留学,后来成为法国国家围棋队总教练,已经连续三年赢得欧洲围棋冠军的称号。在他对阿尔法围棋五连败的消息公开后,他坦言,虽然这几盘棋谱中AI表现出的水平不是特别惊人,但在当时的局面下正好可以击败他。最令他对局时感到绝望的是,不能出现失误。第二局他局面本来极好,但由于一个随手被对方抓住,后面竟然再无机会。之后他自己的心态发生变化,棋上的弱点被AI完全掌握。

但这五盘棋谱在网上公开后,职业高手们从最初的惶恐中逐渐清醒过来,差不多一致认可阿尔法的围棋水平相当于业余高手,与业余天王们好胜负。罗洗河九段甚至放言:"我让zen4九个子下过一百多盘5秒一步的,电脑差一些。谷歌这个软件号称让zen四个子胜率七成多,让它四个子我有信心获胜。"

其后,职业高手们都对李世石5比0战胜阿尔法抱以乐观的态度,柯洁九段甚至认为,谷歌公司为此次"人机大战"设立的100万美元获胜奖金等于给李世石送红包。

然而,事实又是怎样的呢?

第一谱　1—8

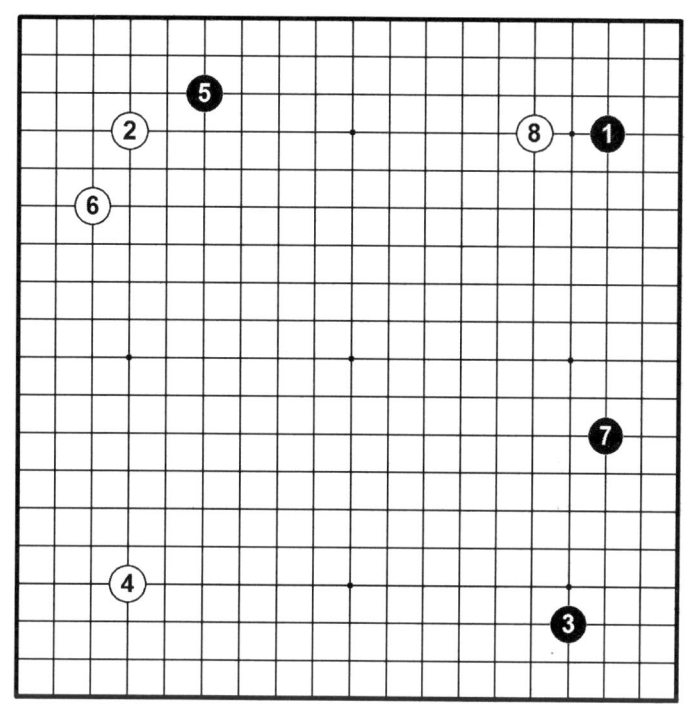

对于李世石九段来说，他最大的困惑是之前从未与阿尔法这样高水平的电脑软件交过手，他平时也不习惯在电脑上下棋，无论是对电脑围棋软件的了解程度，还是与电脑对弈的熟练程度，都有所欠缺。因而，此次"人机大战"期间，韩国信息通信专业律师田石镇撰文，谷歌推进的这场博弈系骗局，阿尔法通过网络可随时无限收集和利用相关信息，这意味着它拥有无数的"指教者"。

不管怎样，李世石还是有所准备，开局第7手即弈出阿尔法没有见过的新招。

图一　白1拆边打散局面也是一种选择。白1位居"九·3"是在中国古谱中屡见不鲜的着法，阿尔法显然知道，但阿尔法没有做此选择。白1、白3拆边后，谱中黑7的变招不一定比A位的位置更佳。

图二　白1从这边挂也是一策。至黑6，黑棋右下角的配置不够完美，但上边也能够成片，对此结果，白棋是否满意，真想问问阿尔法。

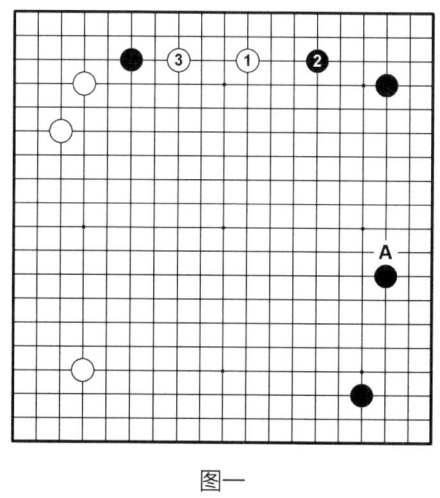

图一

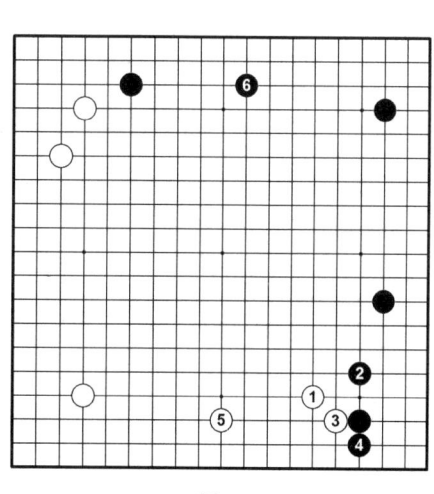

图二

第二谱 9

李世石选择了黑9二间高夹，他的意图是如果阿尔法按照常形下出"妖刀定式"，他在布局起始阶段即出"变招"的用意便得以实现。现在就看阿尔法会不会套用定式，步入李世石彀中了。

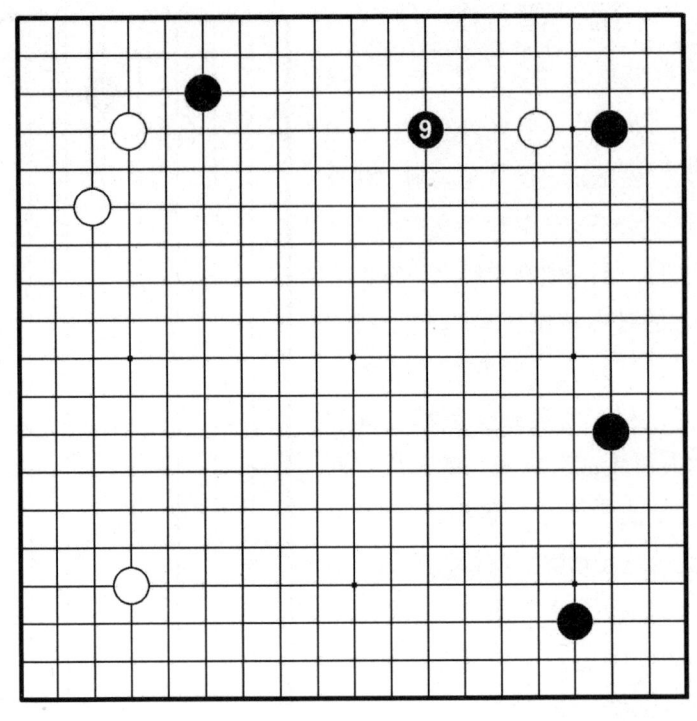

图三 这会是李世石的设计之一吗？此局部变化最早见于20年前的"首都在线"举行的聂卫平、曹薰铉网络赛中，当时聂老执黑弈出此型，为首次出现。如果弈出此型，显然黑棋右边配置效率充分。

不过，当初聂、曹两位前辈弈出此型后，今天年轻棋手的黑14不再打上去，而是保留余味在A位长。

图四 此局面下，如果阿尔法能下出白1这类变化环境的下法，那才是真的令人惊叹了，这是行棋富有思想的体现，尽管并不见得就好。

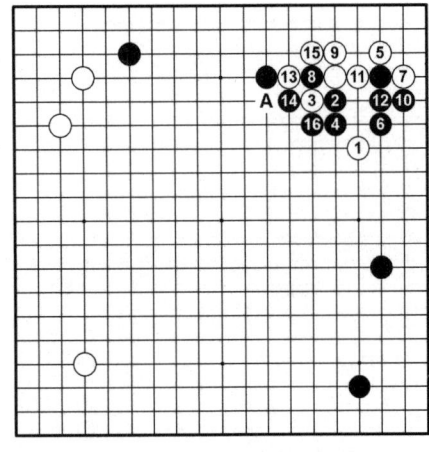

图三

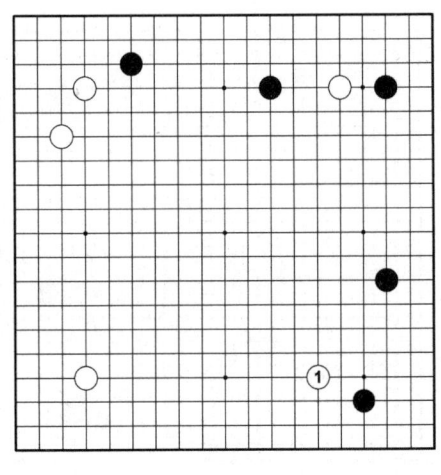

图四

第三谱　10—14

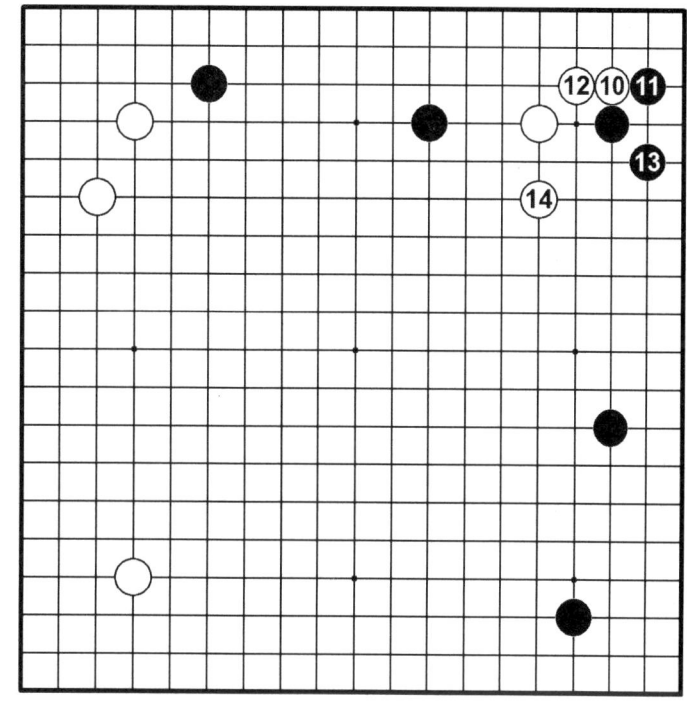

白10直接托，在当今比赛棋谱中看不到了。但在1979年日本第三十四期本因坊战七番棋决战第四局中却出现过。谷歌阿尔法几乎打过所有职业比赛棋谱，在其记忆中，肯定有林海峰九段执黑对加藤正夫九段这盘棋，白10托，正是源自于此。

图五　这是弈于1979年6月28日、29日的日本第三十四期本因坊战七番棋决战第四局，林海峰九段执黑对加藤正夫九段，最终结果是白半目胜。

实战中加藤正夫白14就是直接于三路托的，至白22，棋形与"人机大战"第一局极为相似，这是此状态下，高手棋谱中的唯一定型先例。

图六　这是弈于1982年2月3日、4日的日本第六期棋圣战七番棋决战第三局，林海峰九段执黑对藤泽秀行九段，白6挂角，黑7二间高夹时，藤泽秀行的应对很简明，尽量快速地跳向中腹，不在局部与黑棋做过多的纠缠。实战中，阿尔法所抄袭的加藤先生下法，在此局面下，明显不如藤泽先生的下法。

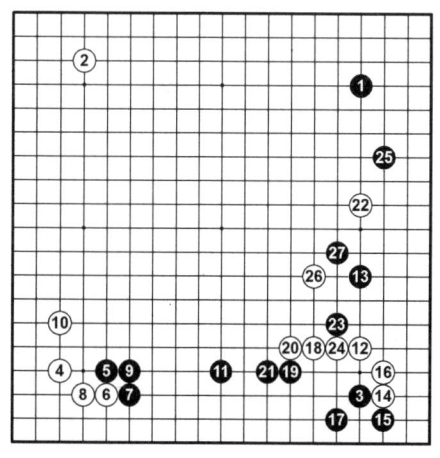

图五

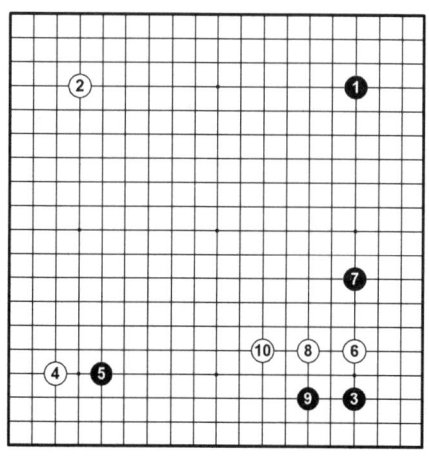

图六

第四谱 15—18

到目前为止，阿尔法的着法跟前边提到的林海峰九段对加藤正夫九段之局一模一样，如果李世石事先打过这盘棋的棋谱，那对他会不会有所启发呢？至少他在此局部，能与阿尔法一样知己知彼了。

当今年轻棋手大多以赛代练，有时候白天比赛晚上还要在网上鏖战不休，但若能花点时间，静下心来摆一摆前辈们的棋谱，从中领悟前辈大师们在棋上的思考、创造，吸收千百年来积淀下来的围棋营养，这对他们百利而无一弊。

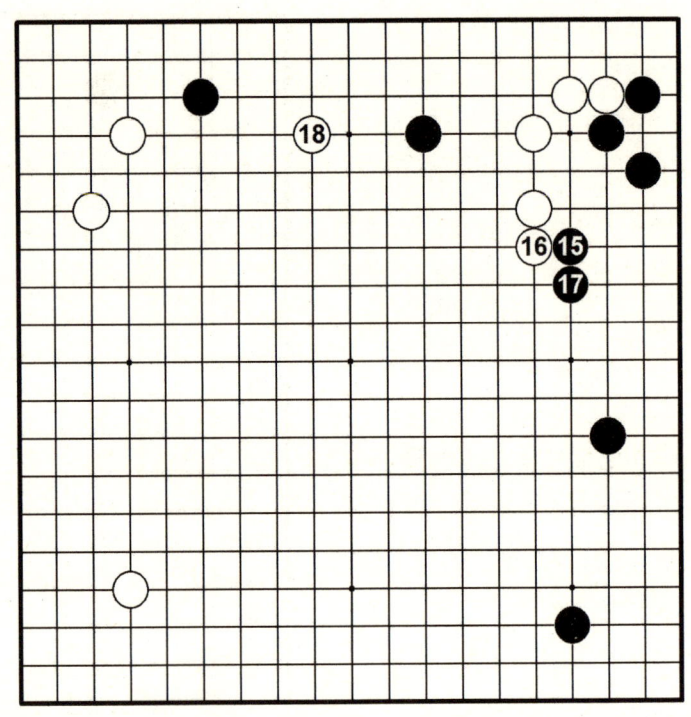

图七 棋风锐利的李世石没想过黑1先手刺，然后黑3搜根进攻白大块的下法吗？似乎这样才是真正的"李世石流"。白A跳下的手段不成立，黑B冲，白C挡，黑D断。另外，黑3"狼盯人"，如果宽松一点改于E位跳，棋形饱满，效率也很高。

图八 白2不肯老老实实地在A位粘住，改于三路飞，黑棋无论是从A位冲断还是B位挡住，都享受着白方为黑方助力、服务的待遇，没有不好之理。

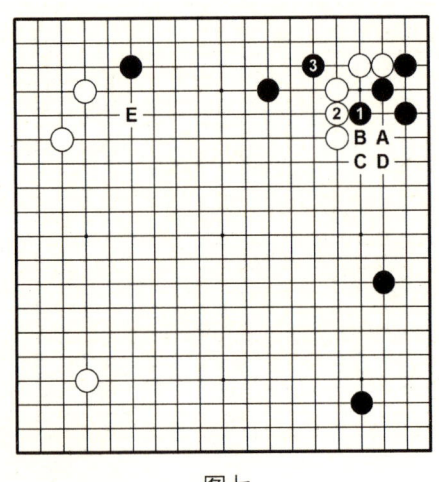

图七

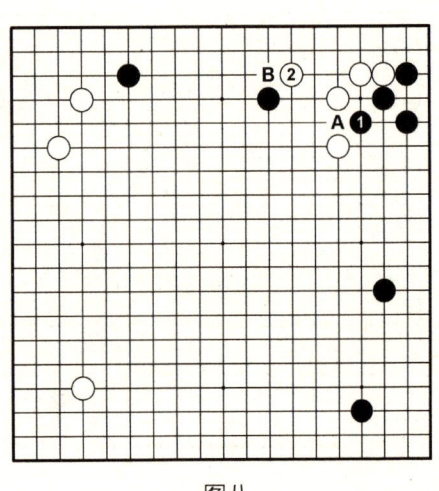

图八

第五谱 19—22

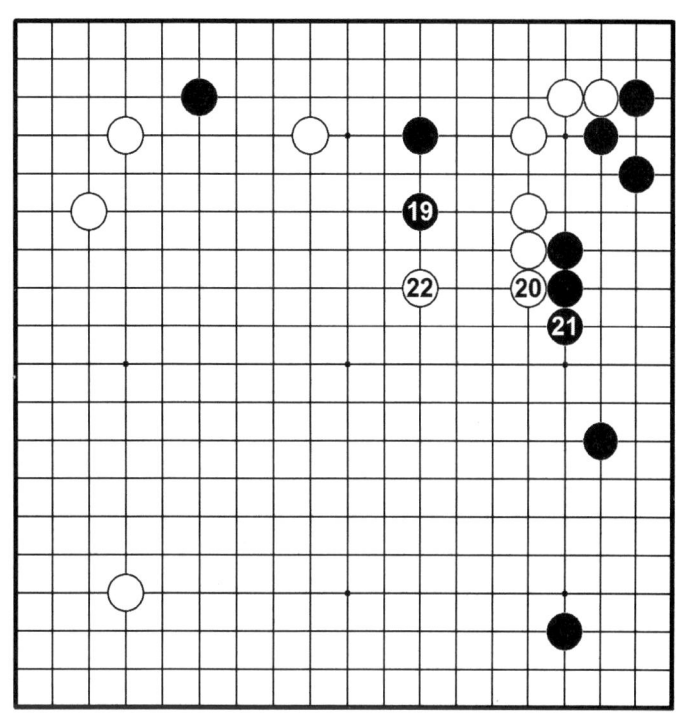

李世石的黑21是耐人寻味的一手。实战可看出他在求稳,但他不可能没看到,22位是此局面下眼见的制高点,所谓"入腹争正面"。如果这盘棋能重下,李世石将阿尔法当作高手而不是电脑来下的话,相信他会脱先抢占22位进入中腹的要点。实战他想再等等看,看看电脑怎么出招。可想而知,在当时的情况下,无论李世石怎样在隆重而别致的对局氛围中自我调整,内心深处他还是低估了对手。

图九 加藤正夫先生在自战解说中说:"如果我下的是黑棋,那么,我将在黑1刺后,黑3多跳一路。"显然,在本局中,李世石如果这么下,中腹的情况大相径庭。

图十 如果李世石面对的是人类高手,他很可能就这样简明选择了:黑1刺急先手,白2粘后,黑3跳堂堂正正!白4挺头时,黑5飞绝好点,与最初的布局变招的配置说得过去。毕竟,白棋在A位靠的手段并不成立。

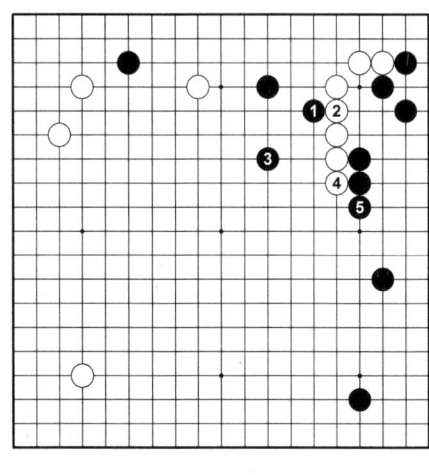

图九

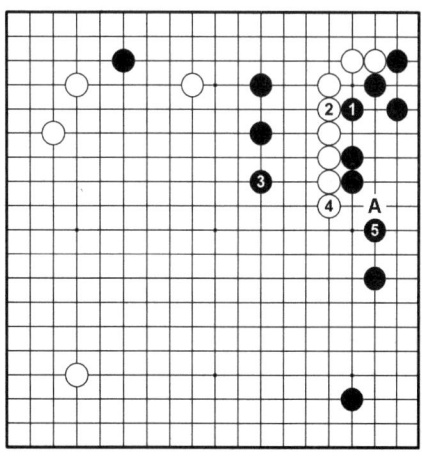

图十

第六谱 23

黑23靠出，多少有些考验阿尔法的意思吧？但效果不佳。本局从开始到现在，李世石的心态都有些微妙，他并未将阿尔法当作一个正常的平等对手来对待，说到底，还是因为他对阿尔法了解不够。但同时，我们也从中看出了李世石的心态并不平静，而且，这正是他在本系列对局中，情绪摇摆起伏的前因吧？

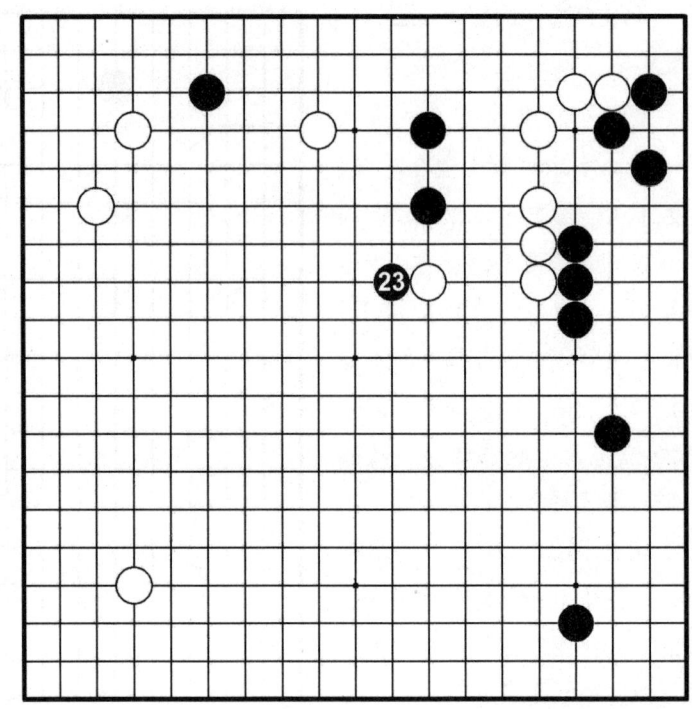

图十一 黑1跳是正形，白2也跳的话，黑3曲镇，这里始终是双方必争的制高点。以后黑棋还有A位动出或者B位腾挪的可能，如此进行的话，黑棋难道不是很从容、很"正义"吗？

图十二 黑1跳时，白2也跟着跳抢占中腹要津，黑3再靠出，才是不错的选择。保留黑A位跳与白B跳的交换，这般进行也比实战更有理有节，且易于掌握。实战李世石的着法一如拉满弓的弦，却失之绷得太紧。

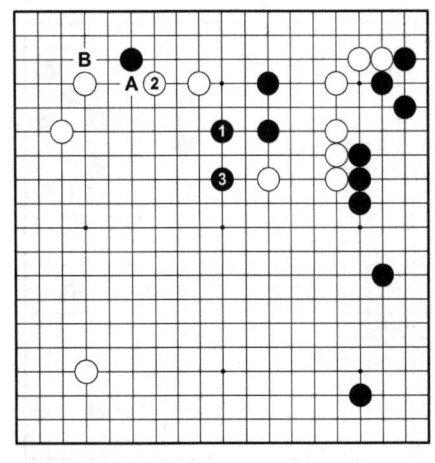

图十一

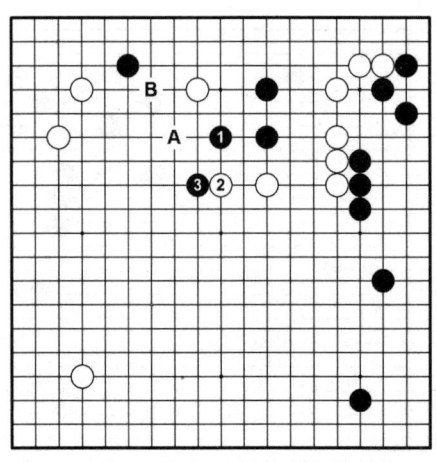

图十二

第七谱（甲）24—26

阿尔法的白26是非常露骨的下法，但这个下法能从古谱黄龙士以及施襄夏的对局中找到，只是阿尔法学得不像。这盘棋中类似照本宣科的情形不止一次，阿尔法很"好学"，掌握的各种棋局信息量巨大，但它毕竟还只是模仿借用的机器，不是具备思维能力的人类。

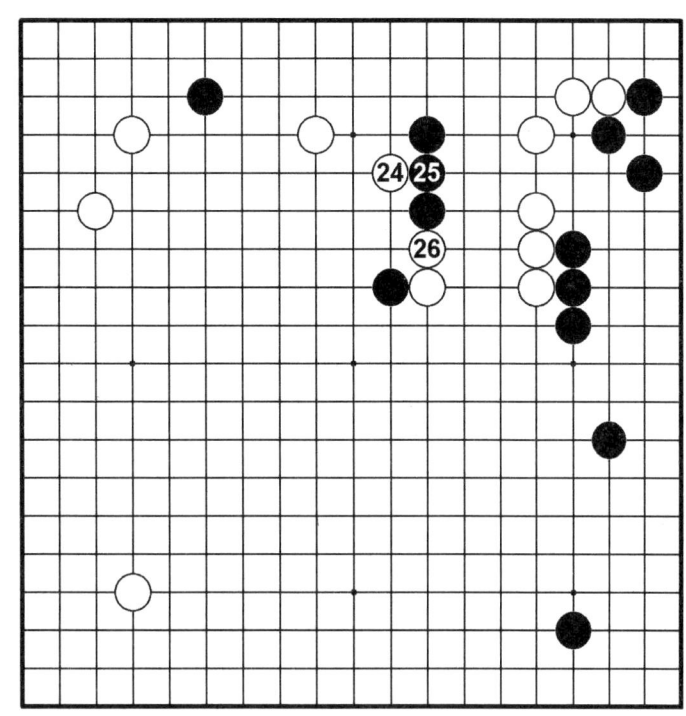

图十三（甲） 这是黄龙士执白对徐星友的场面。黑1靠时，白2、白4直截了当，咔嚓了事。

图十三（乙） 这是施襄夏执黑对范西屏的对局片段。对白1靠，黑2、黑4顶断严厉（尽管此战略战术值得探讨）。

问题是，阿尔法应该是第一时间就搜索出了这两个先例，但它为何要蛇足一般地于白24先刺呢？这值得它的工程师们去好好研究。

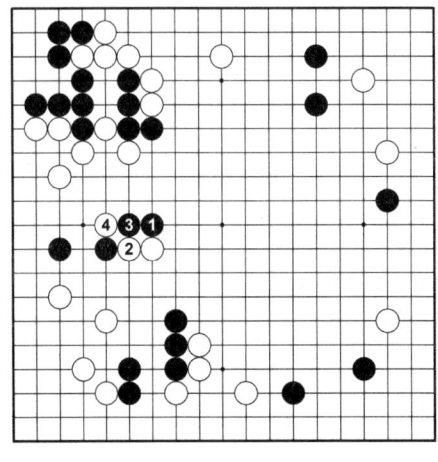

图十三（甲）

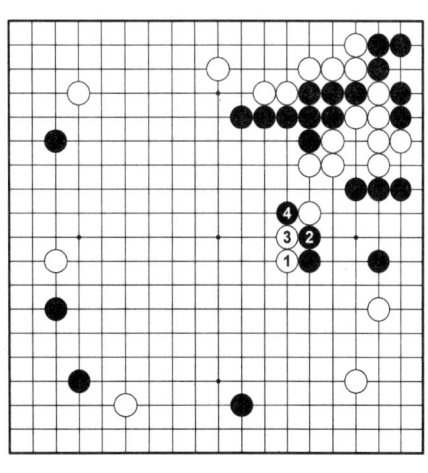

图十三（乙）

第七谱（乙）
24—26（再现）

白24不刺，白26直接顶断，这一引经据典才可谓恰到好处。现在白棋已刺，白26时，留下黑A因动而动的余地。如果黑A，则白刺的那手棋即为"大恶手"。

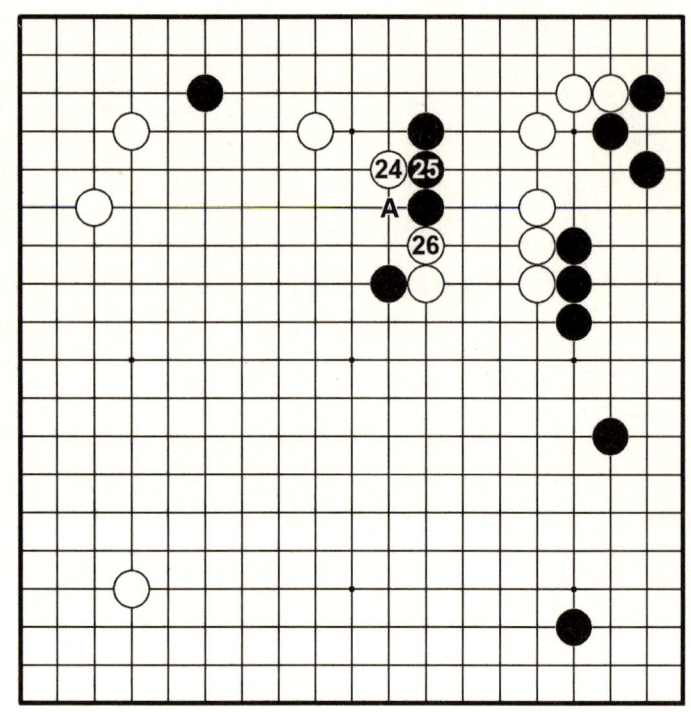

图十四（甲） 阿尔法白3如果直接断的话，才学到了中国古谱的精髓。黑棋既不能在A位打吃弃掉两子，又不宜在B位穿出，陷入两难境地。如此进行的话，白棋的顶断才有内涵。

图十四（乙） 如果黑1穿象眼，白2、白4走厚中腹。黑5，看起来大极，但白8后，黑上边六子所得甚微。所以，刚才李世石实战谱中的黑23靠出，确实有点欺负"人"了。

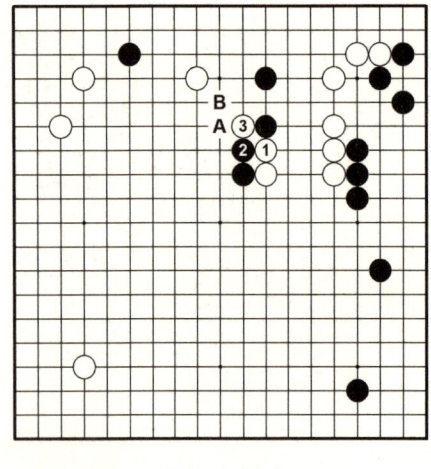

图十四（甲）

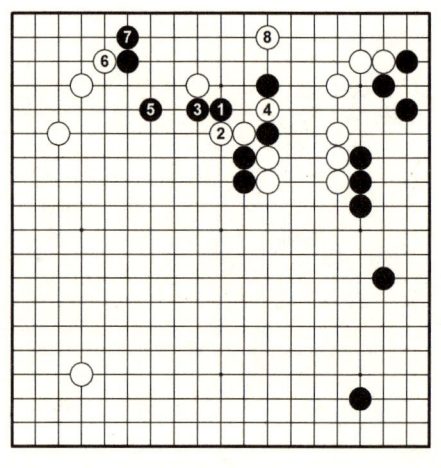

图十四（乙）

第八谱 27—32

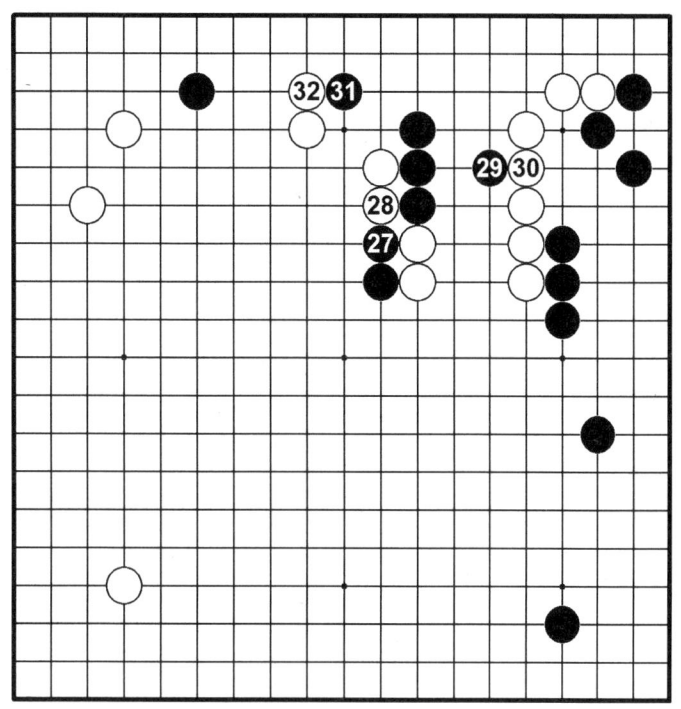

李世石实战这样的选择带有风险。黑棋在内,白棋在外,如果不能有效地撕开外围白棋防线的话,黑棋只能龟缩着活棋,从棋子效率的角度来说,这已经有问题了。那么,李世石在可以避开此局面的情况下,为何不另辟蹊径呢?

图十五 黑1拐出充分可下,优点是让刚才的白24变成恶手;缺点是黑棋拐出的心情不佳。最主要的,李世石内心里还是没有将阿尔法视作真正的对手,不愿在作战局面中自己先退避三舍。这是气势,也是情绪。

图十六 第八谱中白32挡下是直线型行棋方式,简直就是在模仿李世石的着法。左上角的黑一子,因有点角,故并不大。如本图,看轻上边,白1扳抢占中腹要津,全白5扳住,以下黑A虎,白B跳与黑C交换后,再于白D位挺头,如此才是高者在腹的下法。

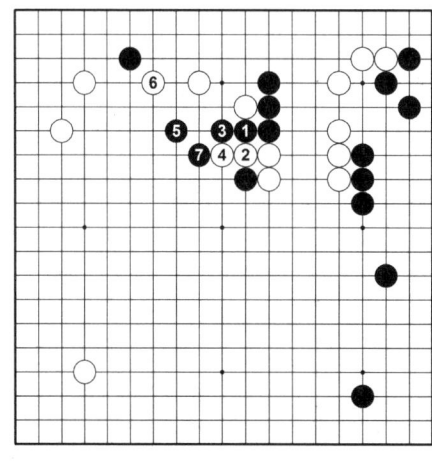

图十五

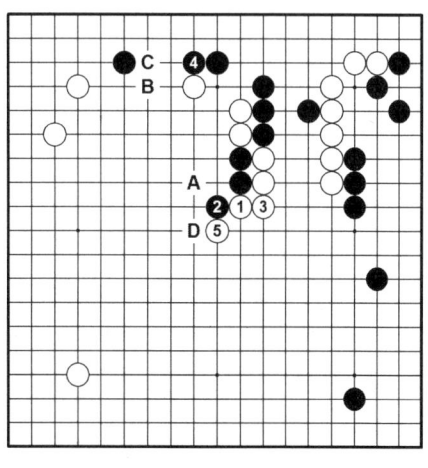

图十六

第九谱 33—46

进入本谱，李世石与阿尔法短兵相接，刺刀见红。这种作战为李世石擅长。白42尖是先手，黑43补断并做活，好手！白44至白46近乎必然，以下进入双方均不可控的局面，前途未卜，优劣难断。

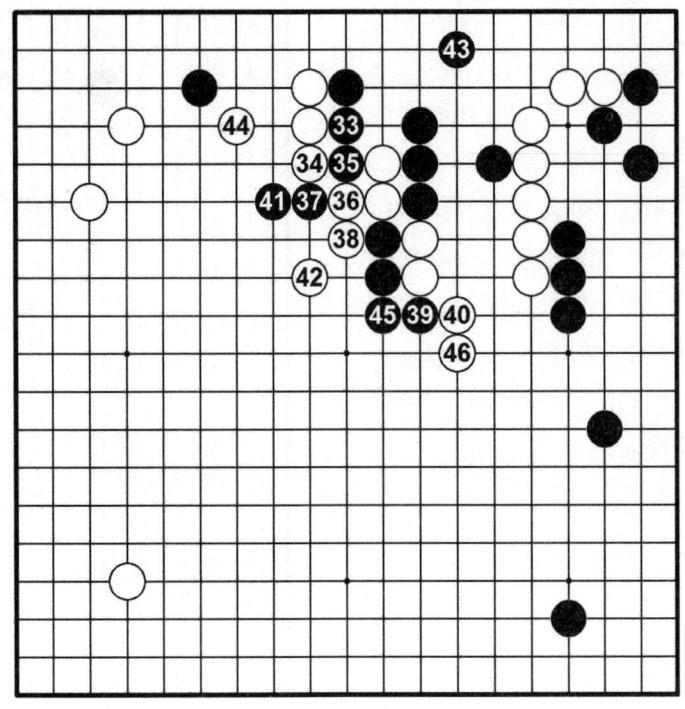

图十七 白有1位直接打吃的选择，黑2若在3位接上，变化极其复杂，而黑2下立，为简明可行的一策。白3拔花愉快。黑4跳起后，双方形成转换。也许阿尔法的计算和评估系统认为，这样进行并不便宜，所以选择实战。

图十八 白1直接冲断不成立，黑4可以征吃白数子，如此白棋崩溃。

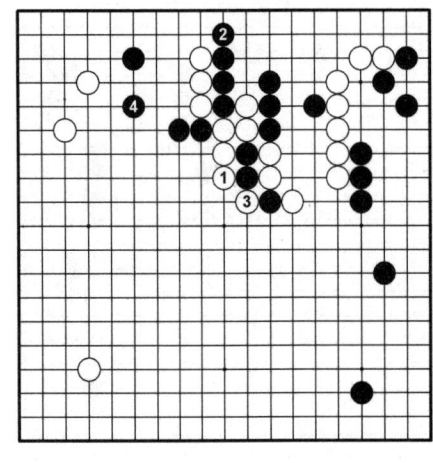

图十七

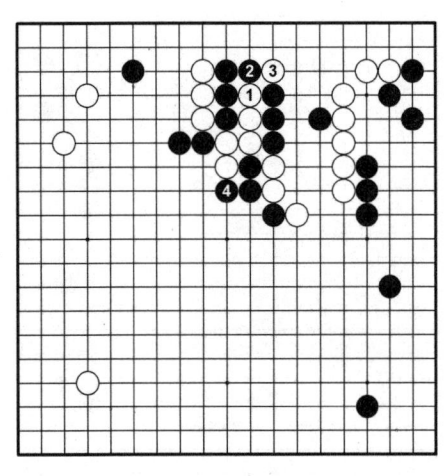

图十八

第十谱 47—48

黑47跳,是自由的棋盘上不多见的"只此一手"。但阿尔法的白48却是怪异的一手,也是有故事的一手棋。这手棋真的很急吗?阿尔法在它的信息库里,搜到此局面下日本围棋"前圣"道策弈出相类似的一手棋,想当然地以为这就是"必然的一手"?然而,白48完全没有必要地伤及右边白大龙的眼位。

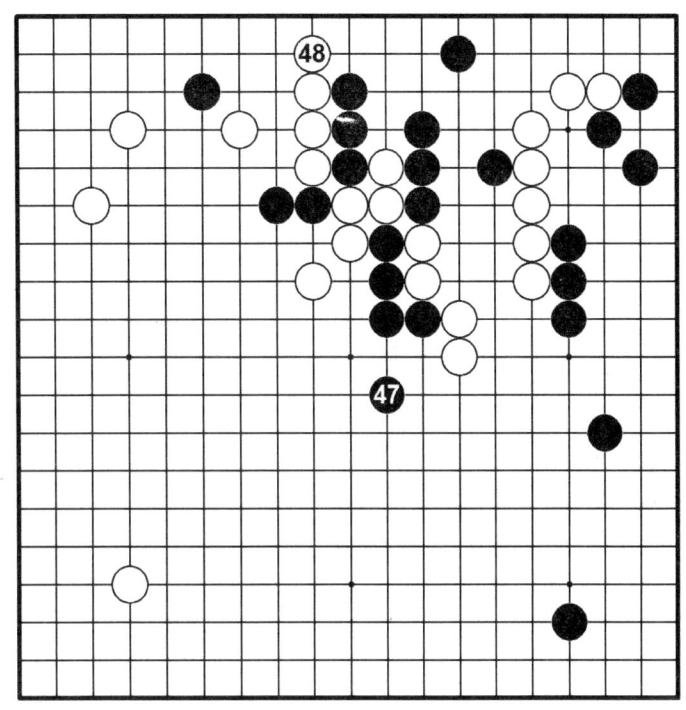

图十九 这是日本围棋四大家时代,安井算哲执黑对本因坊道策之局的片段,黑85靠时,白86二路立下,是不是看起来跟阿尔法对李世石的白48二路立形神都很像?但阿尔法是否知道,吴清源在评这手棋时是这样说的:"这是本局白棋唯一的疑问手。"他认为,白棋应该A位扳,黑B位挖时,白C粘。为什么说白86是疑问手,是因为白D位立是绝先,黑E必须虎补,这样白F将成为另一个重要的行棋目标。也就是说,白方不宜目不转睛地盯着上边黑大龙。

图二十 作为黑方来说,实战谱中黑47+本图黑1此时弯是时机,考验白棋A、B、C三个点的选择。在对方可能有几种选择的地方,最好先迫使其表态、定型。

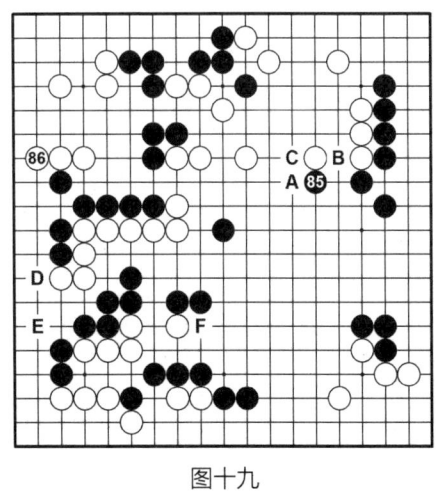

图十九

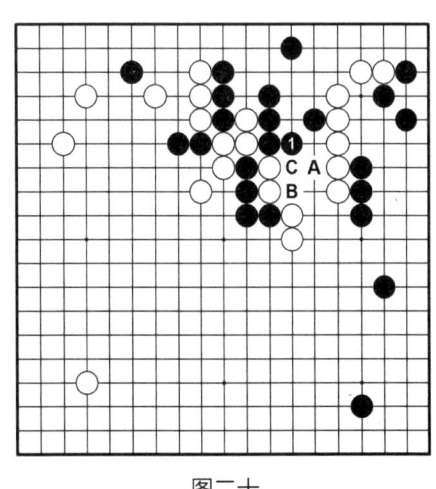

图二十

第十一谱 49—58

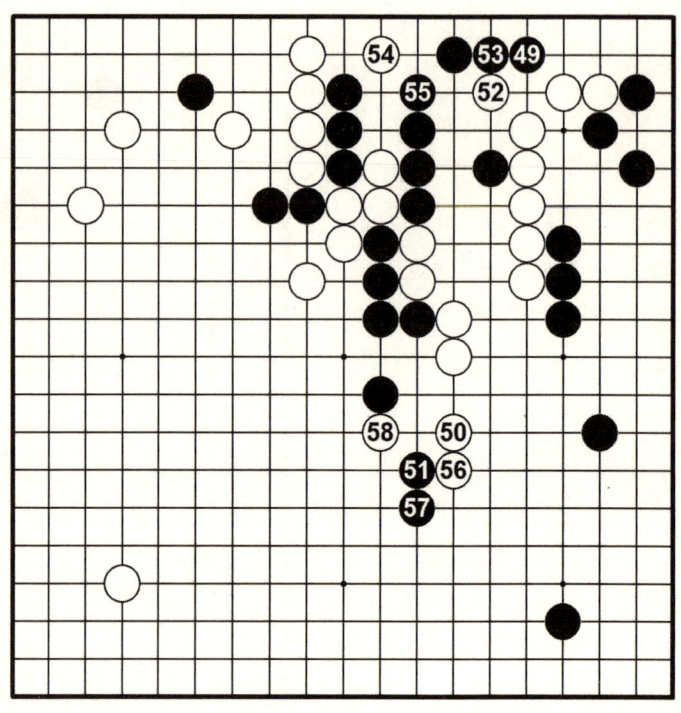

黑51咄咄逼人，虽然这手棋单关跳即可。施襄夏说："互关兼镇必关，任择飞尖与托。"李世石向中腹出头，选择飞，力图在气势上压倒阿尔法。

白58跨是"李世石流"，阿尔法依然"以其人之道还施彼身"，李世石平素行棋，对棋形嗅觉极其敏锐，经常有挖掘棋形漏洞的妙手、强手出现，但阿尔法却学歪了，白58跨变成了"送子观音"。那瞬间，李世石是不是有"不会了"之感？

图二十一 既然阿尔法都知道在上边不失时机地三路刺一手（白52），李世石此时黑1弯不也正是时机吗？这个时候白方究竟怎么应，小有烦恼。而将来黑1再下，白棋的应法，即可能因地制宜了。

图二十二 实战中白58跨看起来是欲突破均势，以攻为守，典型的"李世石流"，但其实是送吃，白1这样飞一手难道不是眼见的舒展自如的好手吗？邯郸学步，既说明邯郸步是漂亮的步伐，也说明学习者、模仿者容易迷失。阿尔法以后会读中国典故吗？

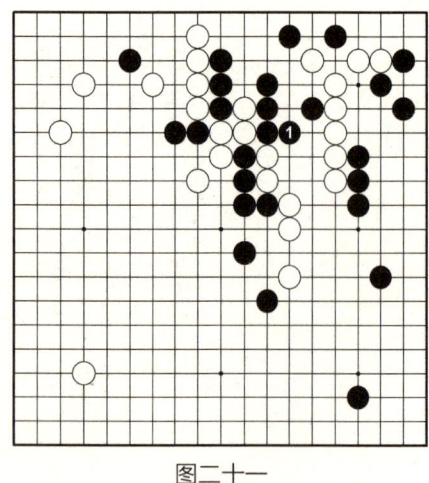

图二十一

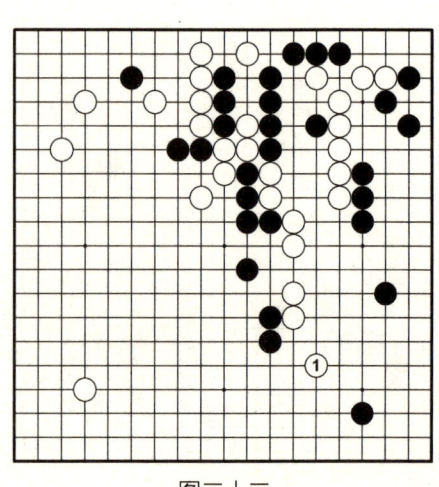

图二十二

第十二谱 59—63

黑61尖显然不是最简单、最常见的着法,实战李世石意在诱敌深入,扩大战果,他确实达到目的了。当白62按照黑棋的设想长出时,当时李世石想必有"这真的是要让两子的水平"之感。此局面下,阿尔法白62长出,局部是"形",大局是"重"。

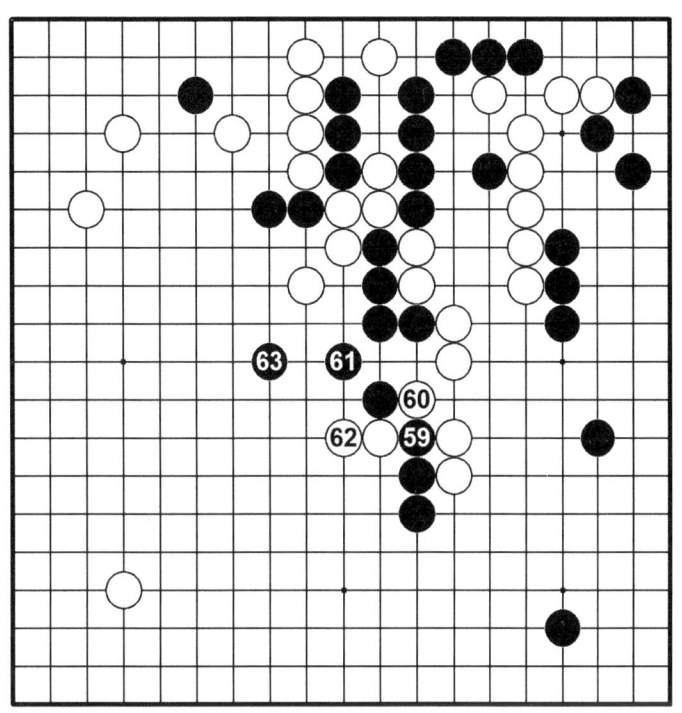

图二十三　黑1长出,是本手,也已很好。白2以下出头,黑9刺、白10接后,黑11若即若离,比黑A位跳更具压迫力,白12不得不顶吃黑两子,黑13高挂角,形状完美,子效十分。

图二十四　白1以下当先出头,至白7贴出后,大块的安全已不是问题,保留以后在A位动出的变化,知错能改,这才是有"灵性"的下法,而黑方,也不会此时去黑A加补。

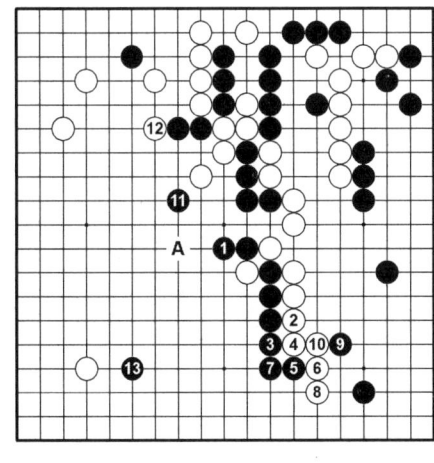

图二十三

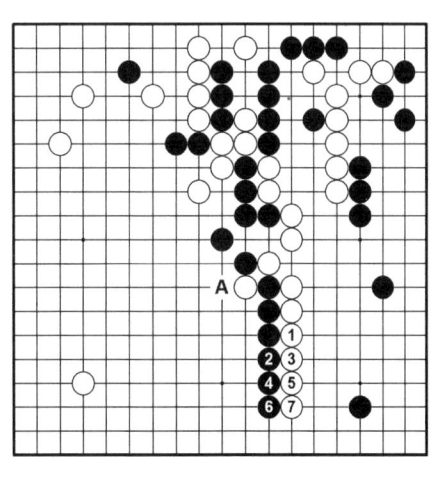

图二十四

第十三谱 64

白64紧凑地尖顶,又是"坂田流"、"李世石流",黑白双方在贴身战的状态中,坂田荣男、李世石都以类似的紧凑着法见长,但有趣的是,阿尔法又学错了。邯郸学步,也是艰辛的啊……不过,此时的白棋,处境困难,其原因是在刚才……

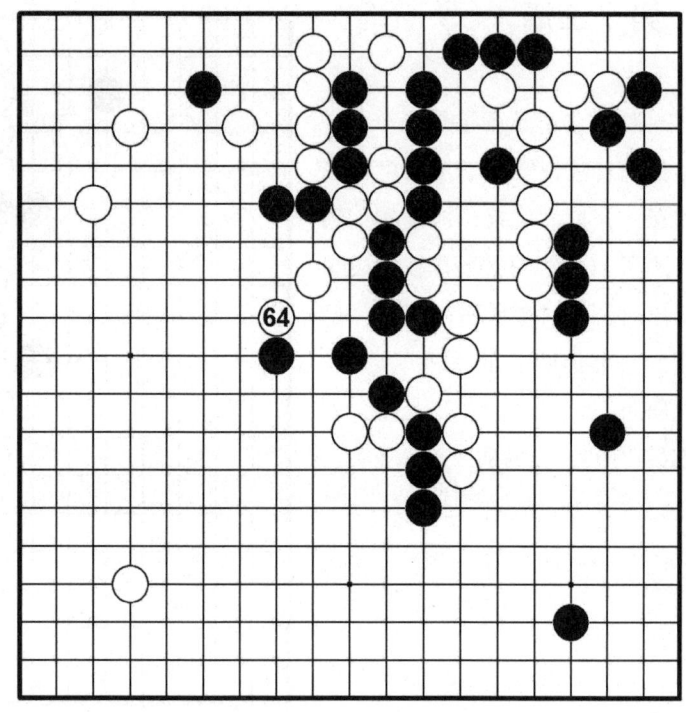

图二十五 黑1扳头是对付白棋尖顶的最有力还击,如果白2虎,黑3、黑5愉快之极,白棋被打成一团愚形,黑7粘后,以后A位扳有千钧之力!白棋只能在B位顶。因为存有C位点角,左上白棋实空并不大。

另外,黑7还可以脱先,回抢黑D这一无与伦比的拐头。

图二十六 黑1扳时,白2挖抵抗,黑5是愚形好手!以下白A位粘,黑B亦粘,白C打吃,黑D粘,白E,黑F卡!白棋两边不入气,崩溃。

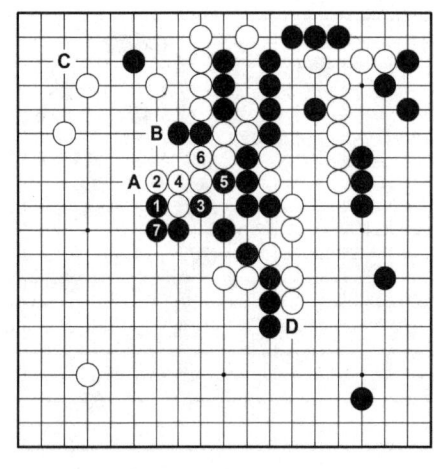

图二十五

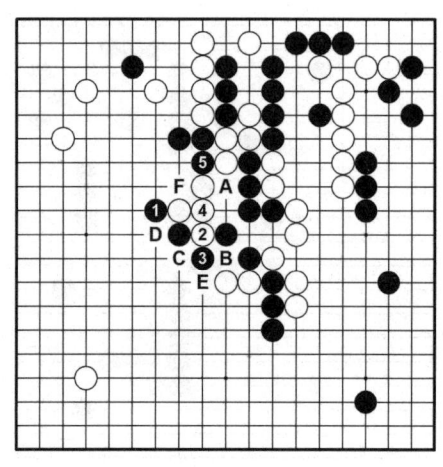

图二十六

第十四谱 65—70

黑65是李世石愉快心情下的产物。黑棋能在这里器宇轩昂地挺头，乍看没有不好之理，但阿尔法在此争到先手后，白70终于抢到了此局面下的急所。李世石此时可能还处于"您，半年来进步不小啊，但我还是可以让您两子"的状态之中。李世石，确实松懈了。

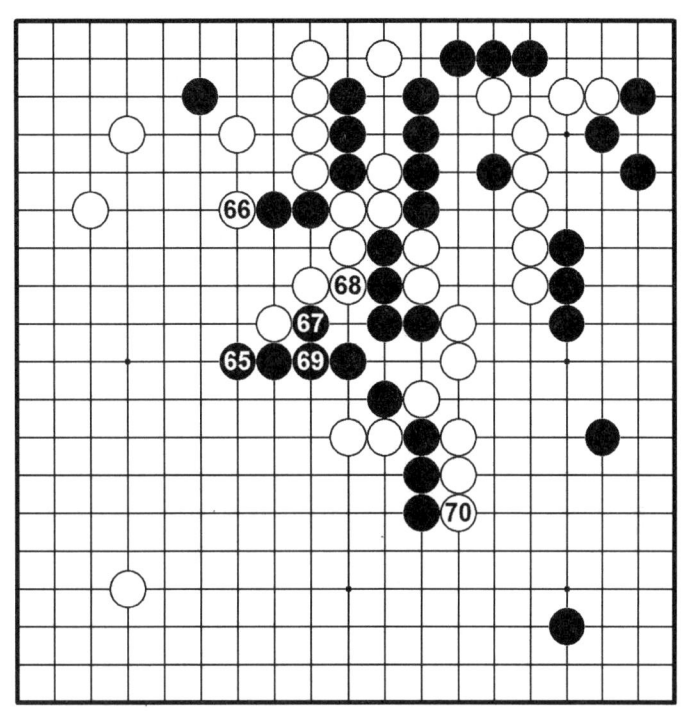

图二十七 实战白64尖顶本为恶手，但黑65随手一长，反而促白64成为好棋，先是白66顶成立，接着使本图白A位打吃成为其后续手段，迫使黑棋不得不多花一手补棋。

图二十八 同样是防止白棋双叫吃，谱中黑69为何不按本图黑1紧住白棋一气呢？如此白2必须补，黑3大跳吃住白两子，效率将远胜实战。李世石应该是觉得黑1接愚形，但这里想明白了就简单了：白A位打吃一手后，黑棋不也是愚形吗？

此时局面重心是B位，黑棋只要能抢到就是大优；抢不到，也要先有别的利益。另外，黑3后，将来黑C的刺，也甚有趣。

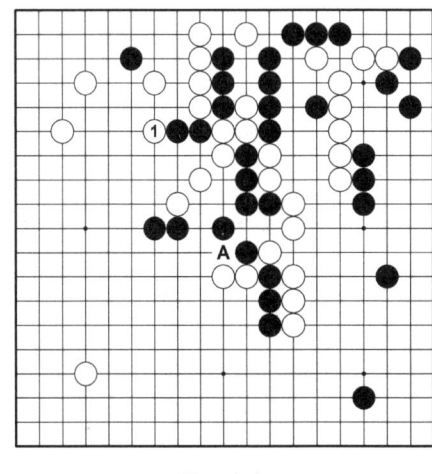

图二十七

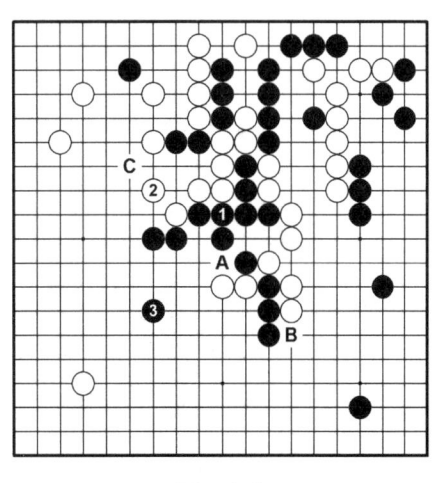

图二十八

第十五谱 71—77

黑71至白76必然，但黑77有文章。这手棋反映出来的对局心理，一是继续求稳，认为这样罩死白两子已经可以满意；二是李世石瞄着A位的刺。但不知为何，李世石自始至终黑A都没有刺到。这一点，可谓本次人机之战中，最想向李世石求证的问题。

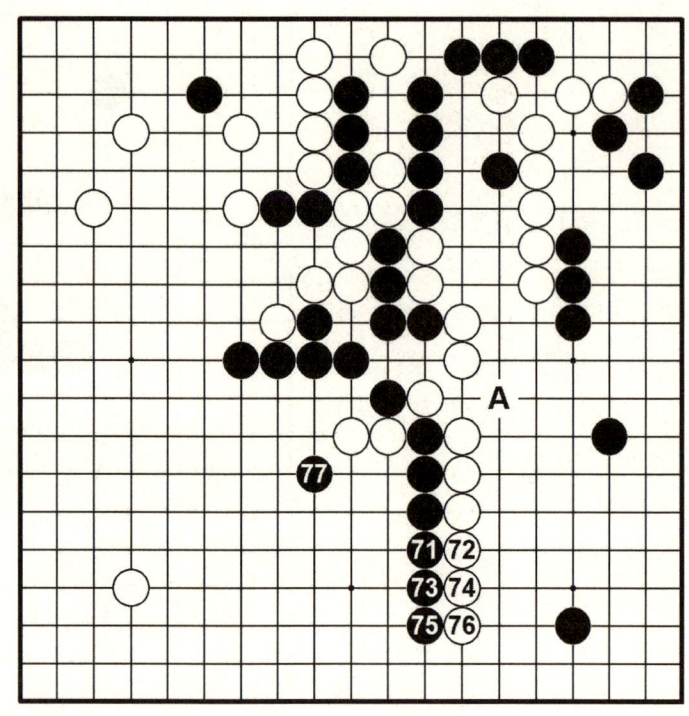

图二十九　实战中的黑77可谓瞻前顾后，如果没有黑77，黑1直接刺的话，白2不愿被利，是此局面下的常用手段，至黑9拆，如此黑可战，但形势复杂。顺便提及，当初黑棋没有在A位弯，现在反而是好事，使得黑5跑的手段成立，这是围棋中特有的幽默感。

图三十　黑1挂角堂皇气派，攻守兼备，比实战黑77积极。先为不可胜，以待敌之可胜。黑棋如果能藉此顺势围住中腹大空的话，那就是行云流水的行棋节奏了。

这里的"历史悬案"是，黑77为的是黑A刺，后来为何不刺？如果不想黑A刺，黑77为何不按本图进行？

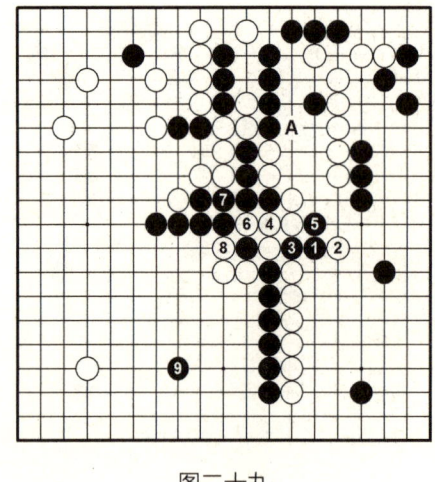

图二十九　　　　　　　　图三十

第十六谱　77—80

黑79挂角后，黑棋一方模样俄然而成，但黑77一子，有碍观瞻；而阿尔法的白80，大恶手！此处黑棋即使动出，因时间空间关系，没有什么了不起，而且还可能将自己走重。在左下角欠一手棋的局势下，白80还优哉游哉，形势在一瞬间，又回归为"黑优势"。

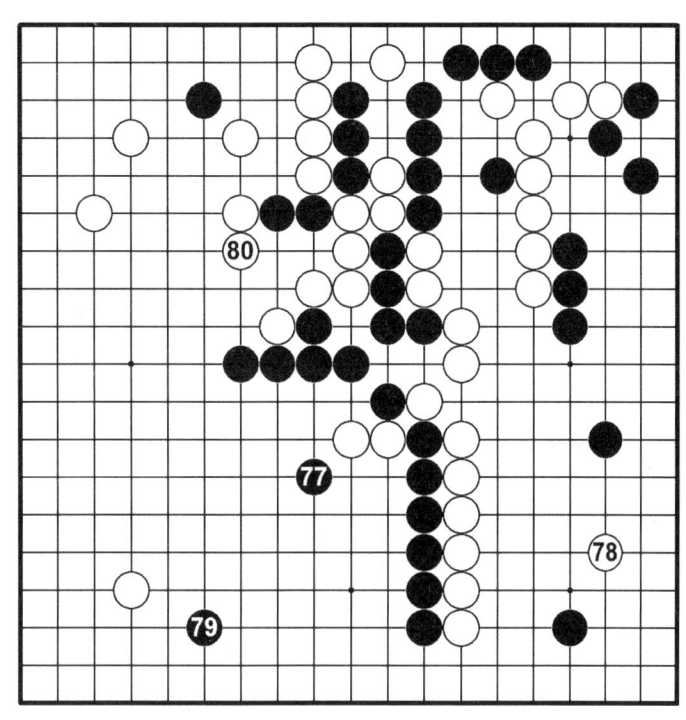

图三十一　黑1刺，好机会！既然实战黑77已经做好了前期准备工作，那为何黑1迟迟不刺呢？真是鬼使神差。黑1不刺到的话，那么实战黑77也没有了必然性。李世石在这盘棋中表现出来的状态绝非最佳。

图三十二　之所以说实战白80是大恶手，是因为白棋即使不补，黑2以下动出至白7，黑棋并无了不起的后续手段。即使黑A、白B、黑C形成打劫也没什么了不起。当然，阿尔法不喜欢打劫（是"不喜欢"还是"不那么懂"？）可能也是一因。

左下角白1小飞应，也可以直接采用白D、黑E、白F的腾挪手段。

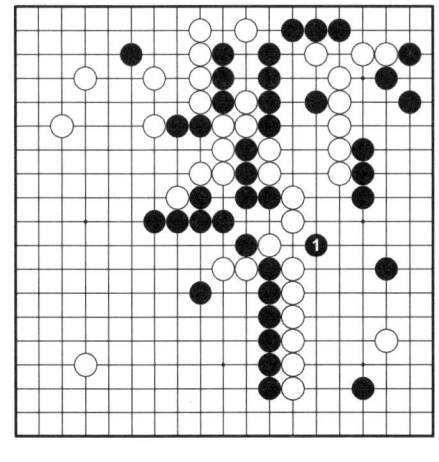

图三十一

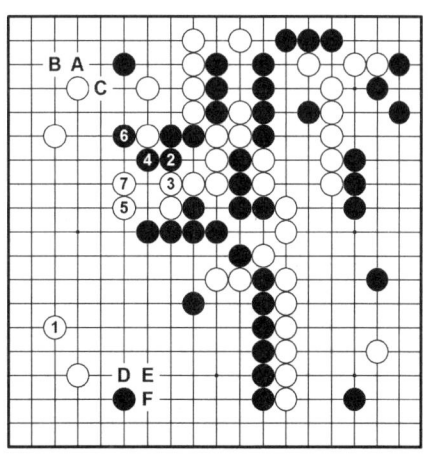

图三十二

第十七谱　81—101

上一谱白80是大恶手，给了李世石黑81双飞燕的机会，现在黑棋主动权在握，本该"长风破浪会有时，直挂云帆济沧海"，可惜黑83又一次松懈。

图三十三　这是1991年第四届富士通杯第二轮马晓春九段执黑对李昌镐三段之局序盘，黑棋在左上角双飞燕，白1靠时，黑2不是扳，而是退的。也许，阿尔法无法完全复制，才有了本局中白86的断吧。

如果李世石在此局面下的第一手是退的话，阿尔法会下出李昌镐的白5跳吧？很想为此打赌。

图三十四（甲）　黑1长进去搜根才是正道！白2挡必然，黑3跳后，白4还是只有活角，黑5挺头愉快，之后A位的冲出和右边的那个刺必得其一，这难道不是黑棋的取胜坦途吗？

图三十四（乙）　阿尔法实战中的白88方向亦有误，本图白1虎才是正着。至白5虎后，黑棋外围处境尴尬，封不住白棋出口。如黑A打吃，白B，黑C，白D，黑棋不行。

另，黑2若于1位下一路拐，则白B先打，再角上二路挡。

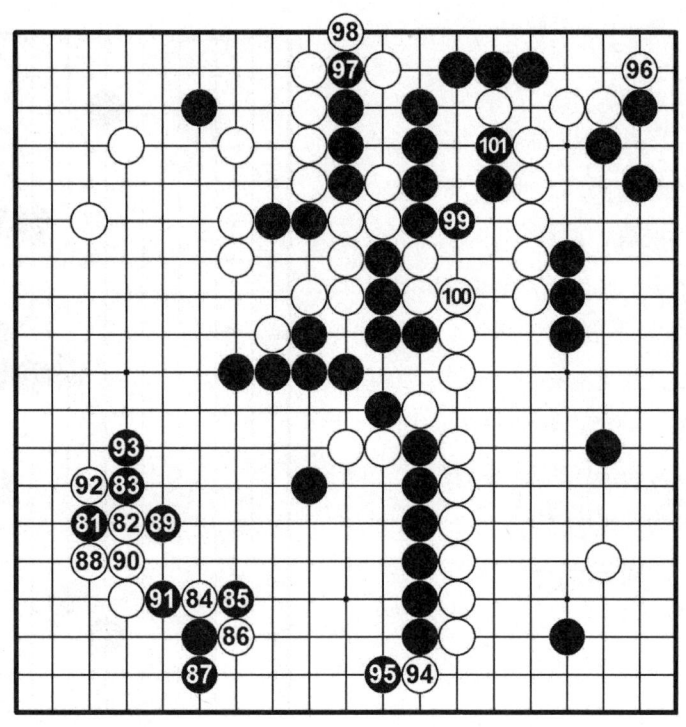

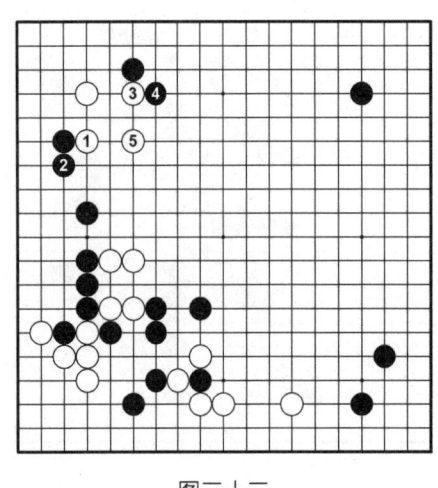

图三十三

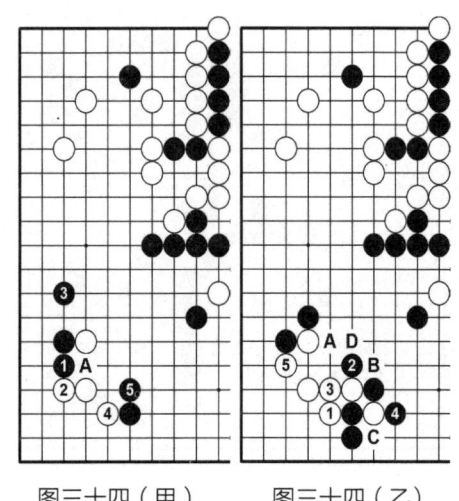

图三十四（甲）　　图三十四（乙）

第十八谱 102

阿尔法白102被盛赞为"光彩夺目的一手",甚至有评价为"制胜的一着"。确实,这是精彩的一手。当然,"大飞腰眼上的点刺",本为基本功。另外,这也是阿尔法屡见不鲜的"抖包袱"做法,而其"包袱"源自于千万盘棋谱。

图三十五 日本第二期最高位战木谷实九段执黑对坂田荣男九段之战。黑1,以攻为守。实战中的白102与此有异曲同工之妙。

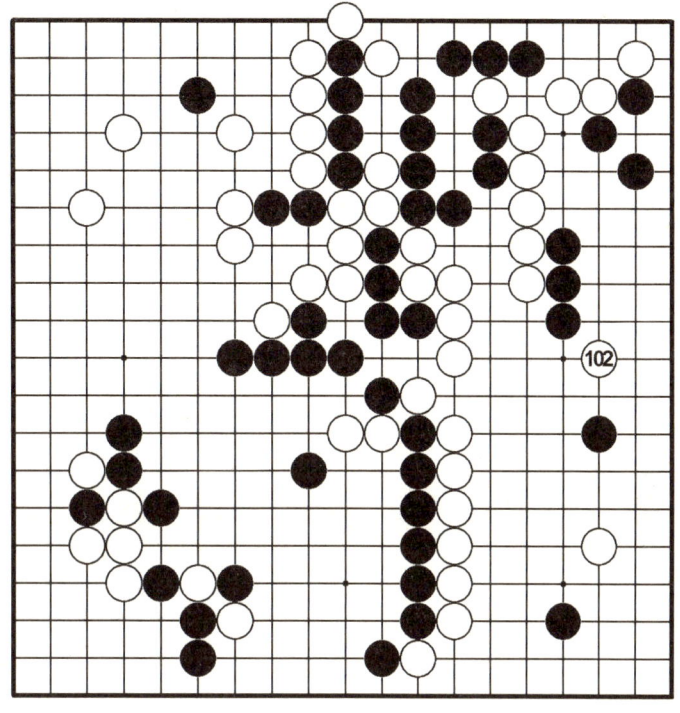

图三十六 阿尔法的白102和此后在右上角二路飞的着法又不禁让人想起"丈和三妙手"。日本围棋史上有名"吐血之局"中,赤星因彻执黑对本因坊丈和,白2至白4这种无中生有的手段想必只有人类才能体会到其中味道吧。寥寥数手之间,蕴含着多种繁杂变化,但落于棋盘上却是云淡风轻,只是静潭之下的激流翻滚早已百转千回。

话说回来,阿尔法虽不知棋中三昧,但它"见过",对它来讲便已足够。

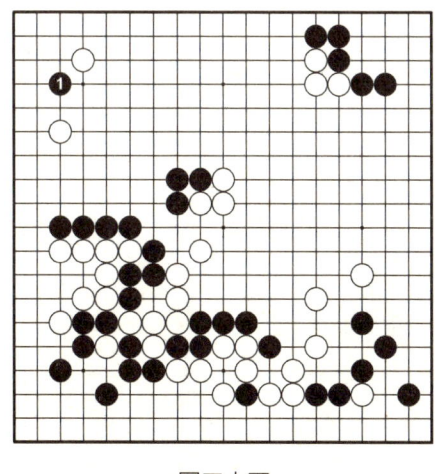

图三十五　　　　　　　　图三十六

第十九谱　103

上谱中阿尔法的白102奇袭之招，主要还是针对着李世石"应刺未刺"的过失。黑103就似条件反射，木然应对，完全不是敏锐、深刻的平素之李世石。

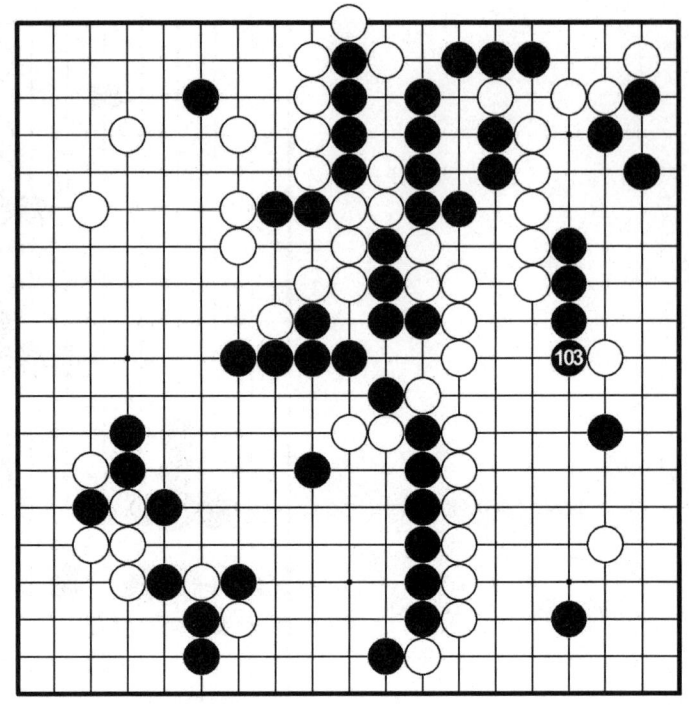

图三十七　此时黑1刺，虽为时已晚，仍然值得一试。以下白棋选择不外乎A、B、C、D四点，如此，黑棋便可能存在机会。黑1时，若白A，则黑B；黑1时，若白C，则黑D；黑1时，若白B，则黑A。

图三十八　黑1刺时，白2不能在3位粘，若白2贴出的话，黑3、黑5心情愉快地拔花，厚壮之极。白6靠出后，黑7就地做活。右边，白方似乎没有体面的补法，关键是，黑方不这样设法搅乱局势的话，已经岌岌可危了。

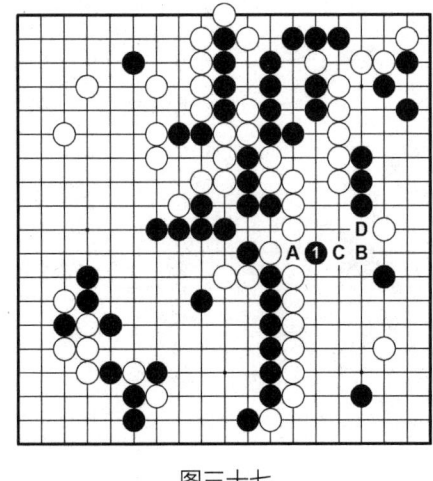

图三十七

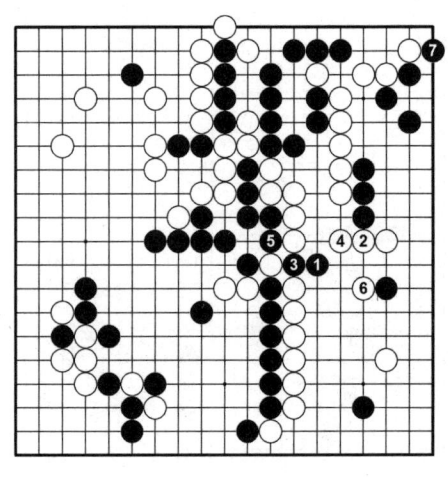

图三十八

第二十谱　104—118

上谱黑103没有刺到后，白104、黑105皆为必然，但白106冲自撞一气不可解，如果本局白棋输掉，此着可谓"败着"。阿尔法给了黑109、111及时回头的机会，黑115重新稳住阵脚后，黑棋依然是优势局面。

黑117立下。似为给阿尔法发"高考试卷"，哪知道遭到阿尔法白118最为"低俗"的答复。这看似普通的一手，却是本局真正令人震惊的一手，而且是唯一的！

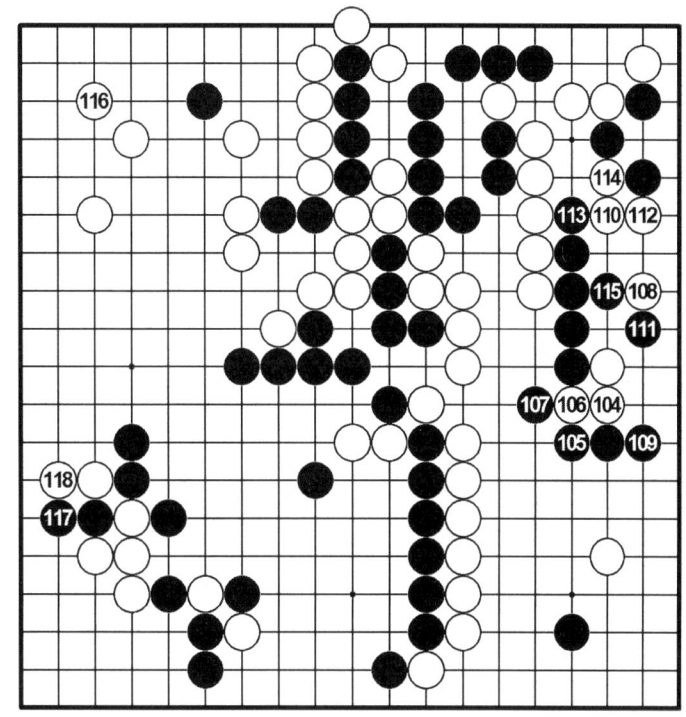

图三十九　白1不应该在A位自撞一气，应该直接二路飞。本因坊丈和的妙着，可以变相发挥吗？如此一来，实战中黑棋难以全身而退，白优势。

至于实战阿尔法为何要自撞一气，也许是其搜索到的棋谱中，在这种棋形下，白棋总是要先冲一手吧。此次五局棋中，类似的恶手，阿尔法下出了许多。

图四十　实战白118贴为何是真正令人震惊的一手，是因为在这种棋形中，白1尖是最常见的下法，但在此局面下却似是而非。此变化图至黑18一路打吃，白棋难以收拾。

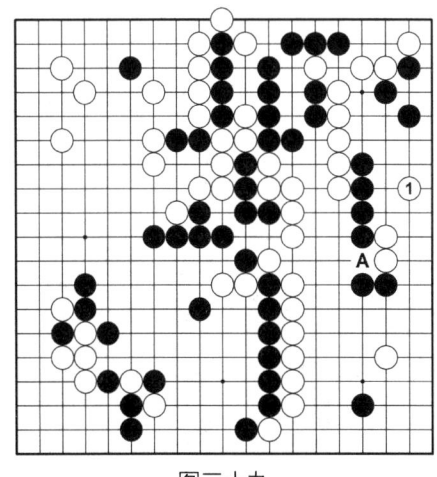

图三十九

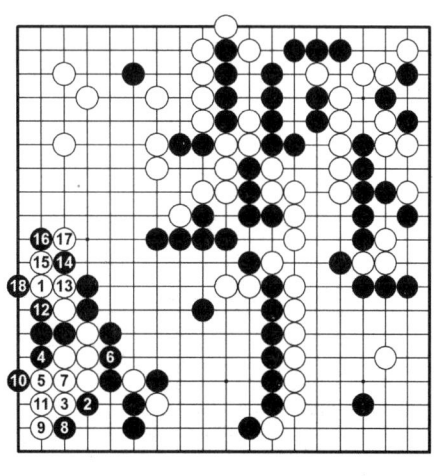

图四十

第二十一谱
119—136

本谱是全局最后的胜负处了。黑121，非必然。可能还是黑128简明吧。白122粘，盯着白124的夹，有点意思。黑129又是不可解的一手，隔断白棋联络没有意义，因为以下简简单单白方就能先手活角。

图四十一 实战中白124夹试应手时，黑125选择稳健地二路粘上。如果黑1立下呢？白棋有严厉的追究手段吗？以下至白18为一本道，双方形成打劫。黑方确实不好。

图四十二 黑1为什么不挡角呢？白2贴起时，黑3立守住角地，之后白若A位补，黑B位尖即可。黑3立下时，白C冲，黑D，白E断，黑B打后，先手活角，回抢黑F，黑优势。

既然前边阿尔法能弈出白48二路立下的道策着法，李世石为何就没看到黑3二路下立这手棋呢？可惜他未学道策啊。

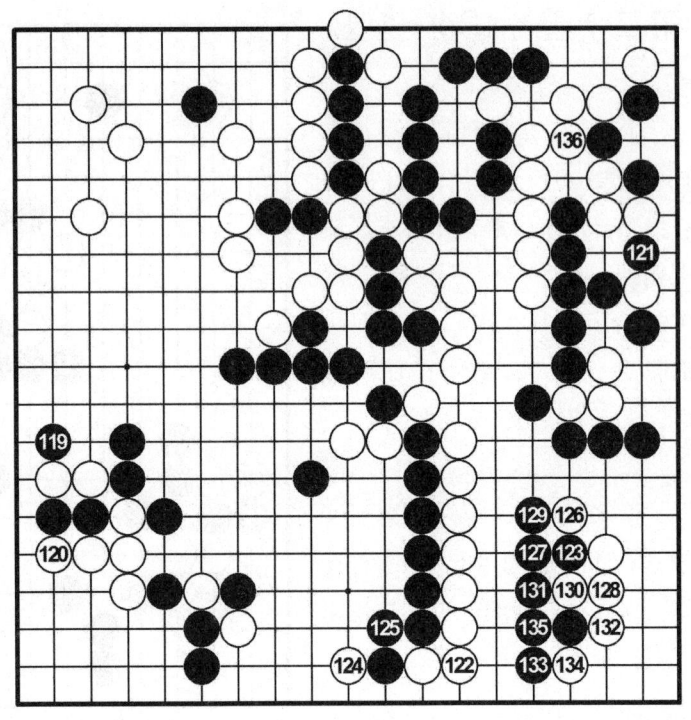

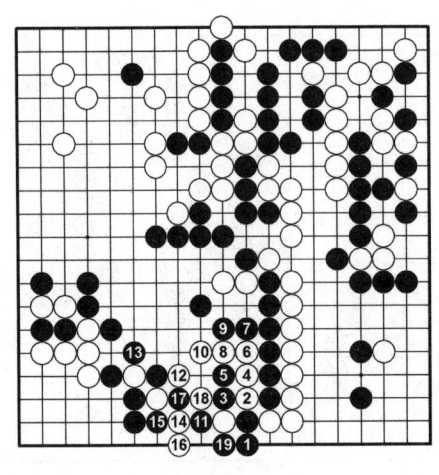

图四十一

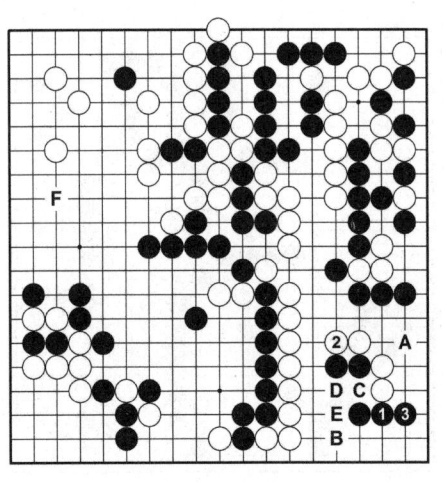

图四十二

第二十二谱
137—162

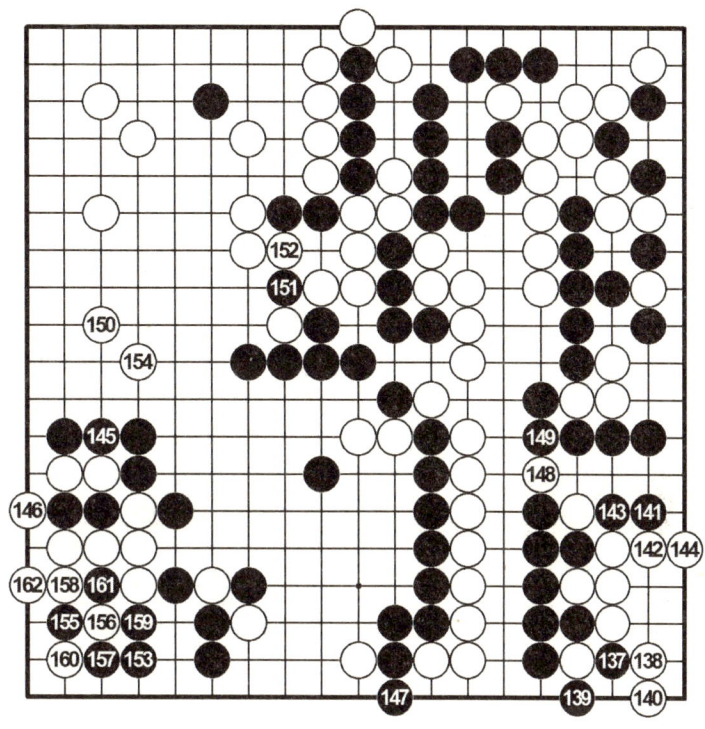

至本谱，李世石似乎已经没有机会了，但阿尔法的连续出现失误，给了李世石一线生机（阿尔法的后盘、官子，都有那么好吗？）：一是右下角阿尔法的定型有误，而且是很明显的失误，职业棋手一眼见的要点，不知为何，阿尔法竟然视而不见；二是左下角李世石再次出现匪夷所思的失误，错失打劫争胜的最后机会。

图四十三 白1一路跳不是此形的必然着点吗？黑棋脱先的话，以后白棋还可以在A位扳，黑B，白C，黑D，白E，黑F，白G，这是不小的官子。

实战等于阿尔法给了黑D先手断的机会，与变化图相比，两者大约相差4目棋。

图四十四 李世石黑1为什么不立下呢？如果白棋还是在5位应，那黑4位挤，官子相差太大了。如果白2反击，黑5一不做二不休破眼，至黑7形成打劫。黑棋劫材够不够答案并不清楚，但请问一下，此局面下不打劫，不就是"安乐死"吗？

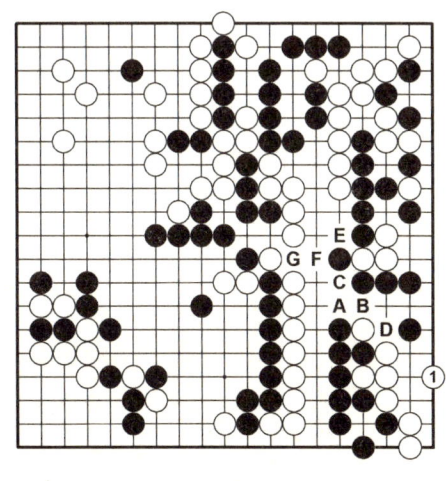

图四十三

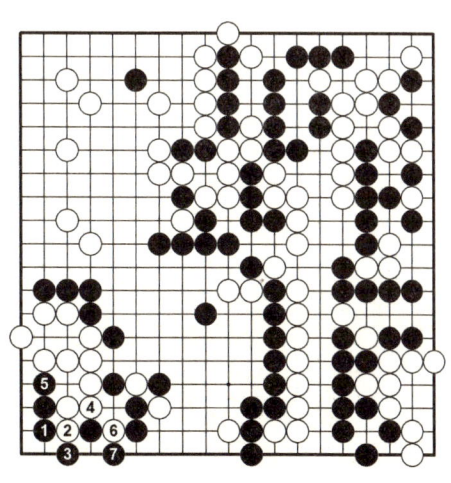

图四十四

第二十三谱
163—186

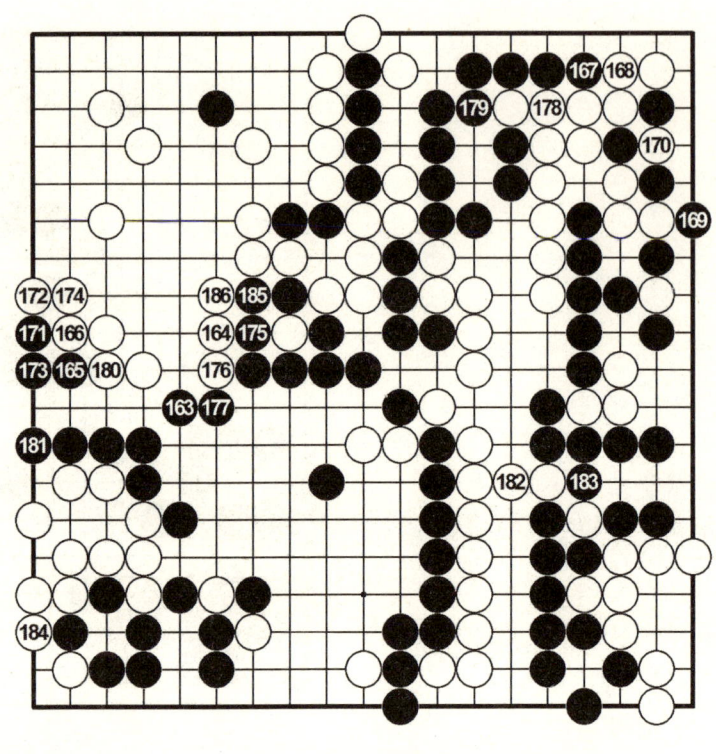

本谱其实已与胜负无关了，如果将官子收完，黑棋盘面4目，败局已定。围棋史上电脑软件第一次分先战胜人类职业高手，这盘棋注定将成为历史性的一局。但作为职业棋手，对此结果有一种悲凉感，为之奋斗钻研多年的神圣棋道竟然被电脑攻破。这里无意非议李世石九段在这盘棋中的表现，但客观而论，阿尔法远未达到"围棋之神"那一步，与其说李世石败给了电脑，还不如说败给了自己。

图四十五 黑棋暂时将左下角放置一边，黑1先碰一手，试白应手，以为挑衅，也是一种选择。实战黑棋在左下角二路跳时，阿尔法机敏脱先，封住白大空的入口，等于是胜利宣言了。

实战白186封住大空，棋局结束。据说官子是阿尔法的强项，但就这盘棋而言，其官子水平并未达到无懈可击的地步。也许真的如新闻报道透露的一样，它只是在算每手棋的获胜概率，至于是不是"完美的一手"就不是它所考虑的了，那应该是人类高手的分内之事。

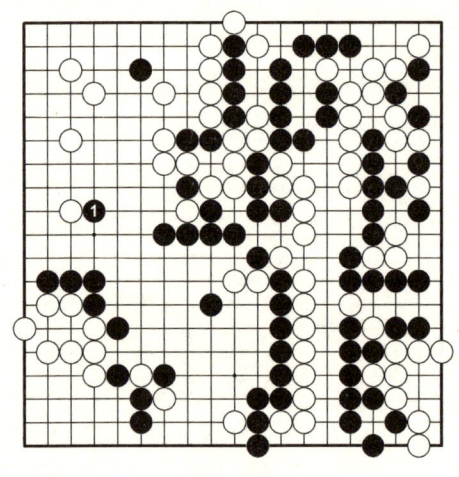

图四十五

而所谓"概率"，亦非100%的科学：彩票中奖，八百万分之一，但对于中奖者，确是100%。迷信，用在任何事情上，却是"过"啊……

总谱 1—186

开局起阿尔法在上边选择的作战简单、有力,掌控主动,战斗蔓延至中腹后,阿尔法的着法生搬硬套,拱手将主动权相让。李世石尽管未弈出最佳应对,但也因此扳回局面,甚至取得优势。

然而,李世石在这盘棋中整体不在状态的主色调相当明显。他自始至终未能在右边先手刺到,令人扼腕叹息,直接导致阿尔法在右边弈出"奇特而普通的一手"打破局面平衡。只是深一脚浅一脚的阿尔法旋即又出现自撞一气的昏着,李世石重夺优势局面。

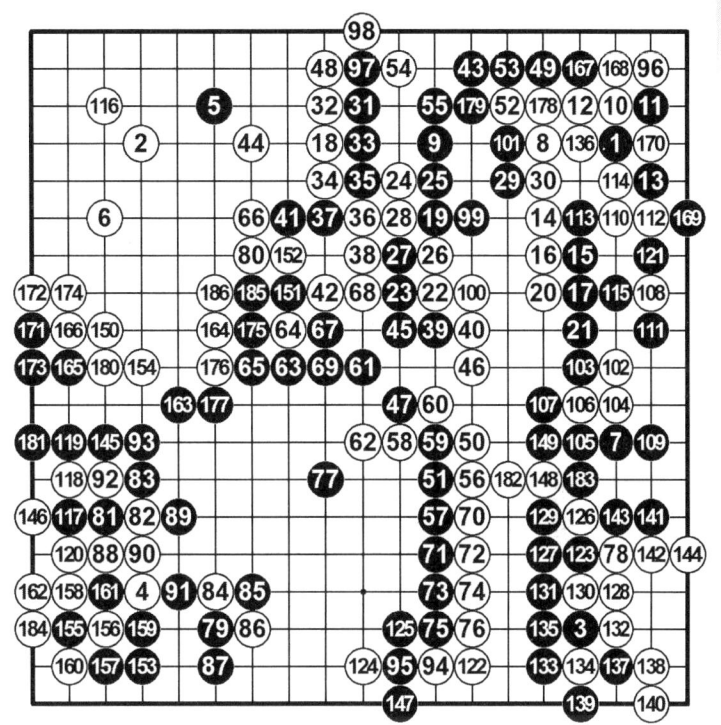

共186手　白中盘胜

一如前边所言,李世石在这盘棋中表现出来的低迷状态在其职业生涯中殊为少见,也许对手是电脑之故,他找不到与人类高手对弈的自信与冷静。随后他在右下角和左下角接连出现致命败着,最终导致局面不可救药。

通盘阿尔法并未弈出令人回味无穷的着法,仅有左边一着二路贴震撼人心。它从布局开始,许多环节都有明显的漏洞,甚至有的着法一如李世石赛前所言"让两子的水准",这也是我们复盘时为李世石嗟叹惋惜的缘由所在。

不管怎样,阿尔法赢了第一局。李世石遭当头棒喝,原本的坚强和自信差点轰然坍塌。如果李世石首局获胜,之后的结果会不会改变? 这个答案无法给出,但有一点可以肯定,李世石在这盘棋中的表现不是李世石级别的。

第二局　再战濒临绝望

● AlphaGo　黑贴3又3/4子
○ 李世石九段

2016.3.10 / 韩国首尔

李世石与谷歌AlphaGo五番棋大战成为全球新闻热点，据称有1亿人次观看比赛直播，围棋在全球范围内还从未这样受追捧。但阿尔法在第一局的表现几乎摧毁了数千年来人们对围棋的既有认识，其堪比宇宙星星数量的变化似乎在一夜之间被谷歌围棋程序所破译。

李世石的竞技生涯遇见过无数次凶险万分的恶战，但这一次他的对手最为特别，且因特别而显得最为强劲。首局他采取试探性着法挑起复杂战斗，却因贸然出动而遭到阿尔法的反击，中盘本已取得优势，但又因状态不佳而裹足不前，错失良机。终局前在右下角迎来一个来之不易的战机，却鬼使神差地错过，此后再无机会。

第二局再战，李世石的内心肯定波涛汹涌，却又不知所措。面对一个电脑程序，善于捕捉对手内心世界波动的他第一次不知如何应对，即便是久经沙场的胜负师，他也有些惶惑了。

第一谱 1—6

看到李世石的第6手后，稍稍有些遗憾，他不打算下模仿棋了。鉴于阿尔法还只是电脑程序，李世石为何不利用执白棋的机会，试试阿尔法如何应对模仿棋呢？这应该是个有趣的尝试，至少在布局阶段可以为之。

由于之前还从未与阿尔法交过手，因此李世石不得不在一边尝试一边应对中学会适应电脑，希望李世石能在兴之所至时，专门著书谈谈此次大战的心路历程。

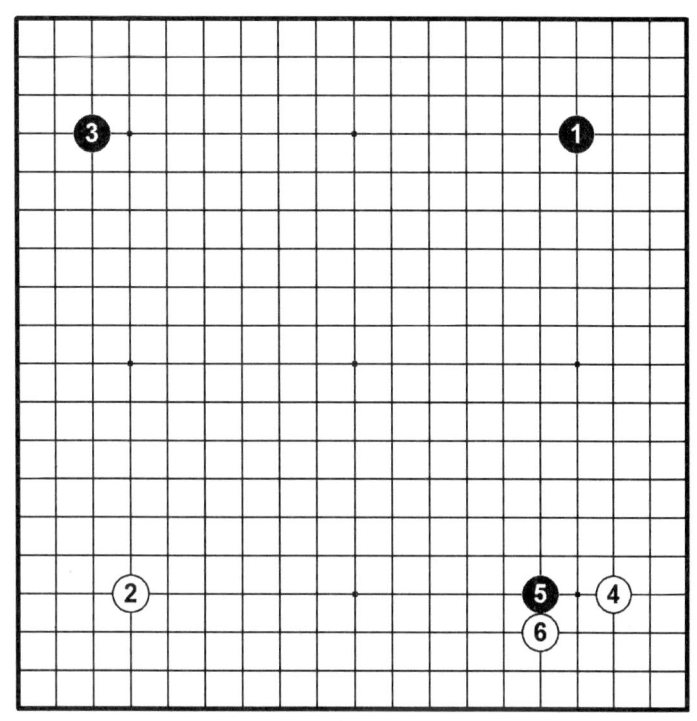

图一 这是聂卫平九段在上世纪70年代训练赛中使用过的布局趣向，有点像是让子棋着法，更是年轻时聂卫平的胸襟。可以肯定的是，阅尽人世间所有职业比赛棋谱的阿尔法没有见过这样的布局，李世石其实也有意识地在试阿尔法从未见过的布局。只是，聂老的这种招，他和它都没见过。

图二 回到最初那个话题，如果李世石白1进行模仿，阿尔法该会如何应对？凡是职业棋谱中没有或者绝少出现的局面，只要大致合理，便值得一试。不为别的，一是考考阿尔法，二是为人类棋手自己见识的拓宽积累经验。

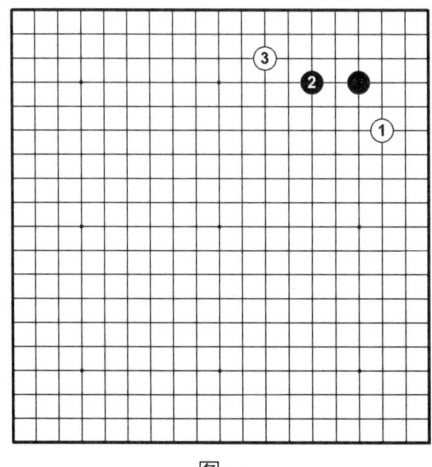

图一

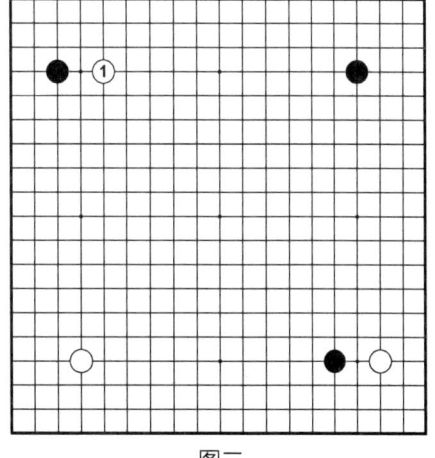

图二

第二谱　7—13

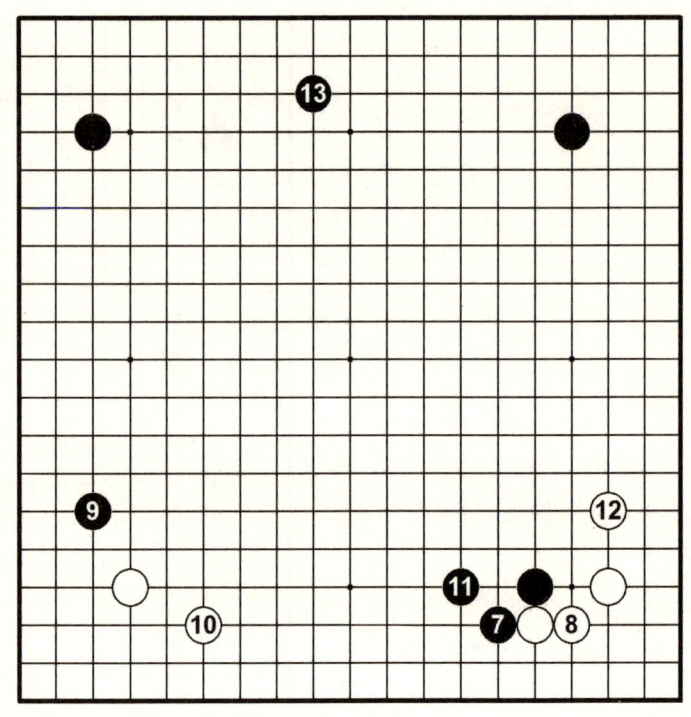

阿尔法的黑9挂角后,黑11完成一半定式后脱先至上边布下"中国流",这种下法看起来很新颖,其实早有人下过。其道理是,右下角和左下角都脱先后,两处均属"未完成的建筑",即为变化形式的"负负得正"。但即便如此,黑11虎后却脱先,从棋理角度来说,最多是"尝试"而已。

图三　吴清源先生就此局面说过无数次,右下角黑棋脱先要趁早,因为白棋跟着应了两手,黑棋已经有"固定白棋应法"的理论上的利益,可视白棋的下一步再做相应的对策。黑1、黑3、黑5以静制动,以下白A断的话,黑B退,白C,黑D尖。

图四　如果阿尔法会使出黑1直接碰至黑5拐的定型,那就真的是创新,有思想了。如果白2不扳,改在A位长,黑2贴,白B位扳,黑4位扳。如此黑棋可战。

当然,在本书面世之后,阿尔法要证明它"有思想",最好下出别的"新型"而不是本图。

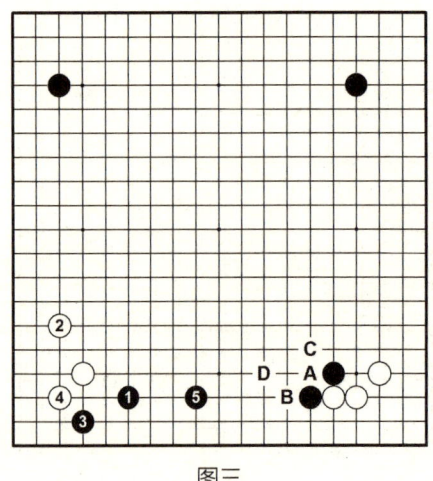

图三

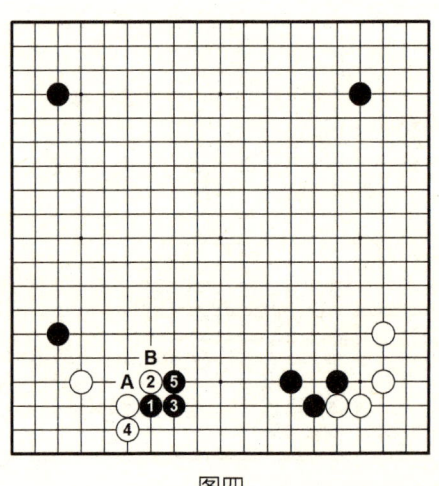

图四

第三谱　14—15

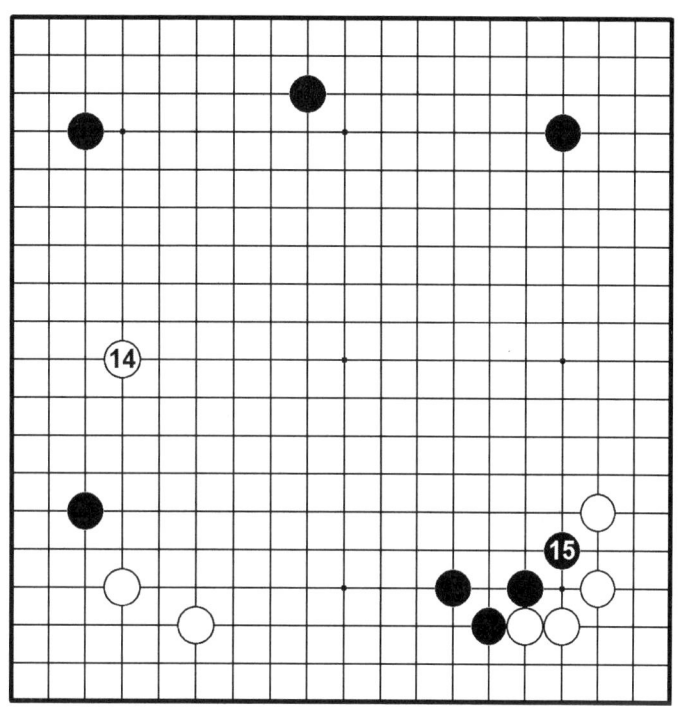

李世石白14选择从这边夹击，相对较稳，但黑15尖令人不解。可以肯定地说，这是恶手。其原因有二：其一，这手棋随时可以尖到，没有必要现在急着尖，白白损失劫材；其二，黑棋不在这里尖的话，可以保留变化，以后也许还有其他选择。实战等于将其他的选择就这样放弃了。

棋，怎么下都可以。恶手，也有恶手带来的特别局面。但，恶手就是恶手。

图五　这是日本第一届名人战循环圈赛中杉内雅男九段执黑对坂田荣男九段之局片段，行至如图，坂田九段白1点，黑2粘，然后白棋在A位断，经过这一连串的准备工作和战术组合后，图穷匕见，最终水到渠成般地将上边的黑大龙全歼。白1，居功至伟。如果说阿尔法看过坂田先生所有的棋谱，那么，实战的黑15，是不是它"想要照着刺，却刺反了"呢（一笑）？

图六　当头战白棋夹攻时，黑1从黑势强大的一方倒逼过来可以考虑，与"中国流"相呼应，张大模样。如此，继续将左下和下边置于"负负得正"的状态，有趣。阿尔法想过此图吗？

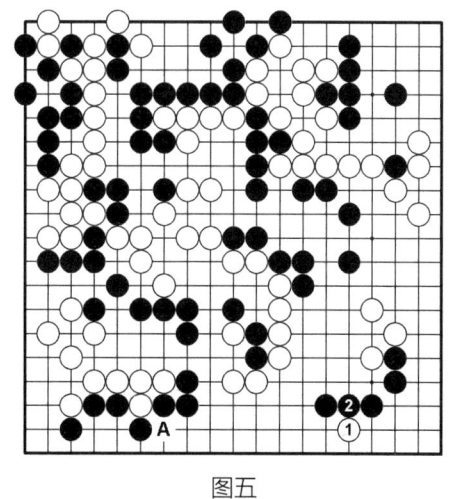

图五

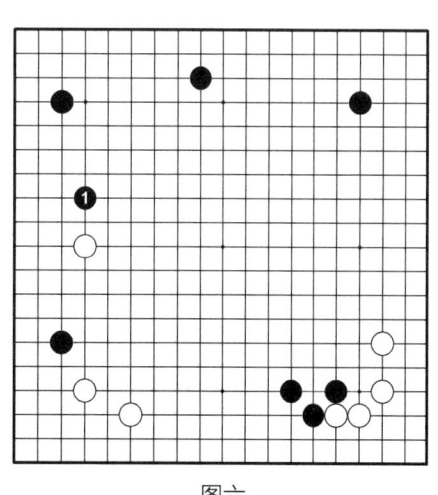

图六

第四谱 16—28

白16不是被黑占便宜,而是心中想说"谢谢"。黑17以下局部正常,大局无谋。白22是李世石气合的一手,不然的话,白棋有其他从容一些的选择。

图七 白1粘是不错的选择。白5逼住时,黑6必须尖补,不然白棋在此处刺,黑棋整块不活。白9抢到先手对右下黑棋发起攻势,白11退时,黑12大,且若非如此,棋局缺乏生气。白15扳时,黑16不能连扳,不然白棋在A位连根打断。

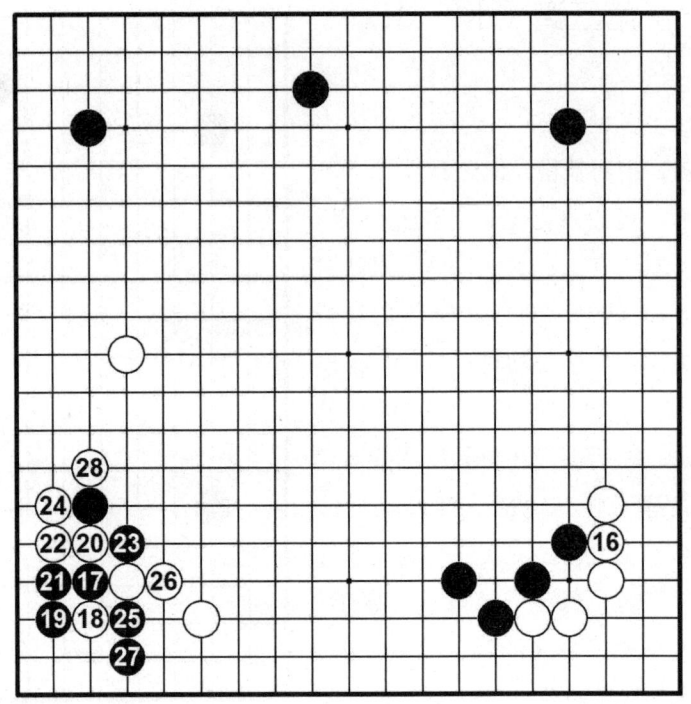

至白19飞,以后白B位觑很舒服;白C位挡后,黑棋大块依然没有活净;白D位尖也是大场。

若如本图,刚才黑实战黑17之肤浅,可见一斑。

图八 白棋也可以大局优先,接在外头,然后简单定型至白9挂角。这种选择的弊在于,白棋损失了左下方边上的实地;利则在于,白棋走在外边后,外势广阔,使得上边的黑"中国流"配置不合理。

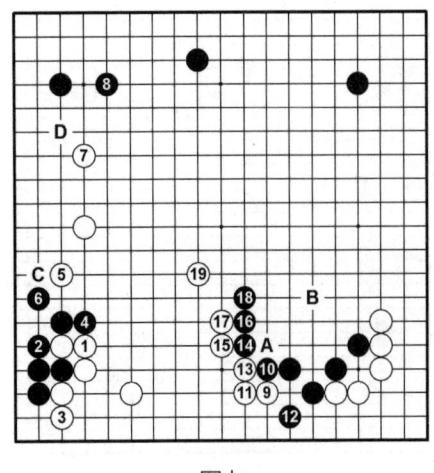

图七

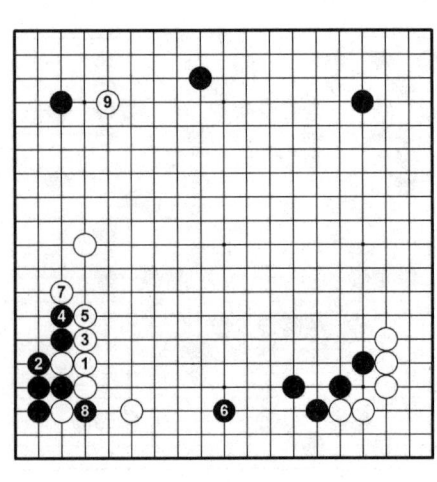

图八

第五谱 29—32

在此棋形下，黑29高拆看似奇特，但其实近期年轻棋手们经常这样下，可以说是局部中的流行型。阿尔法肯定也储存了不少当今流行棋谱，对年轻棋手们的最新着法它无所不知。只是，更多地它只知其一，不知其二。

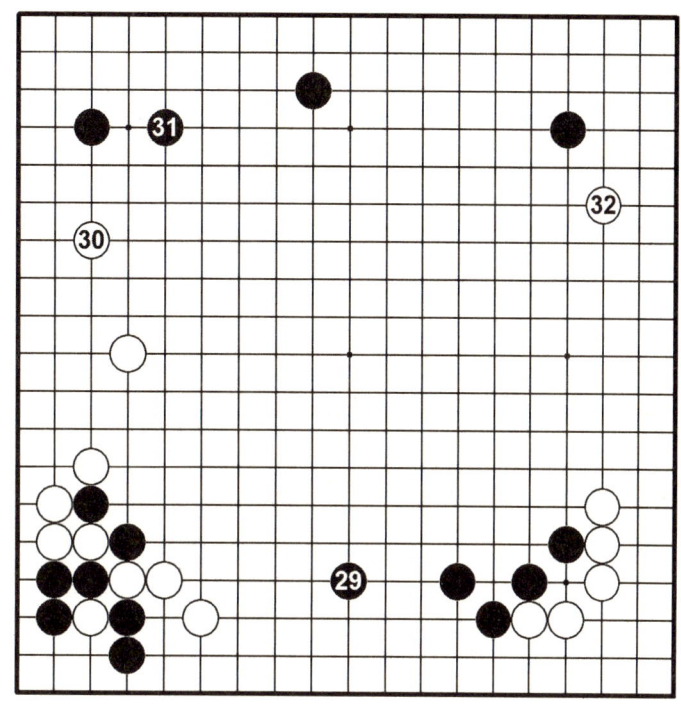

图九 黑1直接出动很有力，黑5双后，白6必须抢到，不然黑A点后于B位掘出，整块白棋无根，将会为之受累。黑7逼住后充分可战。传说中阿尔法杀力强大，为何不选择此变化图呢？

图十 实战中的黑31看似本手，实则平庸。如果黑1在此靠的话，显然更具创意，以下不管白棋如何应对，黑棋都能贯彻扩张上边黑势的战略。黑1亦可在A位飞，对白30一子更具迫力，如此有望先手抢到右上角的大场。

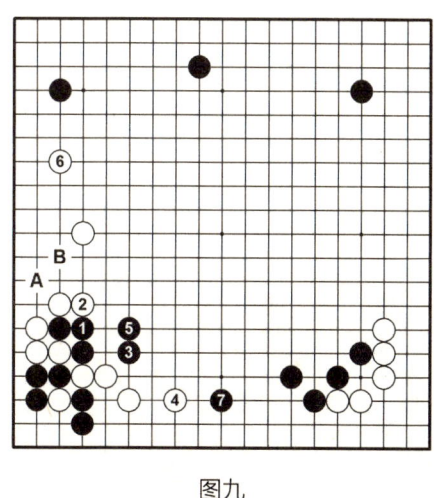

图九

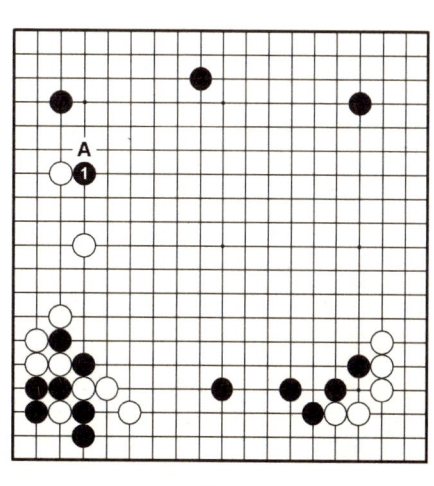

图十

第六谱　33—36

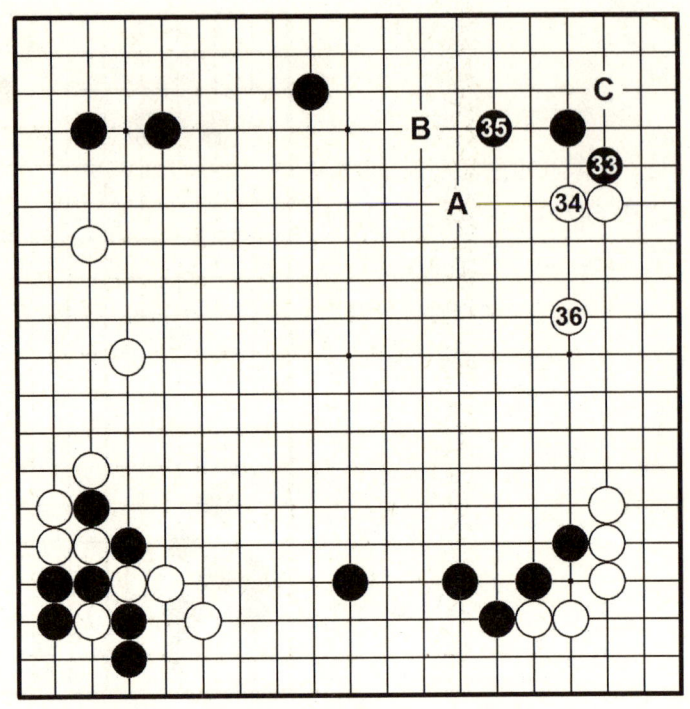

黑33尖顶，过去称为"俗手"。其实，李昌镐九段在全盛期亦常用这一招。阿尔法没少打李昌镐的棋谱，李昌镐的着法在其"记忆"里俯拾即是，此场合且借来一用。

白36也可于A位大关，这样可更高效地利用右下铁头。对白A，若黑B，则白C，正好。

图十一　黑棋已经在下边拆了，此时黑1、黑3正常出动不再严厉。黑3跳后，白4轻轻一碰，腾挪自如、取舍灵活，即使黑棋再在A位双，也不严厉，数颗白棋因黑A而变轻，容易处理。在这里，黑棋有了4位右一路一子后，黑3反而不严厉，为棋中之味。阿尔法懂这其中的微妙吗？

图十二（甲）　阿尔法的数据库里肯定没有这手棋，黑1愚形弯！这才是严厉的一手。问题是，职业棋手的棋谱中，绝少左上至下边的这样棋形，也绝少选择黑1这样的愚形着法。既如此，阿尔法也当然不会学到。此局面下，不给白棋任何借用的黑1愚形弯实为有力的意外一手。

图十二（乙）　不过，丈和曾有白3这样的愚形好手。阿尔法注意到了吗？

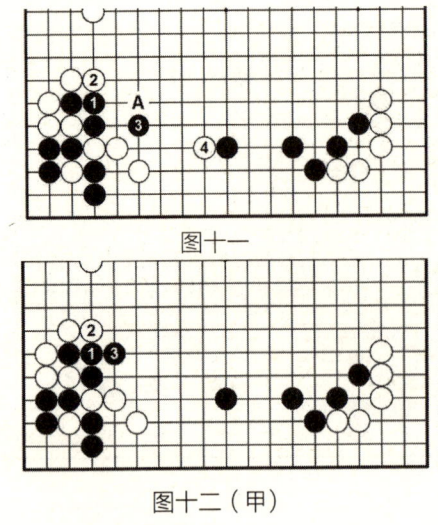

图十一

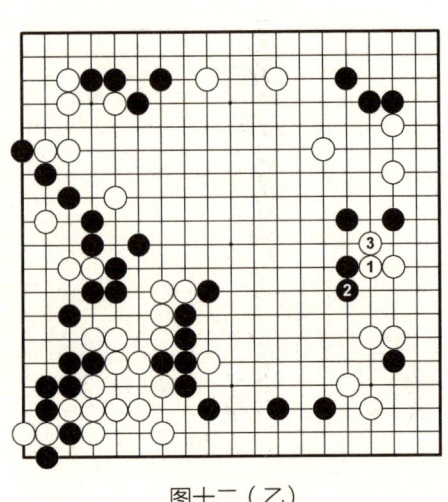

图十二（甲）

图十二（乙）

第七谱（甲） 37

黑37肩冲，令人意外，且一石激起千层浪。但实际上，这是恶手。肩冲意在何为？一般而言，肩冲是压迫对方一点点，扩张自己一点点，或者肩冲利于有的放矢。黑37，应于黑A镇头，进而盯着黑B。

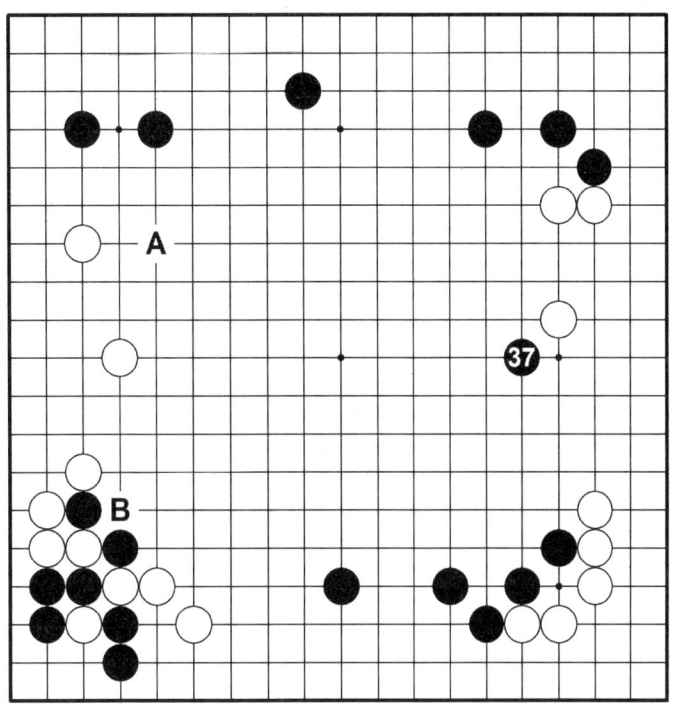

图十三（甲） 这是吴清源对雁金准一十番棋的第二局片段。吴清源黑1肩冲，目的非常明确，扩张己方模样。同样的着法在首届应氏杯第一轮藤泽秀行九段执黑对马晓春九段之局中也出现过，秀行先生的一着肩冲（黑51）借力筑势，技惊四座，有兴趣的棋友请查查看。

图十三（乙） 这是1986年日本碁圣战中，武宫正树九段执白对王立诚八段的一局。白3肩冲高拆二，阿尔法的黑37，抄袭的就是这一着吧？只是，白3、白1是有关联的。武宫九段肩冲用得极多，以第一届富士通杯决赛对林海峰九段的肩冲五·5最为著名。当然，这些阿尔法都见过。

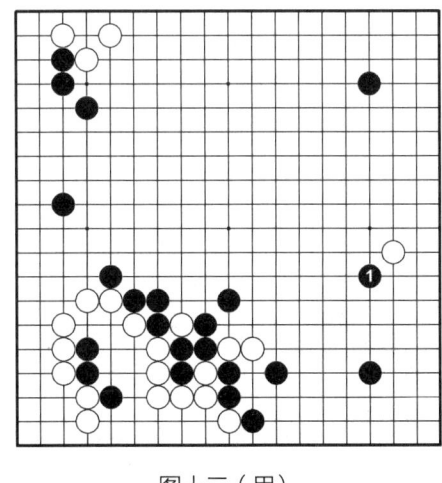

图十三（甲）

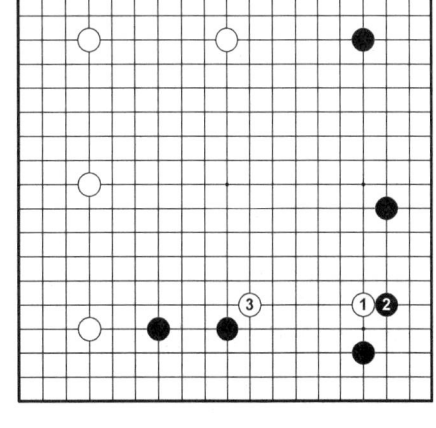

图十三（乙）

第七谱（乙）
37（再现）

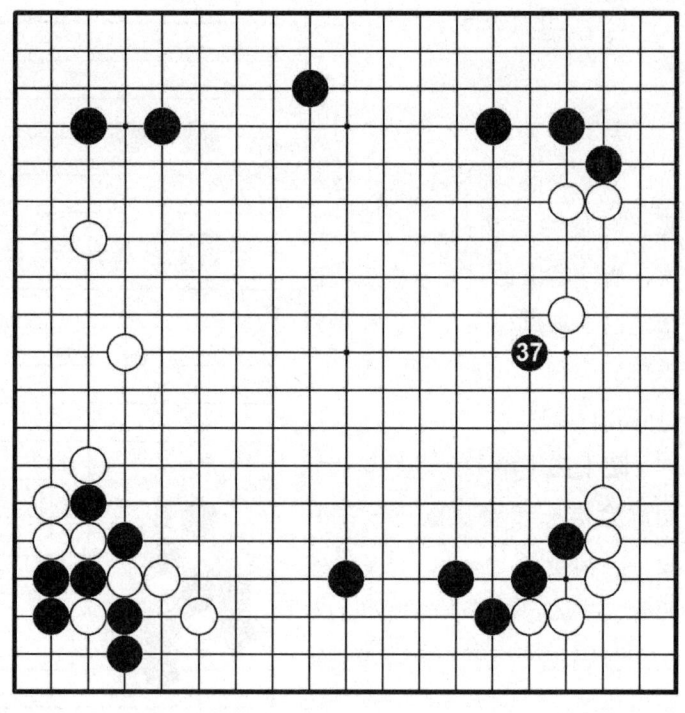

继续说说黑37这手棋。当这手棋出现在电脑直播中时，相信每一位棋界中人的第一个反应都是惊愕，这的确是出乎所有观战者意料的一手棋。此局面下选择五路肩冲，在并非扩张己方模样的局面下，突然弈出这手棋，的确不知所云。

图十四（甲） 类似黑37这样的肩冲，古往今来的大高手们多用，比如道策、秀策、吴清源……可以说阿尔法狗从库中提出肩冲一用，如探囊取物一般。这是时年14岁的安田秀策（即后来的本因坊秀策）与36岁的太田雄藏的对局片段。执黑的秀策如何经营？

图十四（乙） 秀策黑1肩冲！黑7肩冲！先自四路再到五路！至黑11，原本荒芜的中腹陡然出现一块黑棋模样，漂亮！简直没法相信这是年仅14岁的秀策所为。

中国古谱中，肩冲很少，是因为在座子制下，边角的基本构形皆相互牵制，凭空肩冲的条件不具备。

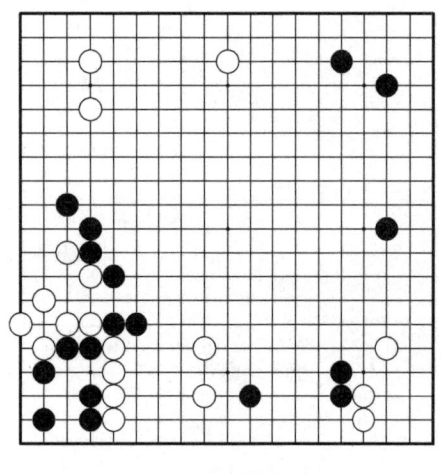

图十四（甲）

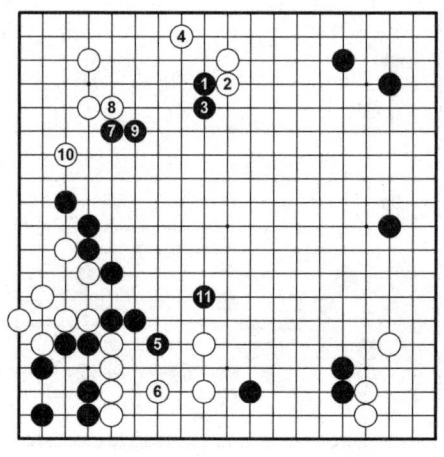

图十四（乙）

第八谱 38—45

白40飞，拔地而起。上边黑阵，相应受制。白全局已占优势。黑41又来变相肩冲，意在何为？即使白42跟着应了，黑43粘后，黑45跳，对白棋并不能形成强有力的攻势。从前后关系来看，阿尔法黑41意在接应黑43出动。问题是，这个棋形纠集不成某种合力，而且其本身，欠缺逻辑。"动须相应"，阿尔法能懂不？

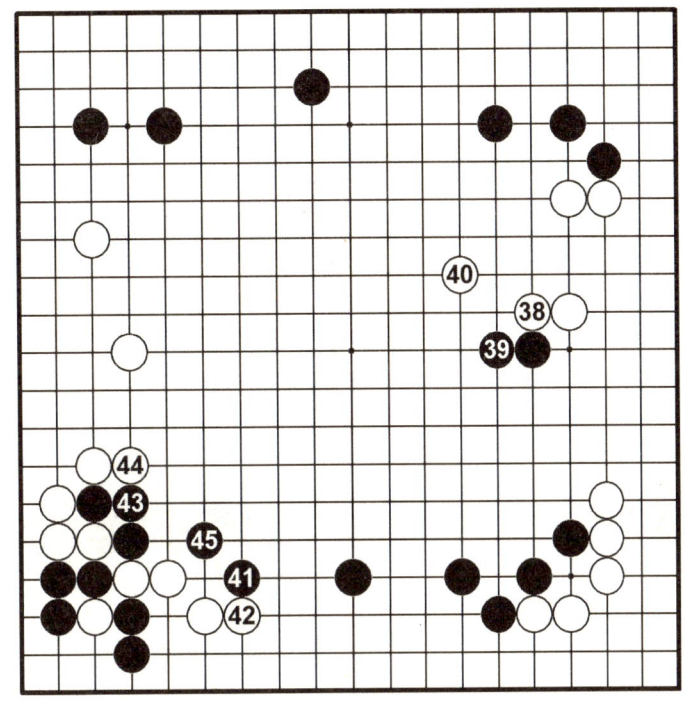

图十五 李世石的白42，于本图白1简单直接地吃住黑两子，黑2会挡下来吗？白3争得先手后打入，将上边黑棋"中国流"打散，以后白棋可以在A、B位出动，然后有白C这一真正有趣的"肩冲"。如是，黑37、黑39两子是不是有自投罗网之感？而黑2如果不挡下，那么刚才黑41的"肩冲"，又想干什么呢？

图十六 实战黑43、黑45出动还是囿于常形，黑1愚形弯出仍然值得一试。以下白A、黑B、白C、黑D、白E、黑F、白G、黑H立下后，左边黑棋拔花后整体变强，而白大块可能处于受攻状态。

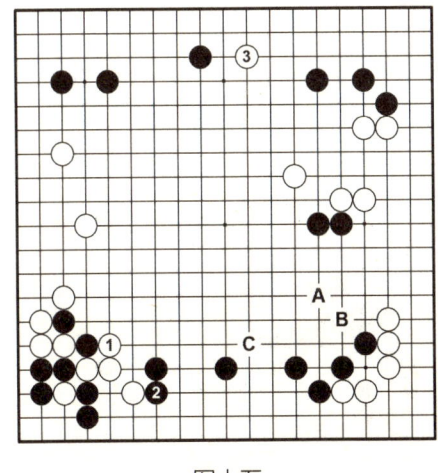

图十五

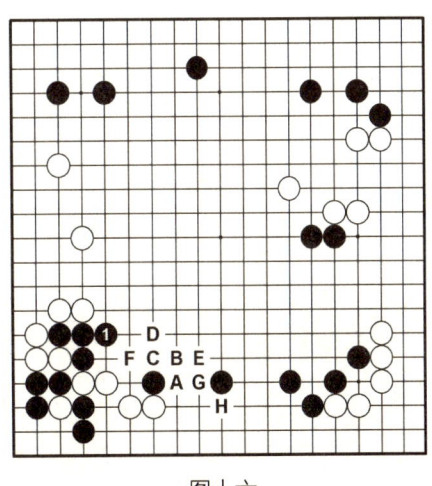

图十六

第九谱 46—56

白46扳出时，黑47反扳必然，白48冲出后，黑棋面临崩溃的危险。白52再打一手，好棋，将黑棋打重，至白56吃通，黑棋凭空多出一块孤棋，而白棋自己活净。这一战，黑方想得到什么？得到了吗？阿尔法在这里最多可谓"随波逐浪，置子于盘"而已。

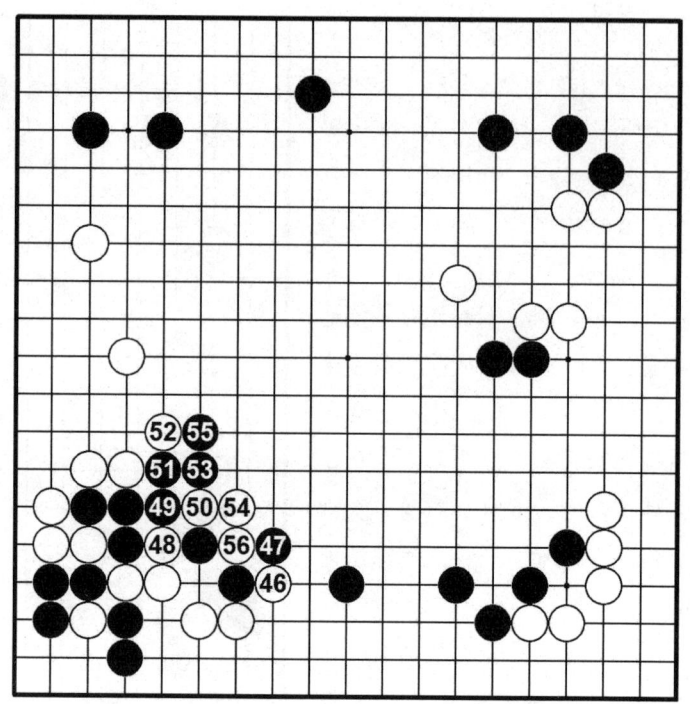

图十七 黑1悬崖勒马其实是可以的，白2吃净黑三子，黑3贴，白4立，黑5亦立下。如果对本图黑方不满意，同时又经过计算和判断认为实战那样黑更不好的话，那么，黑1暂时放下而于黑A一线试应手，其实也是一策。阿尔法在围棋上，究竟懂得些什么，令人感兴趣啊……

图十八 实战中的黑55一意孤行的话，白2先手压一下，就能征吃黑六子了。

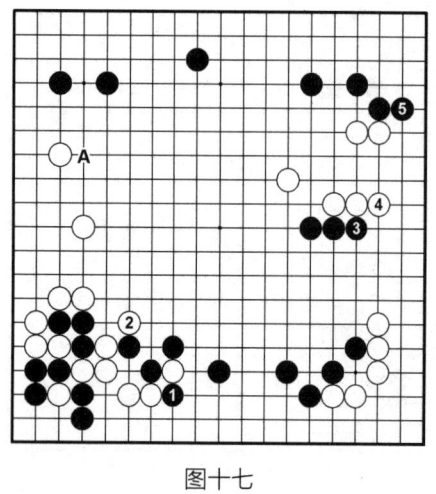

图十七

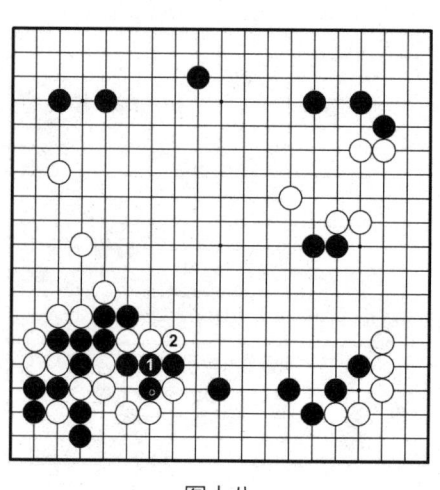

图十八

第十谱 57—62

阿尔法的黑59提，又是大恶手！与之前的黑15一样，随时可以走到，何必无端地损失变化和劫材呢？如果没有这一着随手提的话，黑棋以后在边上会有施展手段的余地，但这个完全可以保留的一提，将味道全部卖光了。

黑61被称为好手，其实不然。至少，从"时空"这个角度去看，黑61不是绝对的"先手得利"。

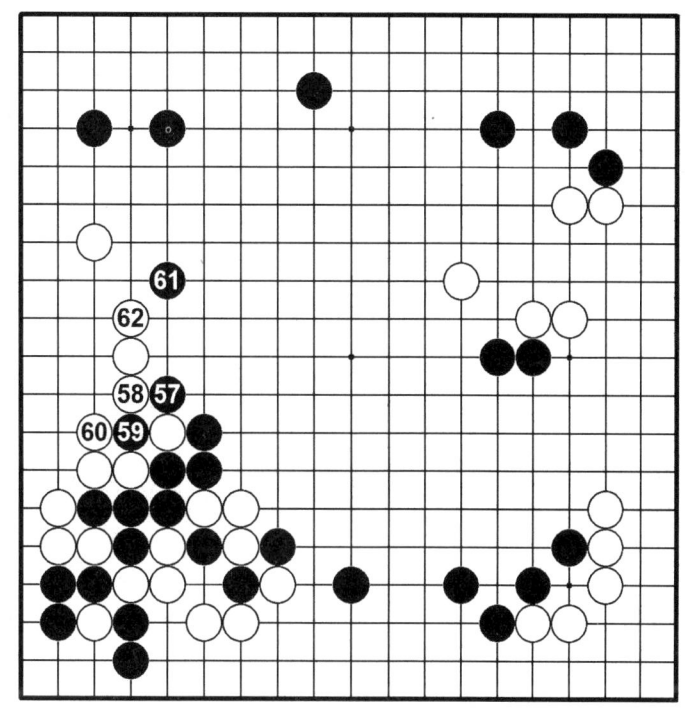

图十九 坂田荣男九段执白对梶原武雄九段的一局棋。白1是否为阿尔法的偶像？坂田先生后来说，白1是他苦苦长考后最终确定的一手，其他种种下法都想过，但都不行。黑A应后，白B位动出，白1起到了恰居要津般的策应作用。

图二十 黑1要下的话，也应该单下。如果白2与实战一样地并，以后黑A位飞时，如果白棋脱先，黑棋有B位点、白C搭、白D断的手段！因为白棋有E位的软肋，白棋马上崩溃。而黑E提子以后，黑B时，白C成立。这里的差之毫厘，可能谬以千里。

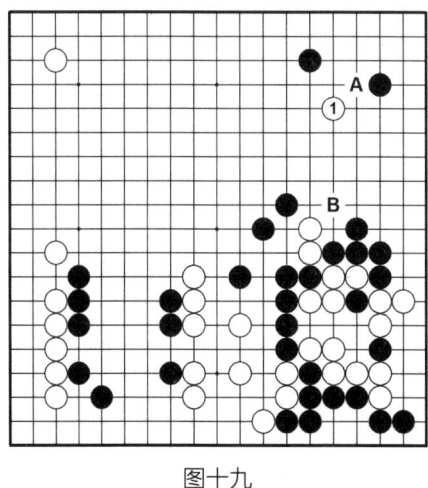

图十九

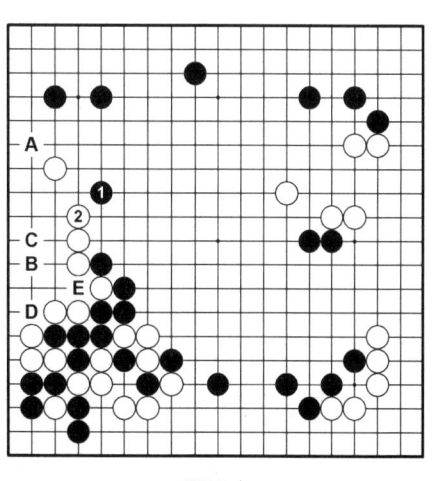

图二十

第十一谱 63—67

黑63贴，好手。黑65扳，缓解白棋点角的压力，很想谓之为"好手"。但黑67却不是好棋，这手棋要么在右上角二路厚实地粘住，要么黑A，白B，黑C封住白棋通向中腹的出路，改变中腹的力量关系，有点"高者在腹"的意思。实战黑67意在围住上边实空，但既然两边都虚，补不胜补，何必要补呢？至少，经营"空间"的"时间"，不对。

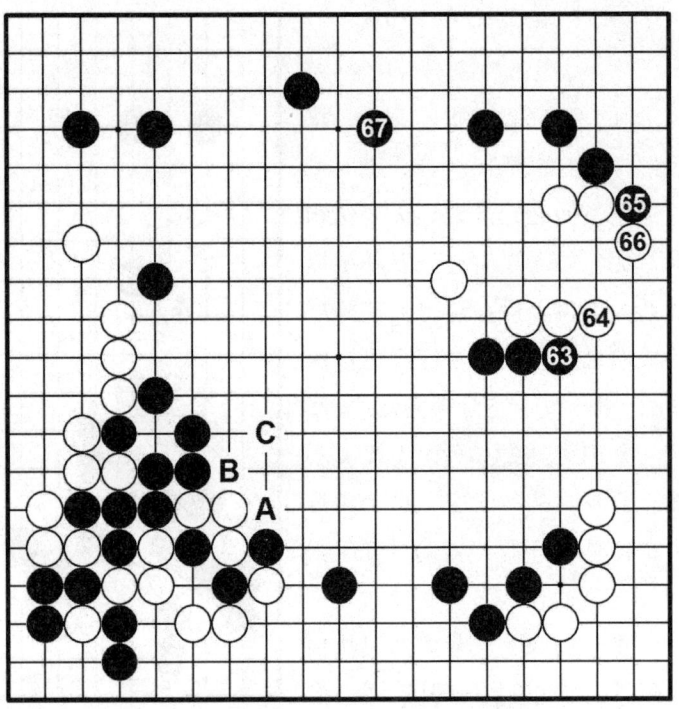

图二十一　1992年第六届天元战决赛第一局，聂卫平九段执黑对马晓春九段，白1扳了后脱先，缓解了黑A位点角的压力，马晓春九段"动如脱兔"的形象，跃然盘上。否则，黑A点角时，白棋不能在B位挡，黑棋可先手获利。

图二十二　1986年首届中日围棋擂台赛聂卫平九段执黑对日本片冈聪九段之局片段，黑1、黑3扳粘守角，当时观战者们认为定型过早，但聂九段自有其主张，认为此处为全局急所。这是用局部手段表达全局观的好例子。

这些好局，阿尔法都看过，但其"借招一用"，最多只能形似。

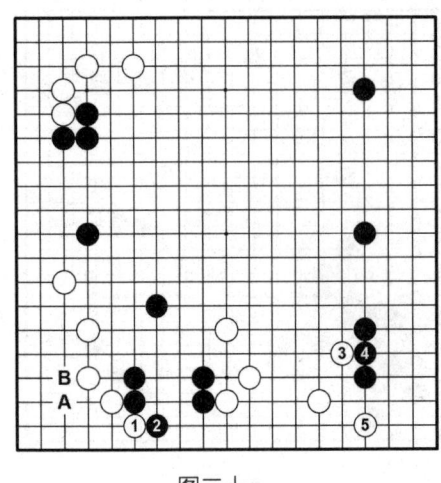

图二十一

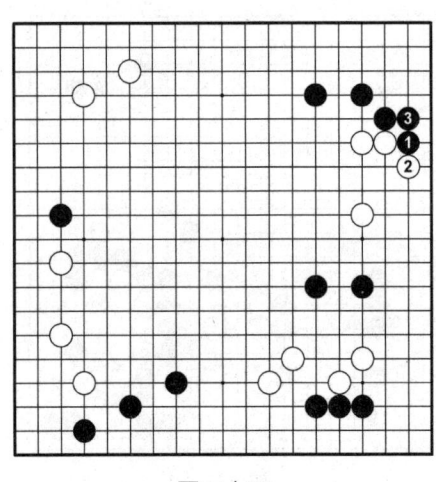

图二十二

第十二谱 68—73

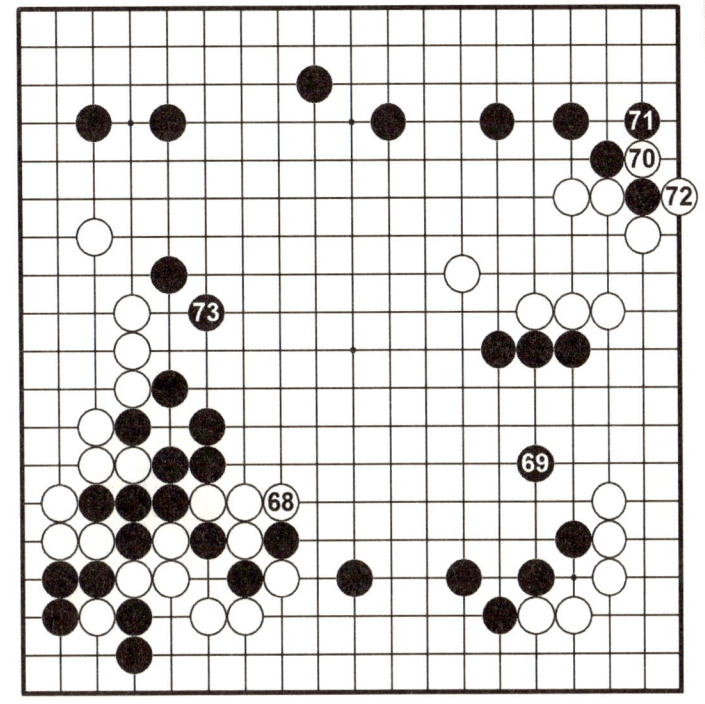

李世石白68打吃，全局在胸。无疑，此时李世石持续着优势感。本局至此，及本局之后，棋局之格局和韵味，均与当前职业高手间的对局相当不同。部分原因，正是阿尔法不断借用同时又不恰当地借用前人着法之故。

白68若非优势，或不至此。

图二十三 白1可以从这边打吃兼补棋，如此还有后续手段，白A位压的连续性更强。如果黑B跑，白C提，黑D断，白E一路打下去即可。这样黑大块孤棋的压力越来越大。

图二十四 黑73尖补后，刚才那一"坂田流"的轻吊就不幸变成俗手了。此处当然应于A位飞镇。围棋中，时间差和时空观的认知和把握，是真正高手与一般棋手之间的鸿沟。

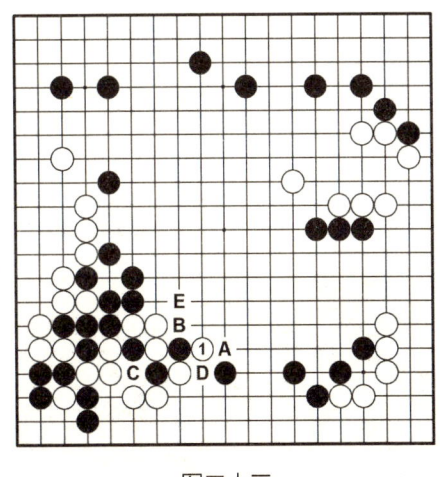

图二十三

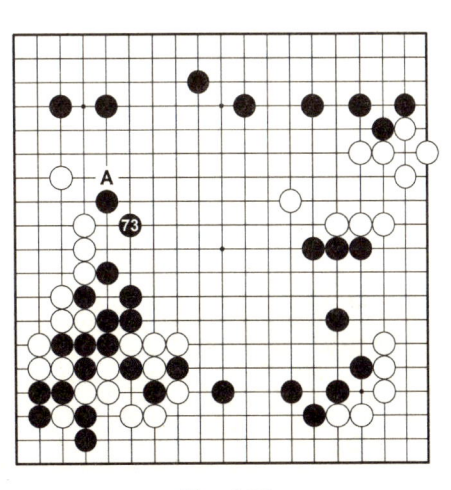

图二十四

第十三谱　74

白74是锐利的一手，具有李世石的特点。遗憾的是，这手棋先天不足，因其锐利而显出局限。施襄夏说"攻虚宜紧紧宜宽"，既有小具体，更有大写意。若能透视此形，便可知这块黑棋根本不是应该聚焦攻击的对象……

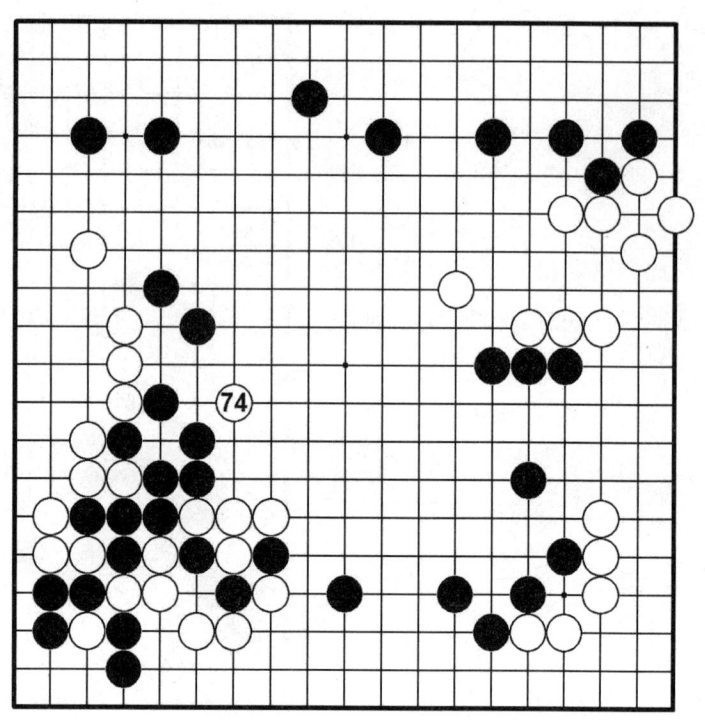

图二十五　白1过于聚精会神。如果黑2脱先，难道白方要白A愚形冲？即使A位冲，黑B搭出，白棋并无一手吃住黑棋的手段。黑棋哪怕再次脱先，白棋再花一手棋吃住那团黑子，20目除以3，价值也不大了。

图二十六　白1投石问路，才是使路更"宽"（"紧宜宽"）的上策。对此，黑外挡内挡都助白A成形，故黑2只能实粘。而白方在黑阵内留下"肉中刺"后，白3再转向中腹，攻守破立皆有余地，"时空感"亦油然而生——这，才真正是阿尔法没见过也不懂的好棋。

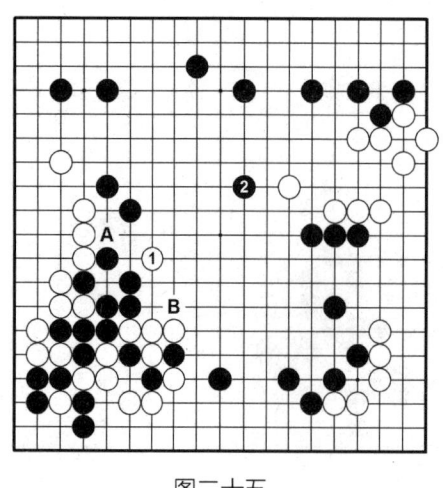

图二十五

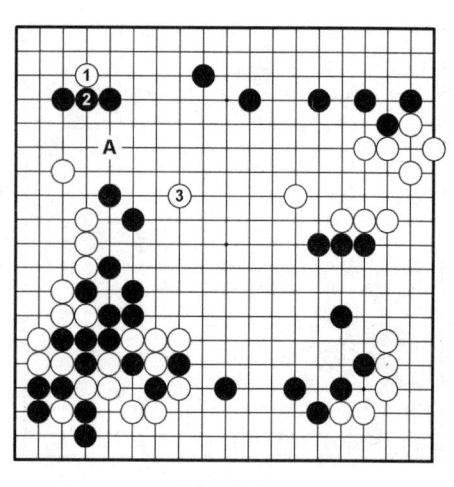

图二十六

第十四谱 75—79

黑75、黑77，想使实战中白74点变成闲子，虽然闲子还是有点像根刺……

白78试应手。估计李世石的心态是明明应为白优，怎么找不到理想的进路？于是白78试试看……

图二十七 这是1952年吴清源与藤泽库之助十番棋第七局片段，藤泽九段黑1时，吴清源白2非地非势，未攻未守。此着即"吴清源流"，极具"时空感"的高招。

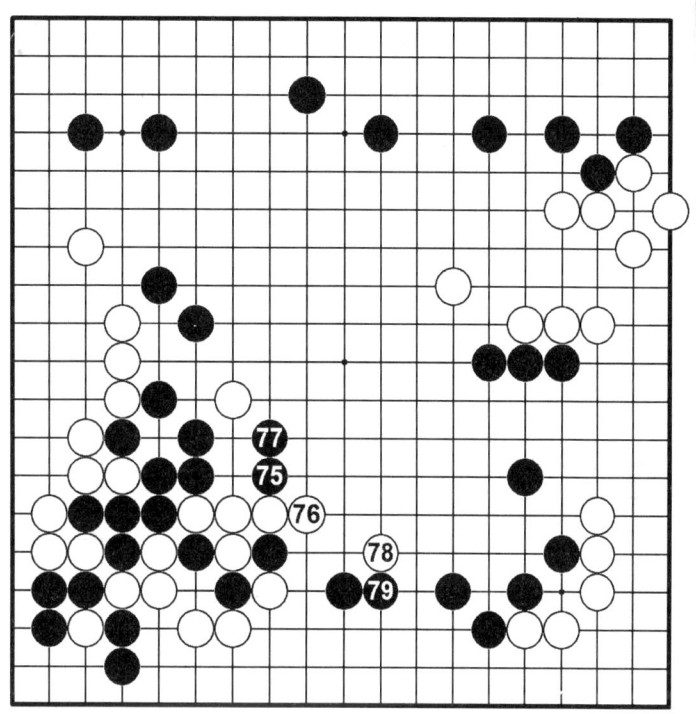

看待任何局面，不仅仅是从守地与破空、战争与和平出发，而是综合已有的线索，透视局面的需要，顺其自然，统筹兼顾。至于该据守边隅还是挺进中腹，殊无定数。

图二十八 黑79应该抢占1位制高点。以下白A飞下，黑B，白C渡过，黑D连上，白棋并无了不起的手段。如果白棋直接于D位贴下，黑棋继续脱先抢占大场。上边黑1既出，黑棋模样俨然而成。白E位飞山的话形状是歪的，黑F跨即可封住白棋出口。另外，黑棋不在F位跨，而于G位碰也是一法，白H，黑I二路扳粘，以后还有L位二路夹入的手段。

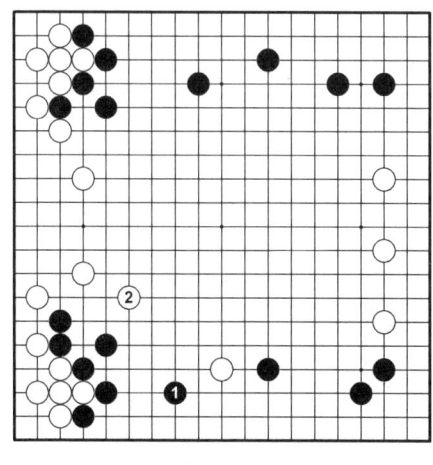

图二十七

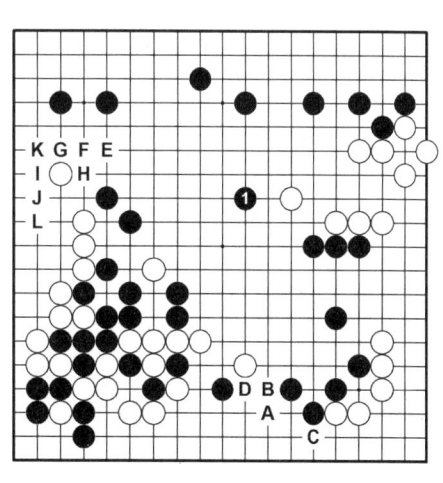

图二十八

第十五谱 80

现在全局仍然是白棋优势。白80打入符合李世石棋风特点，尖锐，富有冲击力。但如前所述，"尖"，必然不"大"。同样的，"大"，必然不"锐"。在围棋中，有绝对完美地兼顾所有的棋手吗？有。但还没出现。会是阿尔法及其升级版吗？NO！

说这盘棋的转折点由此开端也不为过，正是从白80开始，阿尔法扭转了前半盘被动局面，开始主动在握，而李世石逐渐转入守势。

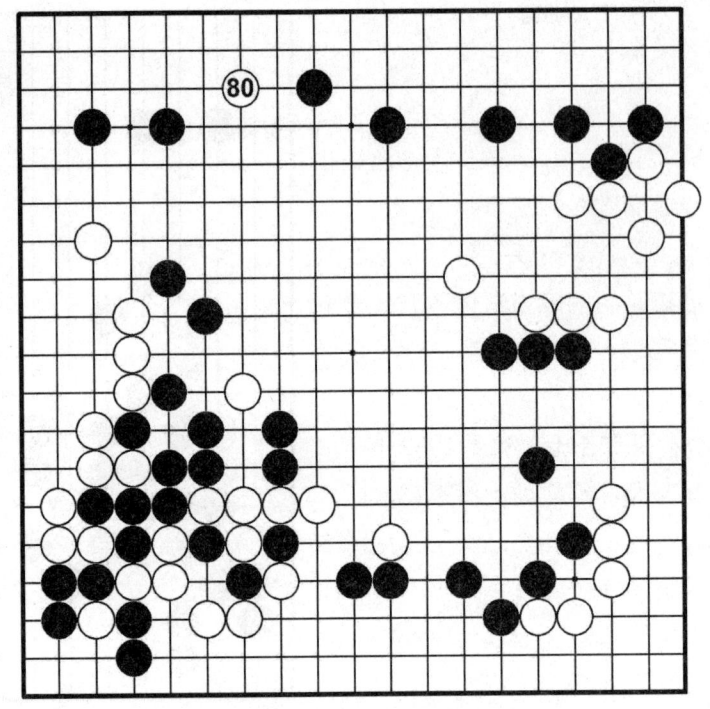

图二十九 还是白1较好吧。黑2防白A，无奈。白3飞，整理中腹并瞄着白B。白3后，以下黑C、白D、黑E、白F。白F，也可转换为白G。白G，棋味浓郁，本为小李所长……

图三十 白1飞要求追究黑形，也可考虑。黑2以下定型，白9跨后，黑棋局部无应手，黑10寻求联络，白11冲出后，黑棋尚需自顾。

过去在这种地方应该是李世石最为擅长之处，但今天，他对这些存在的手段均一一错过，眼睛只是盯着上边的打入破空。

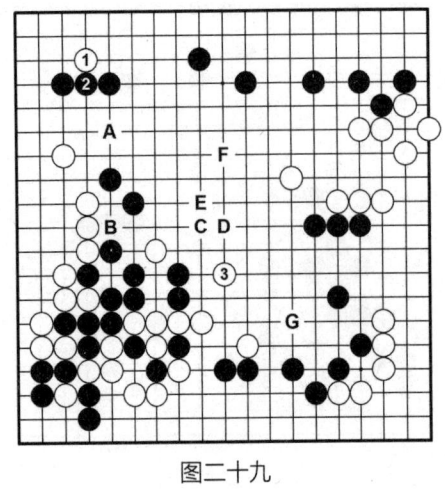

图二十九　　　　　　　　　　图三十

第十六谱 81

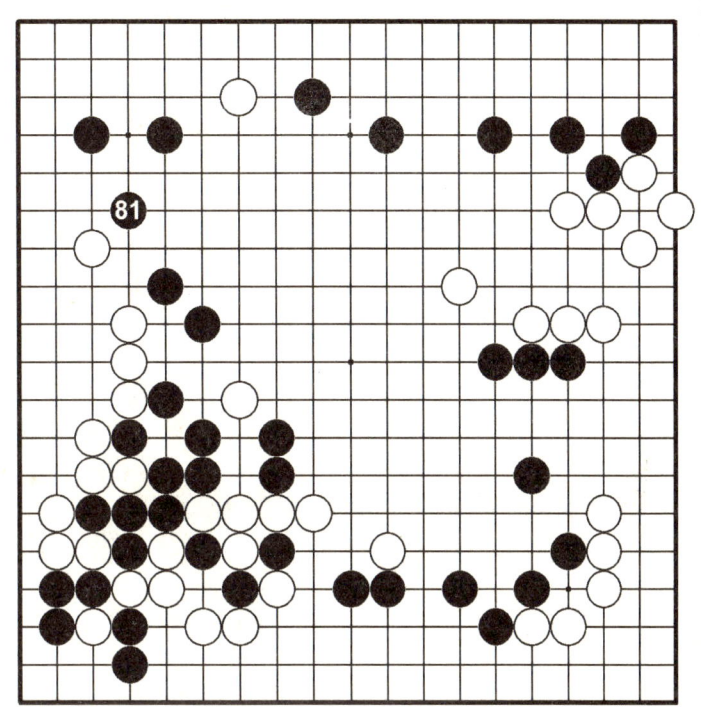

黑81是好手,又没有那么好。此着几乎出乎所有观战者的意料,这手棋竟然没有直接对白80发起攻击,而是若即若离地在不远处瞄着。网上直播的时候,叫好声一片,高手们纷纷夸赞阿尔法下出的棋有味道,有独创性。

"独创性"?真的吗?

图三十一 本局是清初棋圣黄龙士执白对周东侯之局的片段。黑1深打入,很像上谱中白80深打入。黄龙士置之不理,白2悠然跳起,放长线钓大鱼。

阿尔法实战黑81与白2异曲同工,至少在大方向上是相一致的。

图三十二 1992年日本第三十期十段战决赛五番棋第二局,武宫正树九段执黑对挑战者小林光一九段,白1看似很凶地打入,哪知道黑棋根本不理,黑2挂试应手,待白3夹击后,黑4、黑6再借力而行,改变白1的周边环境,换一个方式实施"攻击"。

从这两个变化图可看出,以前的棋谱中类似黑81这样的"闲着"有很多,而这些着法,又直观地对应着:"攻虚宜紧紧宜宽。"

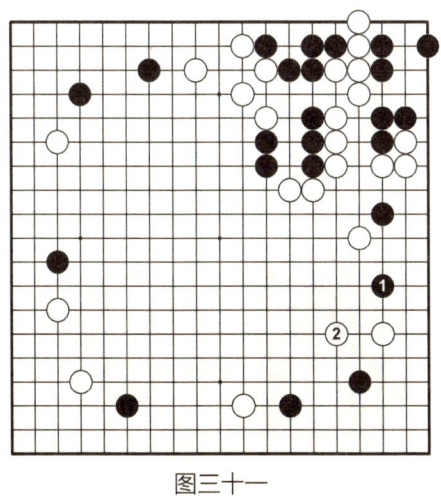

图三十一

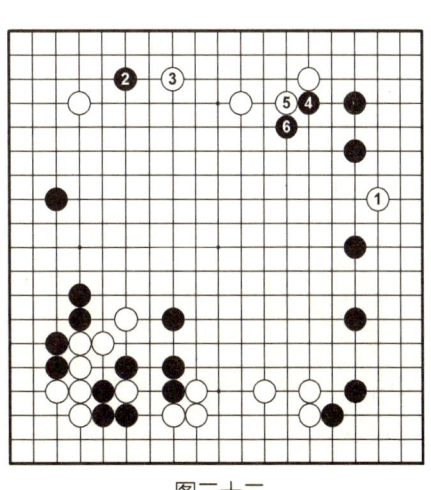

图三十二

第十七谱 81（再现）

还是要着重说说黑81这颗子。围棋实如战争，所谓"上兵伐谋，其下攻城"，不战屈人之兵为上上策，黑81张网以待，将白80一子的外围出路全部堵住后，使其无力可借，说不定，有使之"自生自灭"之效。

然而要强调的是，黑81虽然大方向正确，具体方位却是错的。

图三十三 黑1碰更为紧凑！神形俱佳。白2长的话，黑3就势飞在外边，对实战白80影响力更直接。以后A位二路扳粘是大官

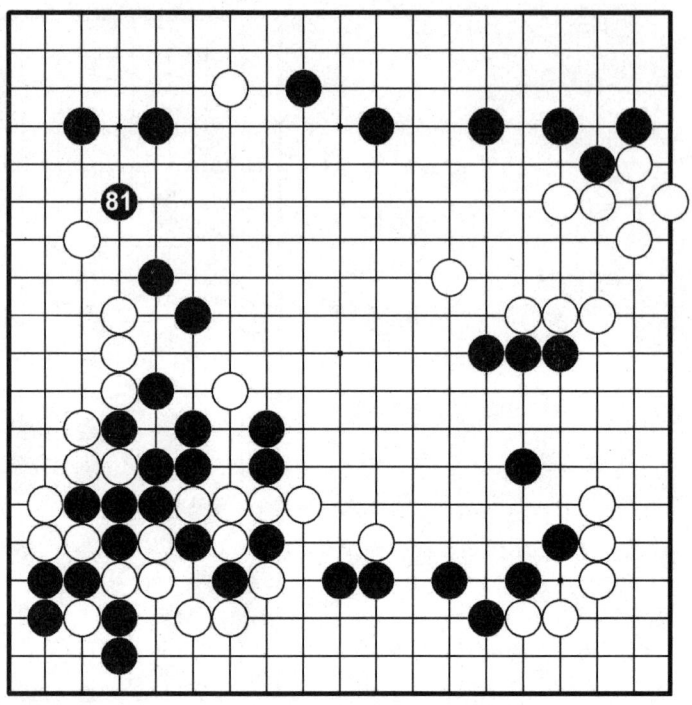

子，之后还有"夹"。只是，B位的失效，为之前黑59之恶果。换言之，除了黑3对上边白一子更具迫力之外，黑棋还有在左边搜刮的后续手段，优于实战多矣。

图三十四 黑1碰时，白2如脱先至上边处理孤子，黑3退，白4跳，黑5扳住舒服！与实战相比，结果犹如天差地别。

在与棋友们同观本局直播时，王元说："阿尔法的这一着（指黑81），如果会横碰（指图三十三），我就跪了！"后来阿尔法实战下了黑81，王元说："这也马马虎虎，山寨黄龙士流。"

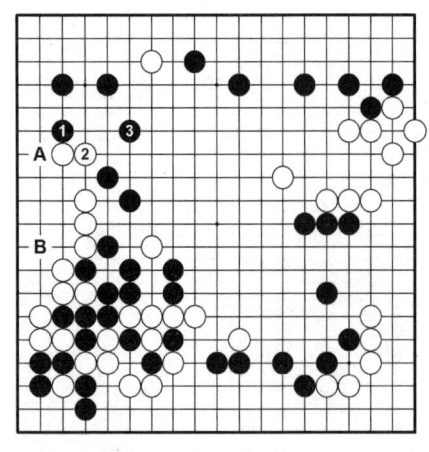

图三十三

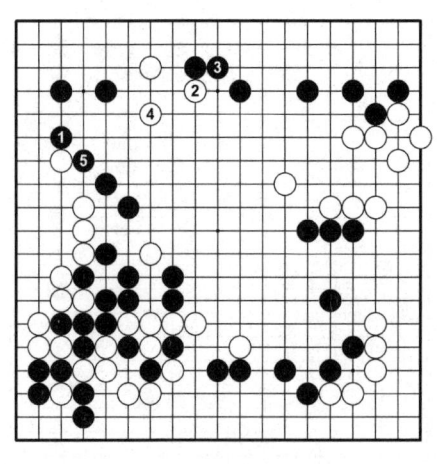

图三十四

第十八谱　82—86

白82开始腾挪治孤，黑85继续蓄力时，白86再捞一票是典型的李世石风格。势孤求和，在大块孤棋急着需要处理的情况下，白86还不忘强硬地取地，李世石看来真是在对人类高手时习惯了这样的"无理"。

然而，此时的形势，还是白棋稍好。

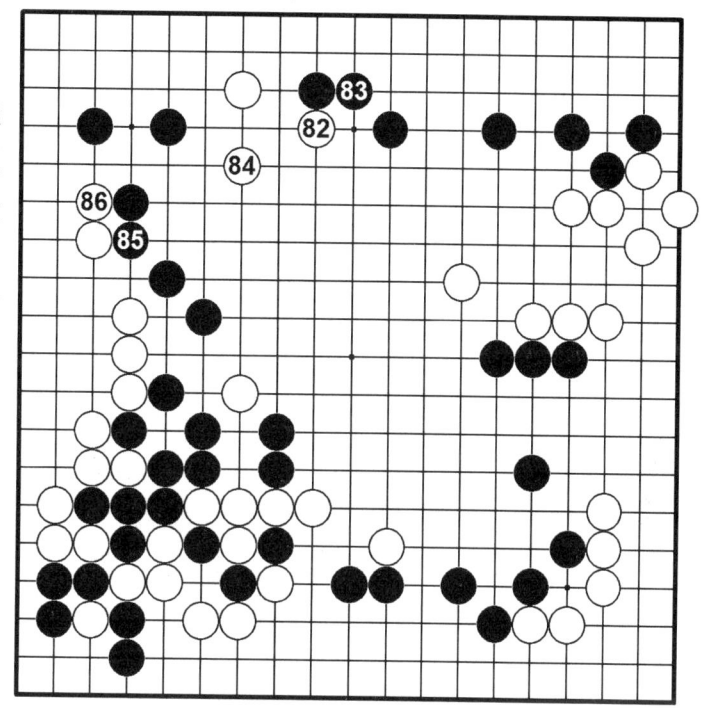

图三十五　白1选择打劫的话，因为有劫材关系，结果不一定能占据上风。从全局来看，白棋劫材不一定有利，黑棋在A、B、C等处既收官子又找劫材的话，就会令白棋很难受。

图三十六　李世石的白86，于本图最为简明。白1飞，黑2尖应，白3跳出是形，整块白棋已不是受攻之形。黑4以下是黑棋的权利，但白棋心平气和地让黑棋获利，至白9退，白棋损失有限，但最重要的是，上边白大块孤棋脱险了。本图黑6不能于A位长，也是之前黑59的恶手之果。

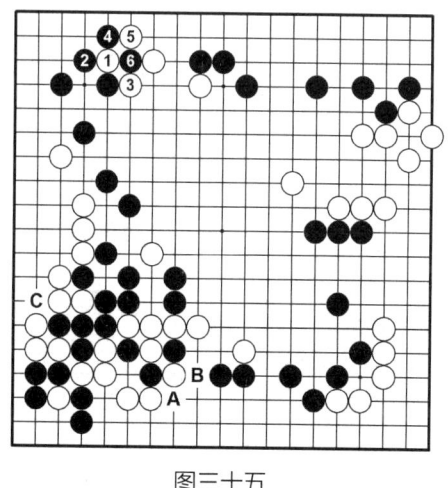

图三十五

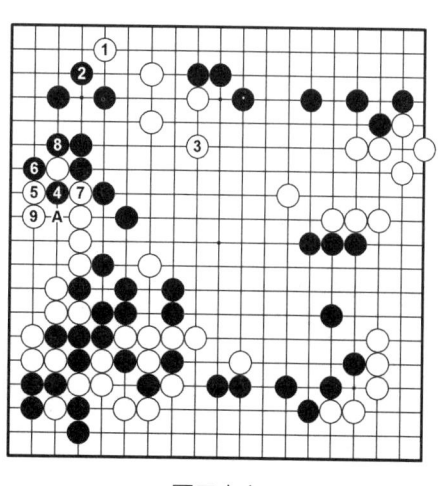

图三十六

第十九谱　87—95

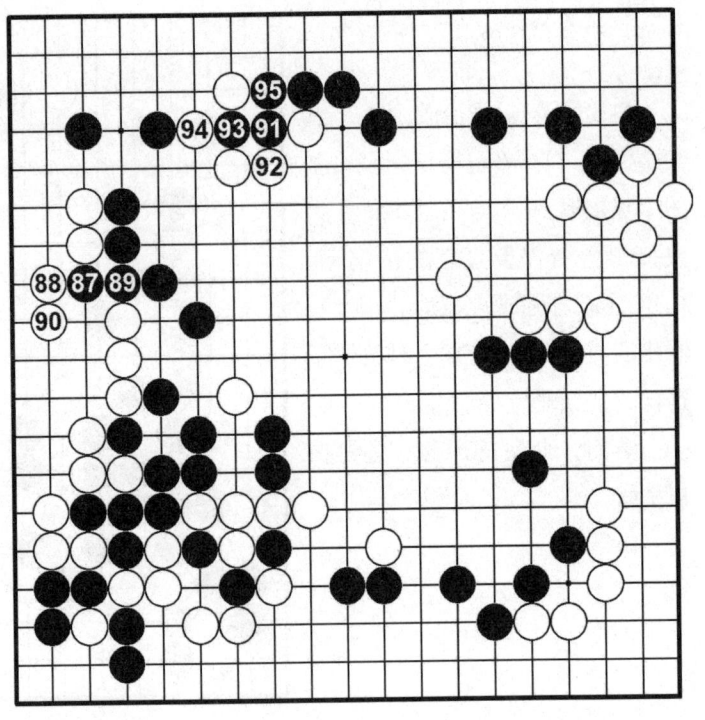

本谱阿尔法也应因局势艰难却行棋差不多"到位"而受到称赞。黑87以下先手定型，黑91扳、黑93冲，步步推进，格局不大却厚实有力。它本来应该不想就这样吃点零食，但确实搜索不到屠大龙的现成典故。

图三十七　阿尔法一步一个脚印地进逼，现在看来可能是局部最佳着。当时最令人担心的是黑1镇。但白2飞后，白4、白6顶，黑棋吃不着白棋。

在这种局部，阿尔法尽管不可能顶级出彩，也不会轻易犯错，而棋手出于一举制胜之念，却可能一着不慎，满盘皆输。

图三十八　黑1卡吃破眼，这样硬吃白棋也吃不着。由此可见，阿尔法不会轻易去冒险，它的每手棋都经过了充分的搜索和某种测算才出手，不会轻易冲动。从这方面而言，它的确是人类高手遇到的最难对付的对手和最为冷静的师友。

与阿尔法对弈，不能寄望于心理战，更不能寄望于侥幸，只能堂堂正正地打败它。

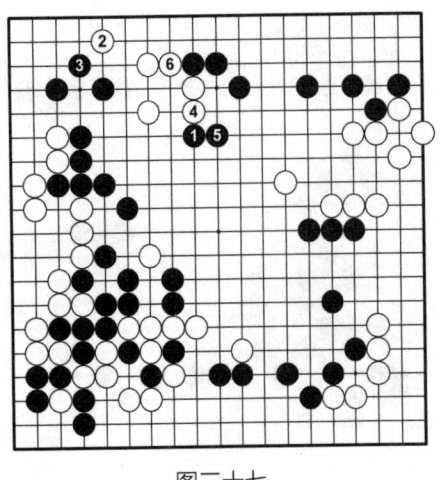

图三十七　　　　　　　　图三十八

第二十谱 96—100

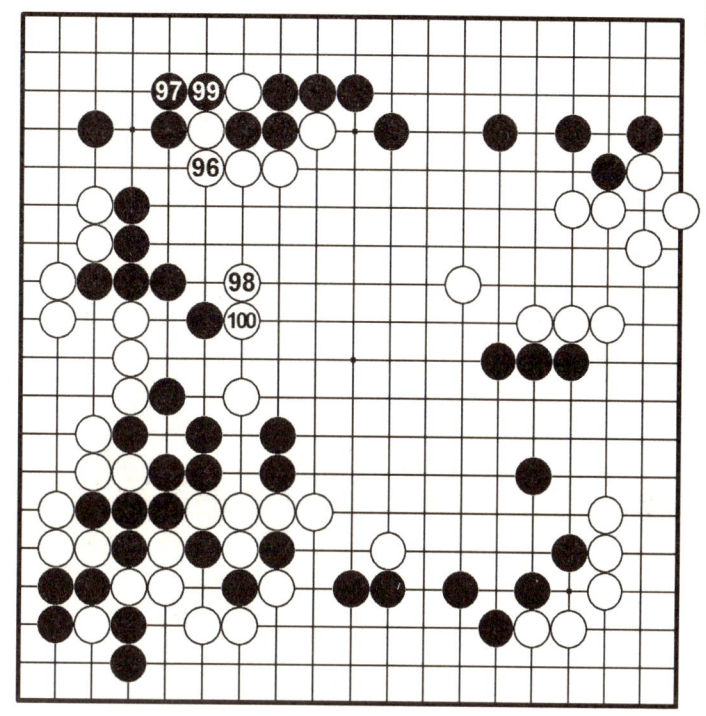

阿尔法继续厚重下法，如同龟步一样，不求美观，但求实用。黑97、黑99厚实地吃住边上白一子后，黑棋实空顿时增加不少，而外围的白棋也得以脱险。至白100压，局面平缓，双方形成均势。

阿尔法的着法选点据说是一种概率计算，棋盘空格越少，它越是容易计算。局面至此，李世石未能在前半盘甩开对手，后半盘已经有些难了。

图三十九 实战白96不粘在外边的话，也可以选择在上边虎，黑2从外边打吃，白3卡打，黑4提，白5再打时，黑6接住是冷静的一手。以下至黑12近乎必然，但白棋较之于实战明显亏了。

本图白棋所获极其有限，黑棋不仅获得了坚实的实地，而且外围也变厚了，白棋形散。

图四十 白1上扳，黑2、黑4提，黑8和黑12挺头都是好形，白13冲是白棋唯一的突破口，也使老早前有疑问的实战谱中的白74点现在变得有用。总体来看，似乎胜过实战白棋的状态。

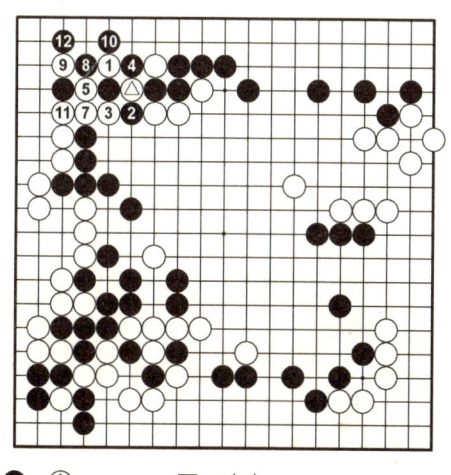

❻ = △　图三十九

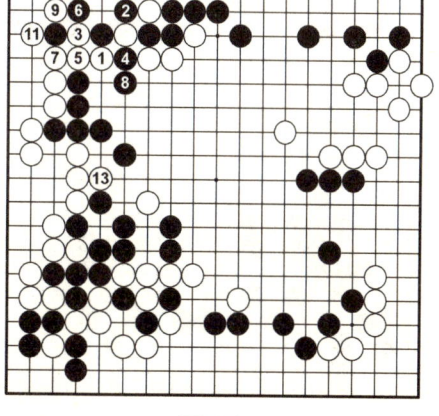

图四十

第二十一谱 101

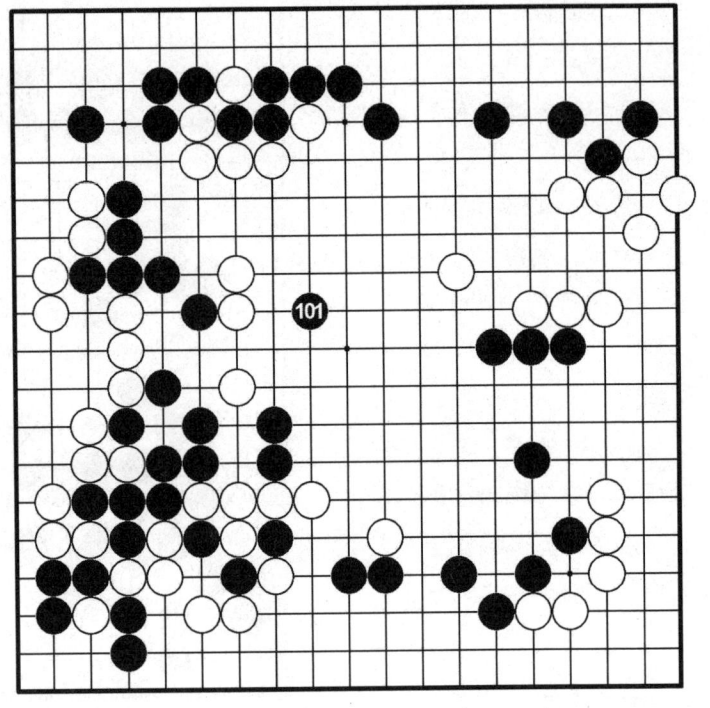

黑101逐鹿中原，且有越线攻击之感，但可谓好手！这也是基于对形势判断不太乐观后的选择。以攻为守，积极进取，这恰恰是李世石的风格。我们在这盘棋中，不止一次地发现，阿尔法采用的招式，颇似李世石的棋风和棋路，而李世石在很多地方该展现他风格的时候却迷失了。

图四十一　如果黑棋选择务实下法的话，最应黑1守住角地。但那样白棋就容易掌握了。白2先手点，然后白4飞，形状漂亮，棋形充分，寥寥数手过后，黑棋大败。以后白棋在A至F点都有棋味，稍加借用即可围住中腹大空，简化局面。如此双方根本不成对手。

图四十二　但有了实战黑101后，这手棋如同楔子一样扎在白形的要害处，是借力打力、无事生非的最佳点。如果白1断开黑棋，黑2反尖一手，白棋顿感无趣之极，弄巧成拙。

何谓高手？就是在一盘棋自始至终的过程中，给对手施加最大程度的压力，迫使对手片刻不得轻松。黑101就是欲突破均势的最佳一手，阿尔法交出了一张满分答卷。

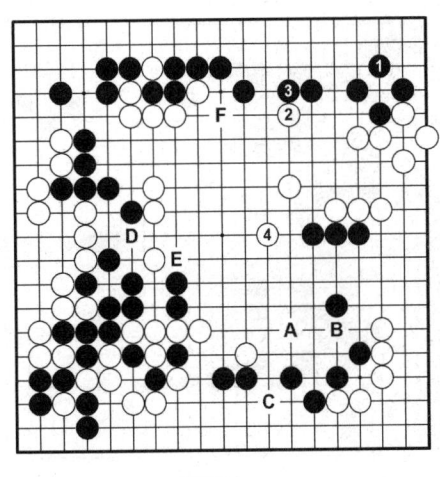

图四十一

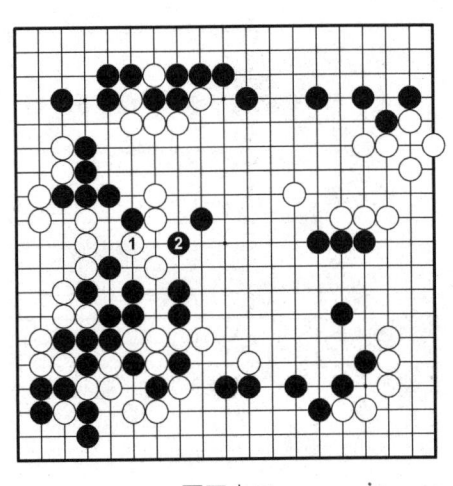

图四十二

第二十二谱　102—109

白102出击，白106打吃后，白108出头。白棋大块借势出徐州。黑109紧凑！典型的李世石风格，也与刚才的黑101同韵。棋入中盘后，阿尔法着着直指后脑勺，不让白方高卧舒枕。

就局部而言，黑109击中白大块七寸。从实战中的黑101到黑109，阿尔法的局部感觉很好。

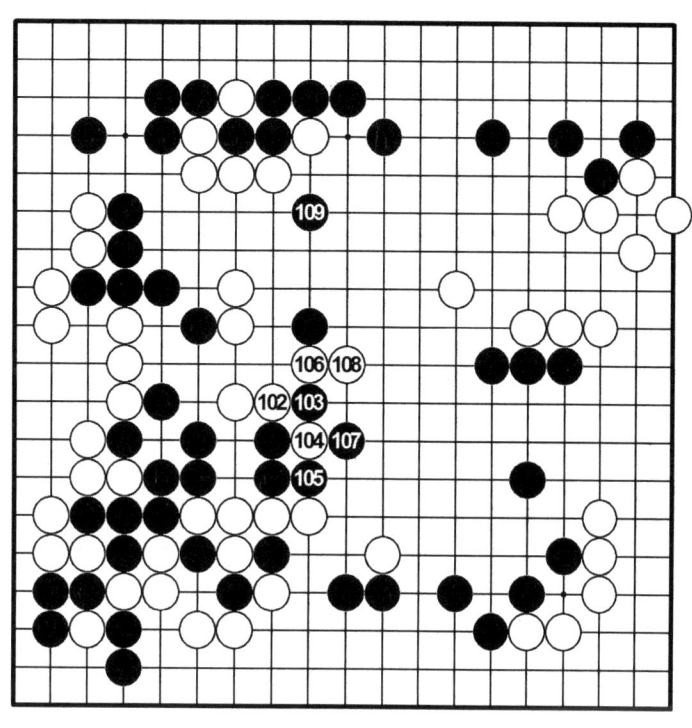

图四十三　白1这样补棋也是不错的，按兵不动，且静观之。A位、B位是黑棋的软肋，黑C冲击白大块的话，白D、黑E、白F即可，黑棋并没有严厉的后续手段。

《孙子兵法》曰：昔之善战者，先为不可胜，以待敌之可胜。本图白1自补，可以说是"先为不可胜"。

图四十四　彼强自保，势孤求和。在周围黑势比较强的局面下，白1坚实地自守也是一策，这样白棋自身已无破绽，黑棋找不到发力点。如此进行的话，胜负依然漫长。

李世石行棋，习惯了主动出击，以攻为守，相对地，在"静"的方面，或为他的不足。

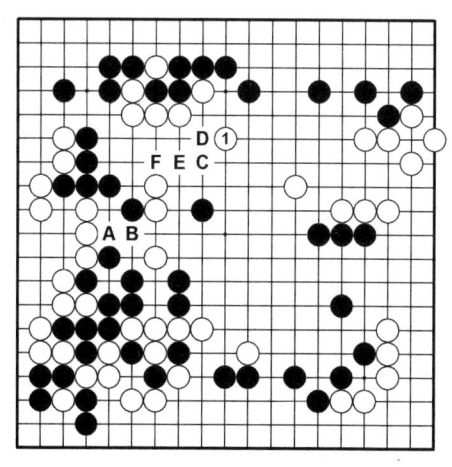

图四十三

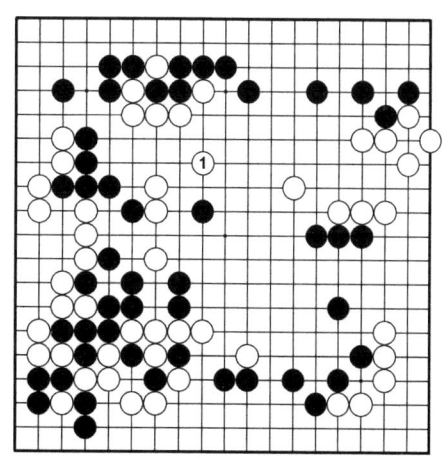

图四十四

第二十三谱 110—115

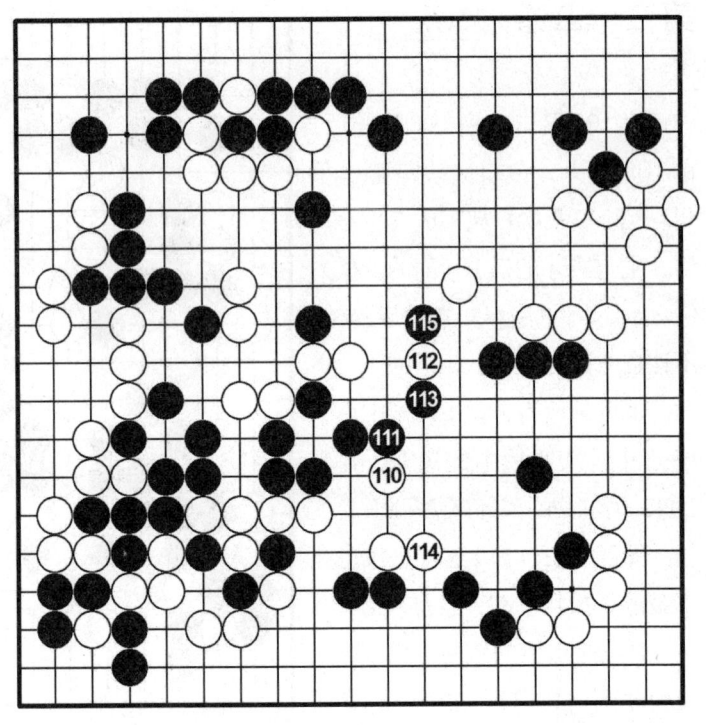

白110先跳是行棋的节奏，待黑111长后，白112顺势再跳，但其负面作用是，加强了中腹黑棋的实力。黑113尖顶一方面防止被白棋封住，另一方面也对白112一子施加压力。

白114恶手！这手棋本身价值不小，但偏离了主战场，此时在中腹有更为紧急之处。

图四十五 白1大局为重，不去刻意寻求行棋节奏感。黑2刺为了抢先手，白3粘后，中腹白棋变厚，绝无受攻之虞。而白棋尚有A位点的后续手段，黑棋在B位、C位仍有一手棋联络不上的破绽。只要白棋能保持对中腹黑大块隐隐约约的威慑，只要黑棋无法腾出手来围空，白形势就不差。

图四十六 之所以说实战白114是恶手，是因为这手棋不是绝对先手。对局部棋形感觉超一流的李世石不可能不知道中腹白棋的薄味，但他是轻视了阿尔法的战斗力还是已经读秒了？

白1横顶一下，黑2不得不补，简简单单交换一手后，白3点角，抢占全局最大场，这难道不是白棋的理想图吗（若黑A则白B）？

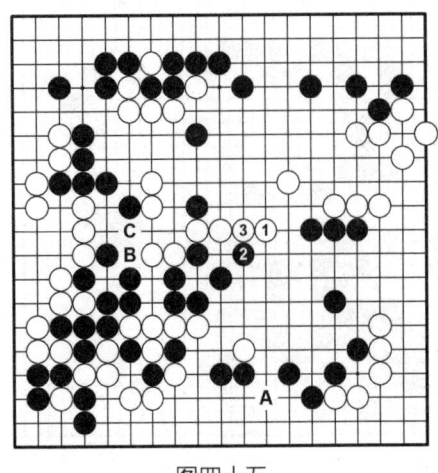

图四十五

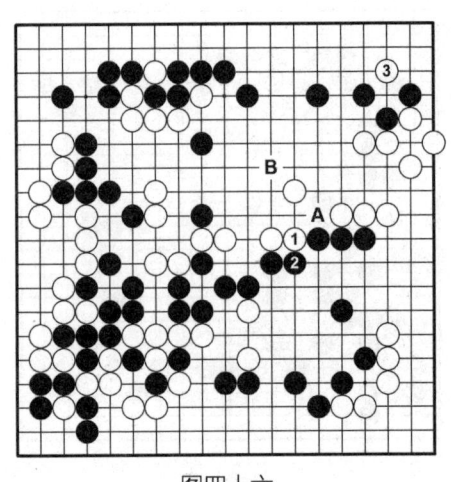

图四十六

第二十四谱
116—130

黑117冲，大恶手！浪费劫材，且自撞一气，为后边李世石的逆袭埋下伏笔。

白120扳是影响全局走势的一手棋，胜负手味道很强。黑129继续发起冲击，阿尔法再次展现出李世石的棋风。

第四十七图 白1跳后，下一手A位很严厉。至于白B，不用着急。在此局部，李世石不止一次有出击的机会，但他均错过了。以他对棋形的敏锐度，不至于看不到此处蕴藏的战机。何以迟迟不出手，一再贻误？莫非这是心理动摇的反应吗？

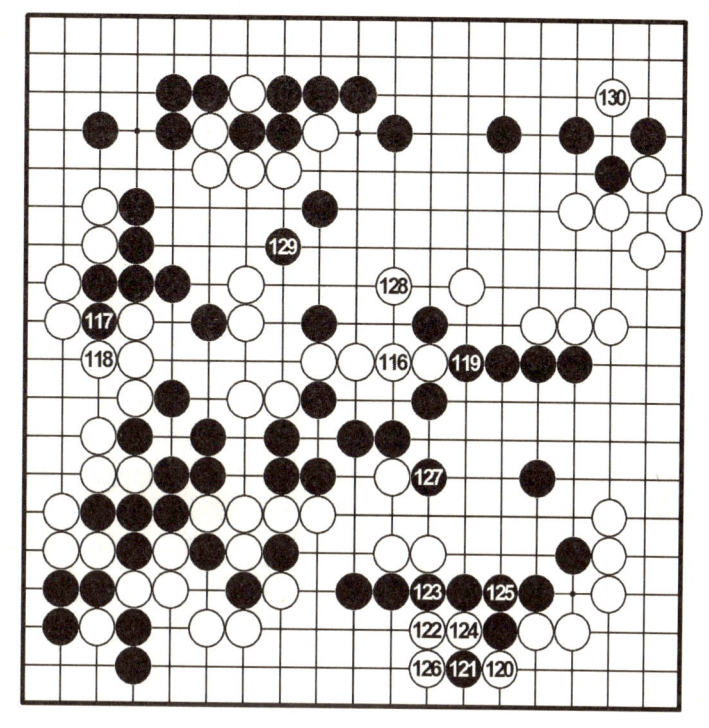

第四十八图 实战中黑129过于执着，坚持追究白形的漏洞，从局部作战来说是紧凑的好棋，但如图黑1守角难道不是全局最大场吗？黑1简明地守角，20目朝上的价值，而黑129瞄着的数颗白子价值不过15目左右。

阿尔法多次出现类似这样深一脚浅一脚的对局状态。其实，阿尔法带来的纠结是：视它为"不会下棋"，它让你大吃一惊；视它为"顶级棋手"，它让你大失所望。

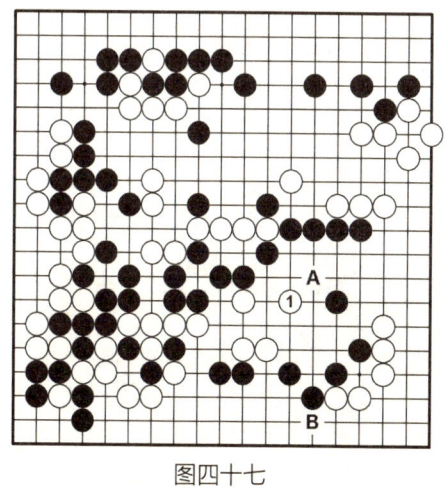

图四十七　　　　　　图四十八

第二十五谱
131—150

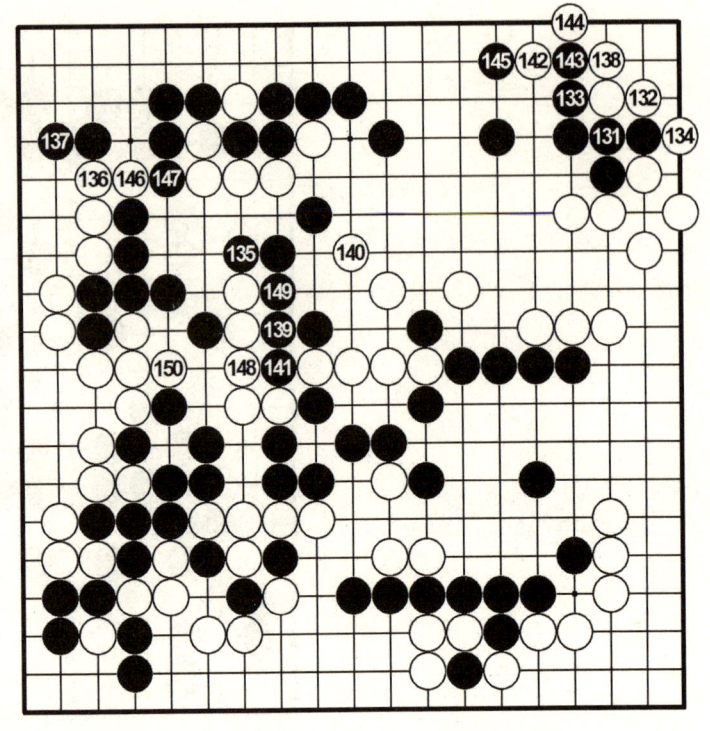

上一谱黑117冲大恶手，本谱中即可看出其恶果。这便是白146以下至白150，白棋利用黑棋气紧的关系，成功救出被吃的数颗白子。但白146亦可看出李世石内心的动摇，在死子救活亦不见得赢的局面下，他为什么不在右上角开劫呢？百思不得其解。

图四十九 白1二路夹即可形成打劫，此劫对于黑棋极重，一旦劫败即可认输。黑棋有A、B、C等处劫材，其中C位劫材很损。白棋有D、E位等处劫材，可以肯定地说，只要白棋开劫……至少，可以帮助阿尔法的境界提升一个数量级。

图五十 白1夹时，如果黑2立下，白3至白7扳，黑形已不可收拾。如此白棋乐胜。

因此结论是，当白1二路夹时，黑棋也只有硬着头皮打劫，这本是白棋的绝佳时机。实战，李世石可能被读秒声催得太急了……

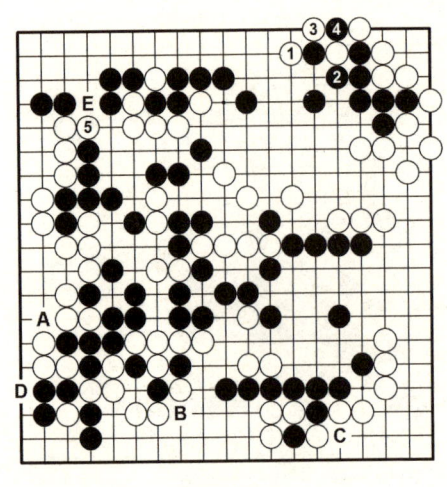

图四十九

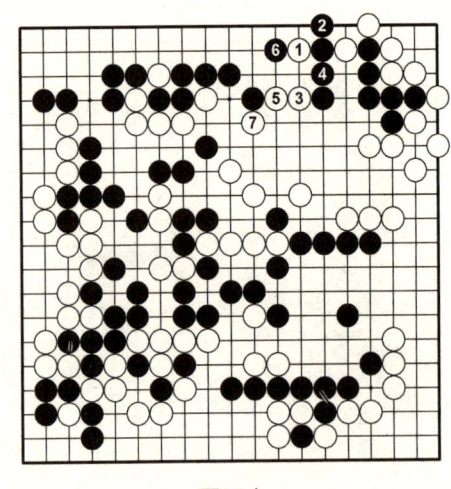

图五十

第二十六谱
151—159

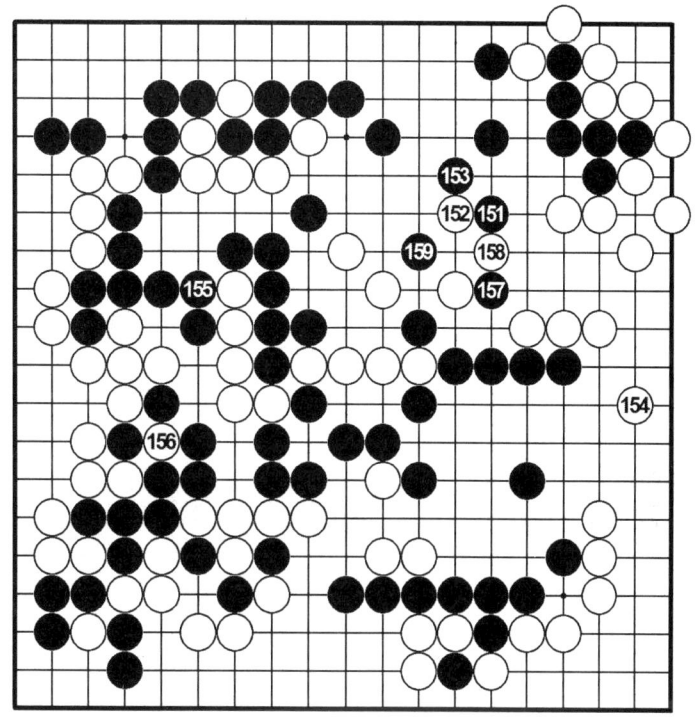

黑151可谓"胜着"。此着形正力足、绵里藏针。白152俗手，是为了脱先抢占右边最大场而弈出的急招，但阿尔法在此展现出了强大战斗力……

在这种追究局部棋形薄味之处，阿尔法表现不俗。在这盘棋中我们已不止一次领略到。

图五十一 白1尖看似上下左右逢源，还瞄着A位的夹。但是，黑棋有B位尖顶的好棋，此手一出，白大龙的联络出了问题，棋局马上结束。

黑棋一步步收拢包围圈，类似黑151这样的手段有一种流水不争先的味道，但一旦对手棋形露出破绽，流水不争先随即变成飞流直下三千尺，瞬间发起千钧一击。

图五十二 黑1靠、黑3点漂亮的两手！是阿尔法学到的人类高手棋谱中的精华。除此之外，黑棋并无更好的给予白棋致命一击的手段，而这两手棋无论是从视觉冲击力，还是从棋形的敏锐度来看，都赏心悦目，令人回味。

棋局越往后，阿尔法似乎越精彩，这也应验了它更适合"小棋盘"一说。

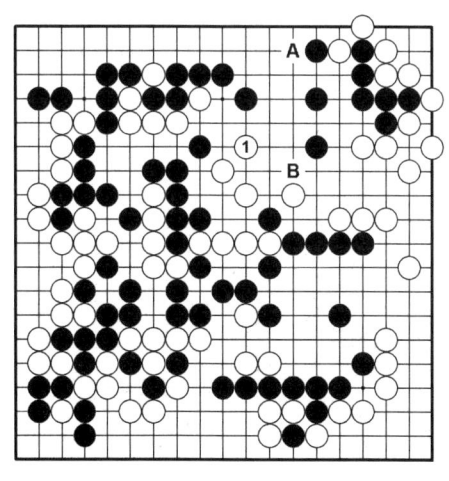

图五十一

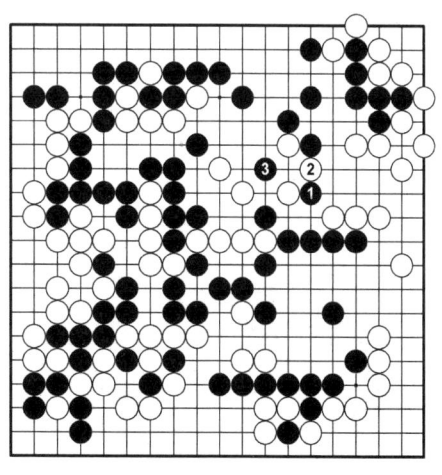

图五十二

第二十七谱
160—175

上谱李世石为了争先抢到右边二路飞大场，付出了惨重代价。黑161以下开始收割，至黑169吃住中腹白四子。阿尔法一步一个脚印地将棋局向前推进，但并非没有疑问。

黑163是手筋，但此处还是应该争先手，抢占右上角，尽快消除白棋打劫的隐患。那里才是现在局面的焦点所在。

图五十三 黑1尖，白2必然，如此黑3能抢到右上角打吃，消除白棋做劫的手段。如此黑棋简明胜势。

实战黑棋在中腹落了后手，给了白棋最后拼命打劫的机会，但不知为何，李世石还是选择放弃了。放弃打劫等于放弃治疗，结果是什么，不言而明。

图五十四 明知平常进行必败，那为什么不在1位长出来，与黑棋打劫呢？与其"安乐死"，还不如拼一把引爆劫争。关键是，如果不去这样拼的话，不是明摆着也是输吗？

白3扑入后，联系到中腹的味道和劫材将为非常复杂和有趣的劫争。小李不察，殊为遗憾。

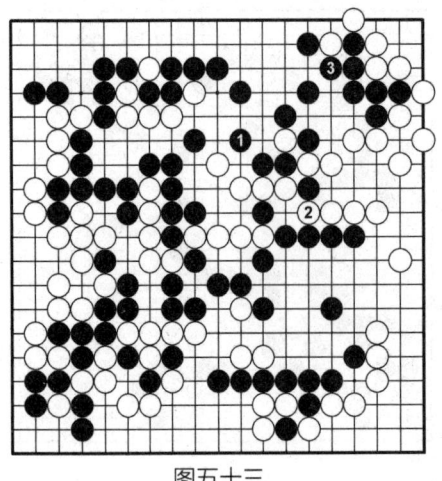
图五十三

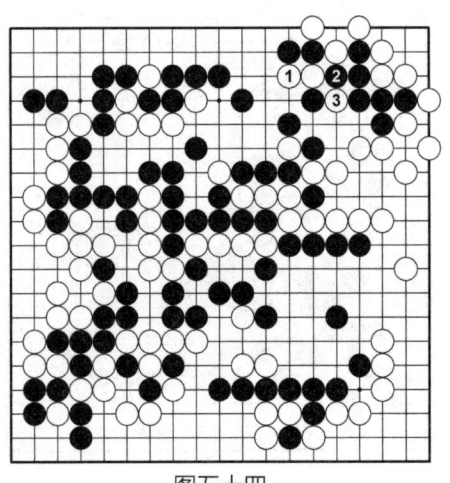
图五十四

第二十八谱
176—211

黑177一出，李世石简直崩溃了。阿尔法的官子收束确实不错。其后手数虽长，但在职业棋手眼里，胜负已经没了悬念。

阿尔法其后的定型简洁明了，处处挑简明的进行，一如全盛期的小林光一九段和李昌镐九段一样，目的是尽快地将棋局导向终点。

图五十五 实战谱中的黑177改在1位打吃的话，白2提，黑3、白4，黑棋反而亏了。在这里，阿尔法的处理非常细腻，无懈可击。

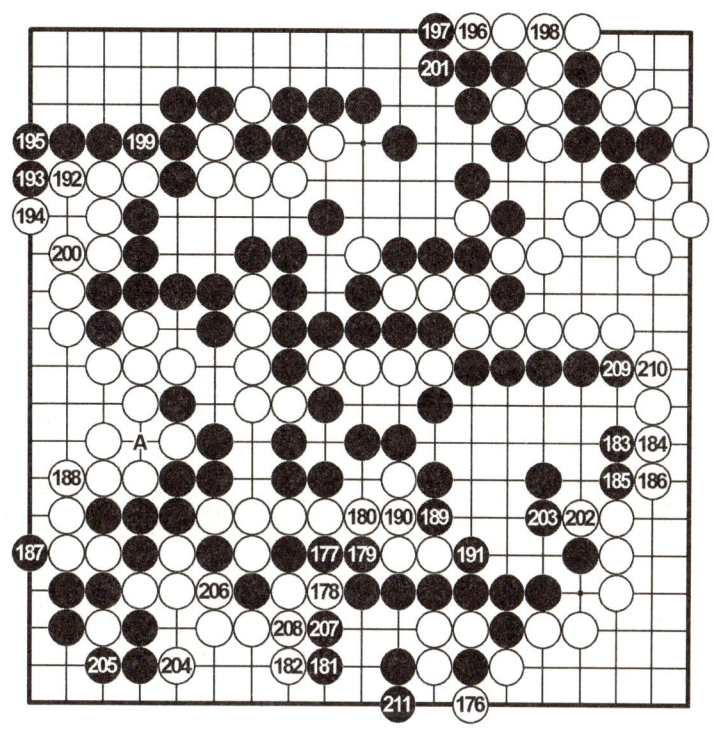

我们也相信，在这样可以计算出每手棋价值的局部，电脑的优势更容易凸显出来。换言之，人类高手在与电脑交手时，局部确实已经没有优势可言了。

最后要提一句的是，阿尔法直至终局都没有在A位提，这里是先手1又1/3目，阿尔法却视而不见。有棋友认为，它只要判断赢了，那么即使稍亏一点的选择也能接受，但事实是否真的是这样的呢？

从棋艺的角度来说，尽善尽美是人类孜孜以求的最终结果，但如果阿尔法判断只要能赢

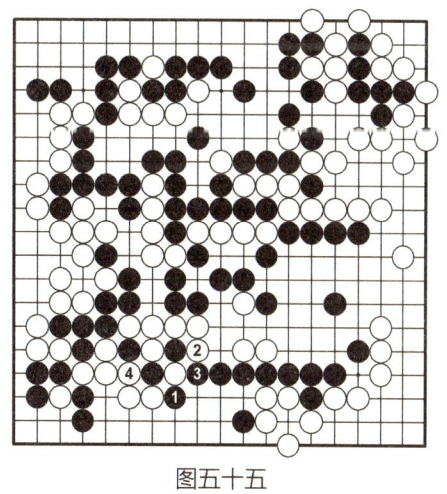

图五十五

棋就宁愿亏一点的话，那我们不禁也想起藤泽秀行老师在日本第二期棋圣战七番胜负第五局后说过的话："我深为现在的胜负偏离了其本质而痛心，如将一盘棋比作双方争100元，几乎所有的人都认为能拿到51元就可以了。但我却认为应该拿到其全部，这才是真正的胜利。本来能杀的棋不杀，即使获胜了，也称不上是真正的胜利！"

总谱 1—211

本局阿尔法的黑37、黑41肩冲看似天外飞仙，但实际效果并不佳，李世石在左下一役实际上已经取得优势。如果他的对手是人类高手，相信李世石不会轻易失去优势，棋局也难以被逆转。

优势下的李世石出现了一系列难以名状的缓手，他迟迟不在中腹黑形薄弱处发起攻势，藉此取得局面主动权，而是深入上边黑阵，给了黑棋不疾不徐一路追击的机会，借此机会，黑棋趁势将自身走厚，双方全盘厚薄悄然发生逆转。

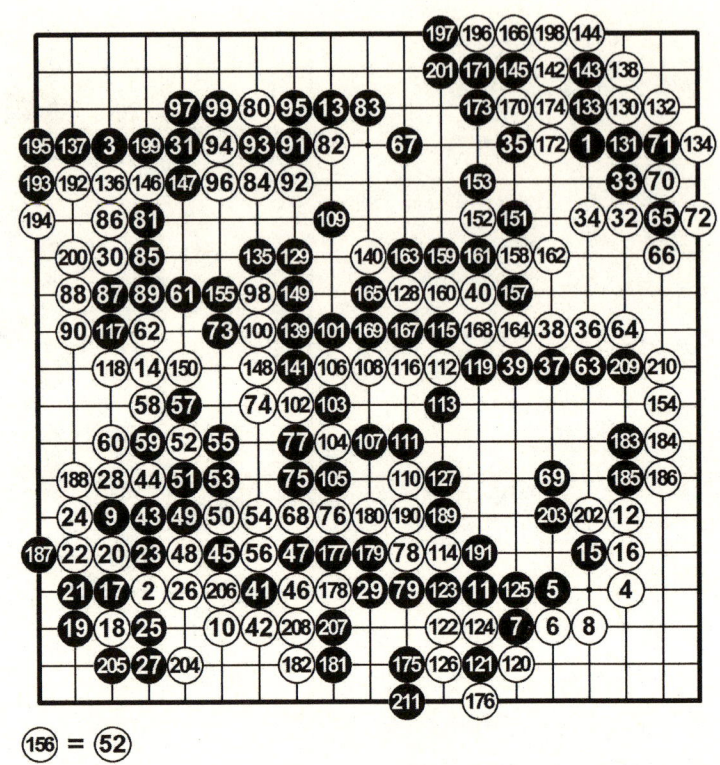

共211手 黑中盘胜

李世石这一串着法铸下败局，他漫不经心的一着长（白114）给了阿尔法脱先抢攻中腹的战机，中腹白棋承受黑棋沉重打击后，近乎单官连回，而黑棋不仅割下数颗白子，而且继续走厚全盘，为后来收官奠定坚实基础。

劣势下的李世石其实也并非束手无策，他有两次在右上角开劫一争胜负的机会，这也是他考验阿尔法打劫功夫的契机，然而，李世石宁愿选择不可逆转的败局，也不愿开劫一拼，两次打劫机会他均视而不见，以致让人猜测他与谷歌公司有"不打劫"的秘密协议。尽管在后来的对局中他用实际行动破除了这种怀疑，但具体到这盘棋，他很奇怪地连试一试打劫的心情都没有。

错过打劫争胜的最后机会，李世石再无胜机。最后二十几手的官子阶段，阿尔法向人类展现了它精湛的后半盘功夫，无懈可击。这也清楚不过地证明：棋盘变数越少，阿尔法越强；如果不能在前半盘取得某种优势的话（或者在后盘出现难解劫争的话）将很难战胜它。而广阔无垠、充满变数的序盘和中盘，正是人类充分发挥自身智慧的天地。

第三局　再败无限悲壮

●李世石九段　黑贴3又3/4子
○AlphaGo

2016.3.12 / 韩国首尔

连败两阵，对李世石的打击程度可以想象。李世石在第一局吃了开局起便冒进挑衅的亏，第二局序盘起即选择了稳打稳扎的策略，阿尔法则意图争先，弈出令人类高手们惊叹的五路肩冲。尽管从实际进程来看，这手肩冲并非最佳着法，但这手棋对李世石以及观战的职业高手们心理冲击力甚大。

之后阿尔法在左下方的着法存有疑问，凭空造出一块孤棋，李世石藉此取得局面主动权，但之后，优势意识下的李世石安于现状，并未将主动权效益最大化。阿尔法得以从容补住中腹棋形漏洞。不仅如此，李世石在上边的打入将自己置于受攻的境地，阿尔法借助攻势，顺势将棋形走厚，双方在棋盘上的厚薄话语权易位。

阿尔法毕竟是机器，还是在终局前给了李世石一个打劫翻盘的绝佳时机，然而，李世石对此视而不见，仅仅挖吃六颗黑子即浅尝辄止。联系到他早些时候在右上角二路上即可夹入打劫却也放弃的先例，还有阿尔法在左边遇到白棋提一子后却始终不找机会提回来的一幕，人们有理由怀疑，李世石为什么不与阿尔法打劫？

也许有李世石判断劫材不足而放弃打劫的考量，但既然不打劫是"乐败"，那为何不打劫一拼呢？在第三局开战之前，打劫，成为观战者们的一大期待。

第一谱　1—2

白2这手棋，失礼。对于阿尔法来说，它不懂人类对弈礼节。第一手棋黑棋右上角星位没问题，但白棋第一手棋不应该在右下角。所谓"与人方便自己方便"，这是一种围棋礼节。传统的黑棋第一手棋都在打在右上角，意即将白棋的顺手落子位置留给对方。

图一　如果黑1在右上小目位置，两边价值不一样，白棋有理由下在右下角。

围棋礼仪约定俗成，这也是

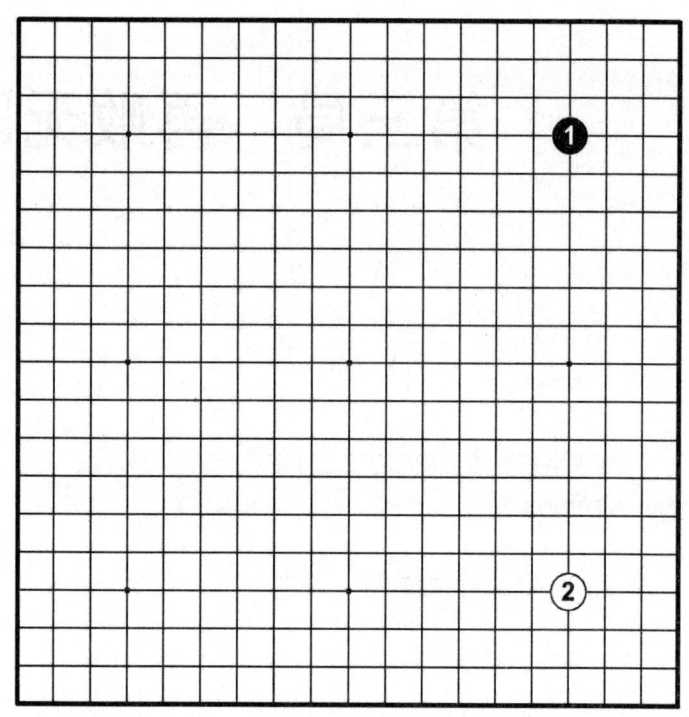

棋界的一大传承，尽管没有明确的文字约束，但多年来大家一直在潜移默化地遵循着。阿尔法的设计者们肯定不懂得这些礼节，因此实战中出现了白2落在右下角的一幕。

图二　假如我们下白棋，对手第一手棋下在左下角无可厚非，我们的第二手棋下左上角，这既让对方别扭，也将黑3逼向自己的右下角，自己也别扭。

小小棋盘，蕴涵着许多胜负之外的内容，也许有一天阿尔法精通了围棋所有技术，但围棋礼节还有围棋诸多文化，它是无论如何也不会懂的。此外，白2对李世石的心理，有影响吗？

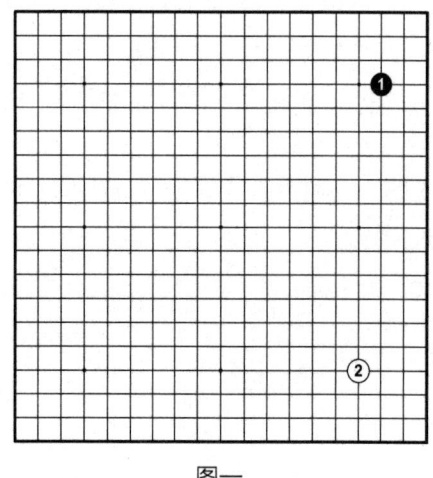

图一　　　　　　　　　　　图二

第二谱 3—10

黑5挂角后马上脱先在上边布下"高中国流",在前局中阿尔法有类似着法,李世石"借"来一用,也是一种考考阿尔法如何应对的趣向。

黑9小飞应在传统的"高中国流"布局中未见,折射的对局心理是,李世石希望在合理的范围内弈出阿尔法没有见过的棋。白10大飞守角是有疑问的一手。

图三 "人机大战"第二局李世石(白)与阿尔法的实战,其中黑9挂角后至黑13和本局黑5至黑7的节奏是一样的。这也许说明了李世石的对局心理:以其人之道还施彼身。

图四 谱中白10是焦点模糊的有疑问的一着。如果对黑9低位小飞应有针对性的对策,本图白形配置最好。

白5跳起后,黑棋右上角小飞应的位置对于大模样作战来说稍差,而白棋的结构合理漂亮。

棋的"礼"和"理",也重要也不重要,要以当事者的需求层次而定。这与"礼"、"理"在现实生活中的位置,几乎一样……

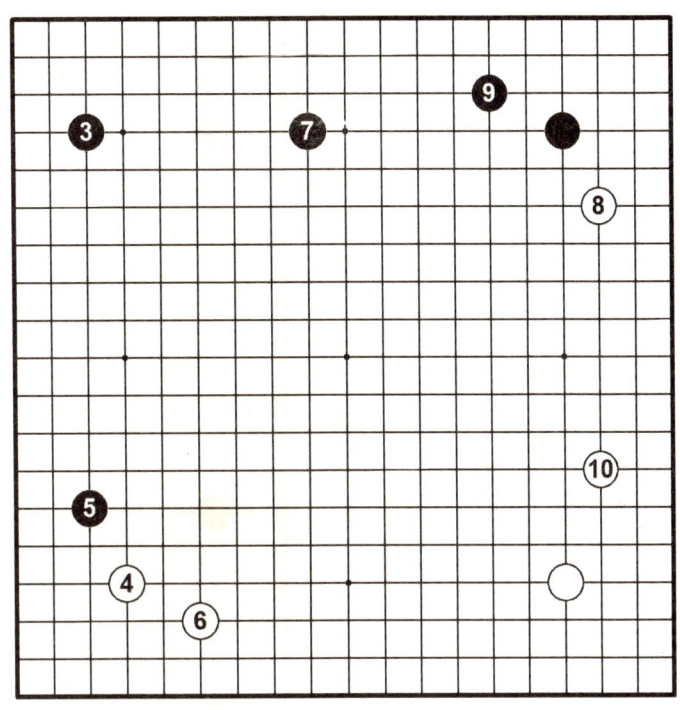

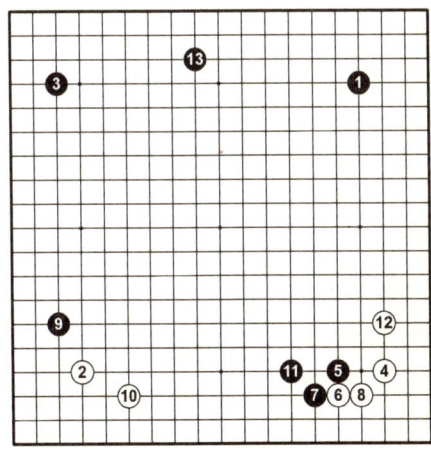

图三

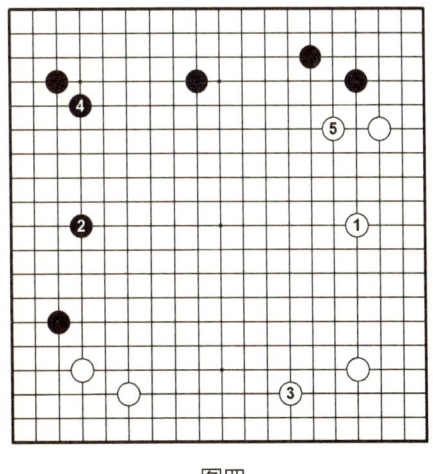

图四

第三谱 11

黑11这手棋是普通的大场，从布局角度而言无可厚非，但由于本局序盘格局是一个人所未见的布局，因此不必再以套路进行。但凡只要有套路可循，阿尔法都熟之又熟，应对起来没有难度。

如果李世石对右下"有疑问的"白棋大飞更有针对性的话，应该有更为积极一些的下法。

图五 黑1开拆变一路，放弃对上边"中国流"的直接经营，而转向右边，用黑9至黑11的方式盯住白棋。接下去白棋A位立，是著名的"武宫流"。如果白棋不在A位立，而是在B位飞镇，黑棋马上在A位扳粘，先得实地，外边一子还有活力。

黑11夹攻时，如果白A立，那么黑B跳，白C亦跳，黑D再跳，形成另一个局面。

图六 日本第八期棋圣战七番棋决战第六局，林海峰九段执黑对赵治勋九段，黑2拆一让大家大吃一惊，之前从未有过这样的下法。但此局面下，黑2坚实地拆一与左下角黑大飞的配置不错。

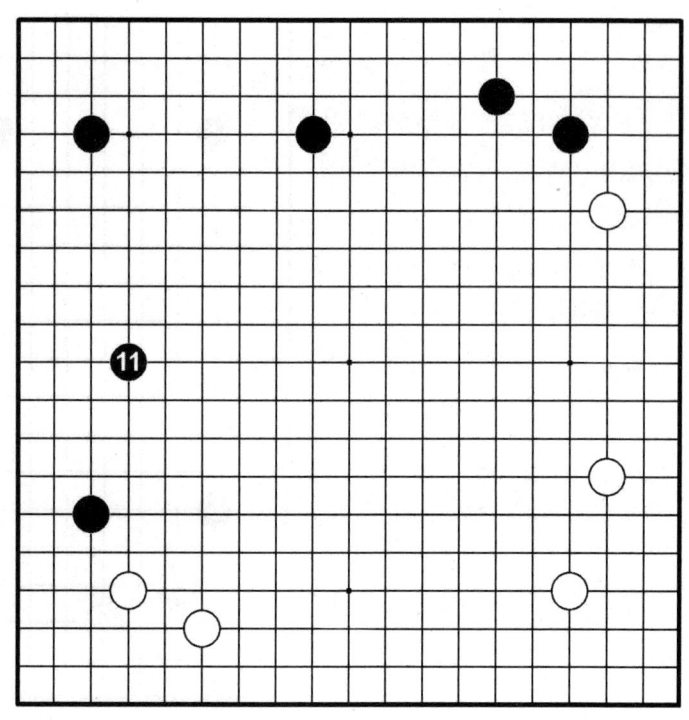

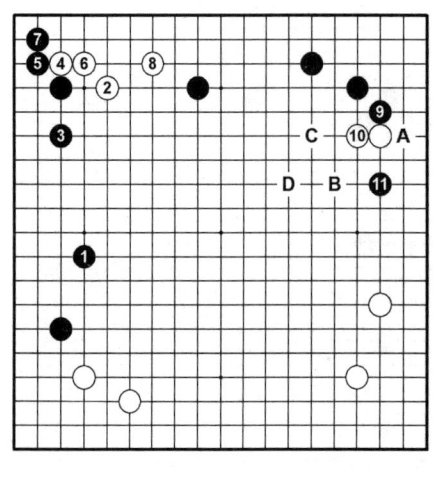

图五

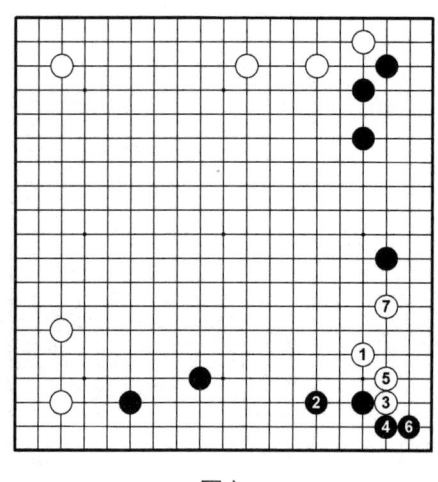

图六

第四谱 12—13

白12高挂正常，黑13是"中国流"一个特别的下法，先守住角地并搜根，徐图对白棋的攻击。

但这些着法及变化在过往的棋谱中都能轻易找到，对阿尔法没有难度可言。其实，李世石也可以考虑有针对性地弈出棋谱中少见的名家曾下过的棋，尤其是考虑针对"有疑问的"右下大飞的某种方案……

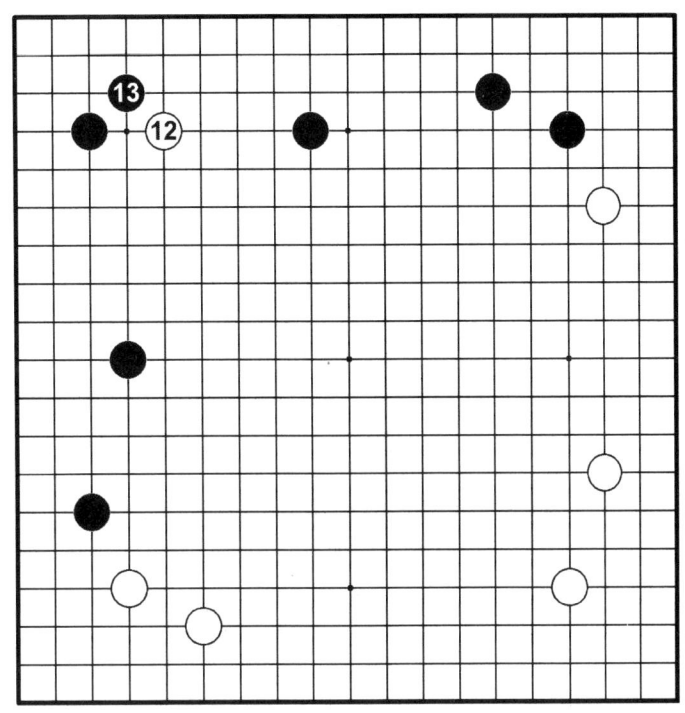

图七 日本第七期棋圣战七番胜负第七局，藤泽秀行九段执黑对赵治勋九段，秀行先生弈出黑1这一着让大家大吃一惊的新手。此新手，似为高手对局中至今亦唯一之例。行至白20，黑棋是否成功不好判断，但黑1这手棋颇具创意，而且，阿尔法见过此招，反而更好！

图八 李世石此时使出秀行先生那一招的话恰到好处，因阿尔法只搜索得出白2这一种下法，以下至白8打吃必然。黑9引征本身就极为严厉。其第二个好处是白8打吃时，黑棋不在2位接住，先下黑9。以下，若白A则黑2，白B已征子不利；而若白2提劫，则黑A。如此，黑早早地就占优势。

不能不说，作为世界棋坛之一时最强者，李世石九段也有不足啊！

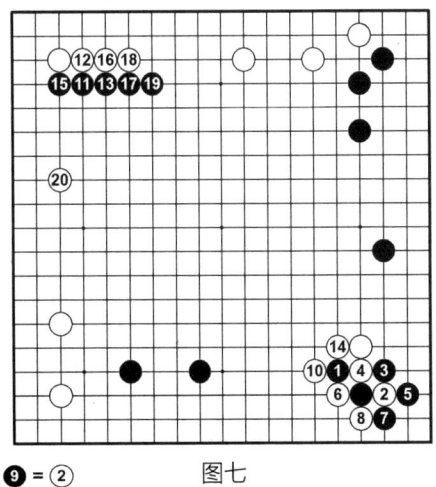

❾ = ② 图七

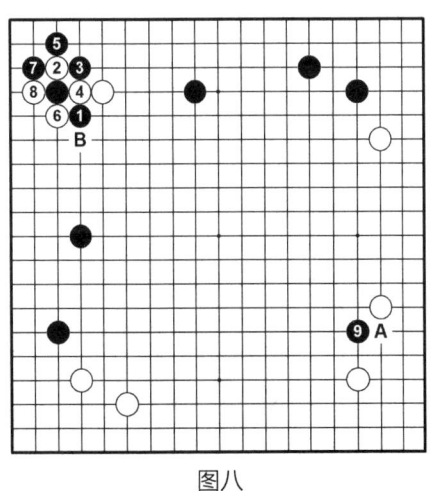

图八

第五谱　14—15

阿尔法白14轻灵。前辈高手用此招的很多，在其一千多台电脑的数据库里，肯定很容易就能找到这手棋。

黑15强烈地靠断，"莫嫌金甲重，且去捉飘风"。这手棋之前没人下过，可以认为这是李世石有针对性的一手。这也是考验阿尔法在应对变招时的功力。

想要下出阿尔法没有见过的棋，这个方针并没有错。只是，小李自己，应该对此"有谱"，同时，不能过于耗时。

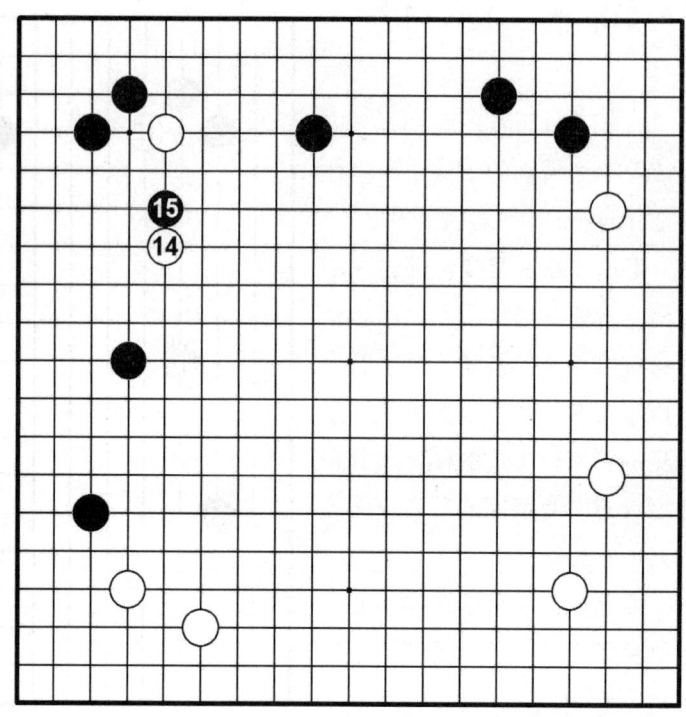

图九　这是1978年日本第四期天元战五番棋决战第二局，藤泽秀行九段执黑对加藤正夫九段，加藤九段的白14也许是阿尔法在这盘棋的着法蓝本，就连数字序号都相同。实战中藤泽秀行九段选择的是黑15尖以聚焦的下法。

图十　1982年日本第六期棋圣战决战七番棋第一局，林海峰九段执黑对藤泽秀行九段，秀行先生白24二间跳后，林海峰也选择了黑25尖。看来那个时代的流行着法就是白棋二间跳、黑棋在四路尖的"定式"。

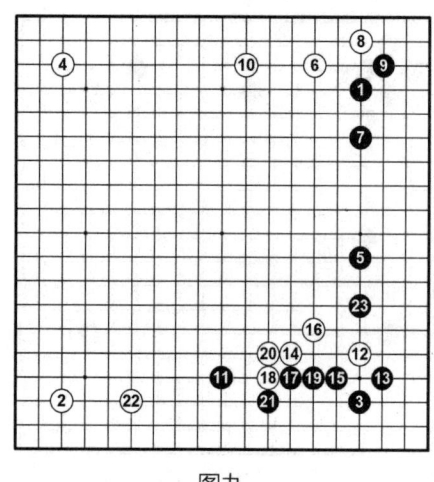

图九

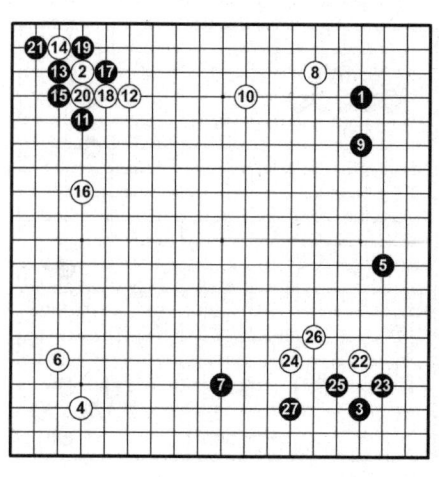

图十

第六谱 16—17

李世石突然选择出击,不知是否考虑周全。从结果来看,李世石并无成算。而且,这使他自己在此投入了大量的时间。

白16是必然的一手。黑17直来直去,因为李世石执意选择特别的下法,所以此处他勇往直前。施襄夏在《凡遇要处总诀》中强调:"象眼尖穿忌两行"。而实战,李世石不正是象眼被尖穿后两边行棋吗?

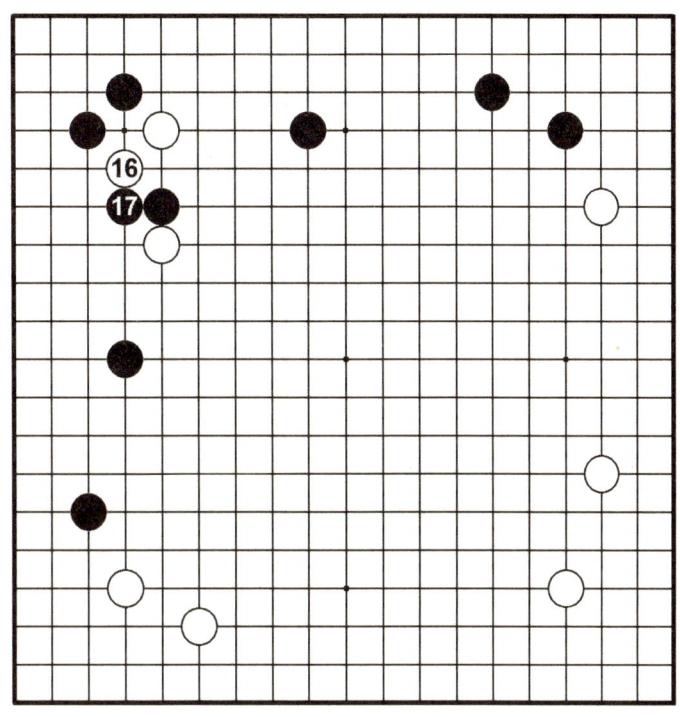

图十一 其实前边出新招了,不见得后边也要一条路走到黑。围棋的一大魅力不就是"随机而变"吗?黑棋在此处可以先稳一下,黑1至黑5先守,这个下法也是阿尔法之前没有见过的。因为在人间也是第一遭。本图黑1至黑5,黑棋亏了吗?乍看黑棋靠断的那手棋与白棋尖出交换,好像是亏了,但是……

图十二 我们解剖这个图,发现黑不一定亏。黑1爬稍缓,白2长出稍显滞重,应该在4位轻跳或者脱先。黑A靠与白B尖的交换似乎是黑棋稍损的变化,但是黑A也还是存有很多余味。

当然,此变化黑棋也不一定便宜,但阿尔法肯定没见过。

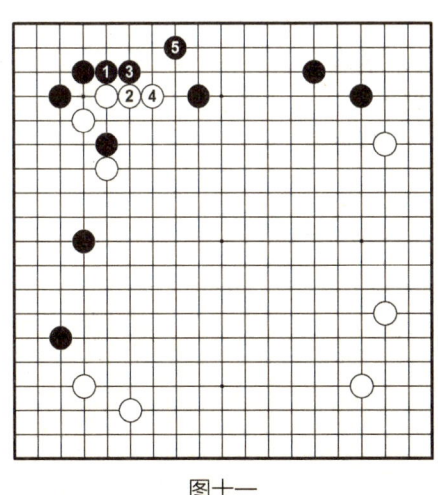

图十一

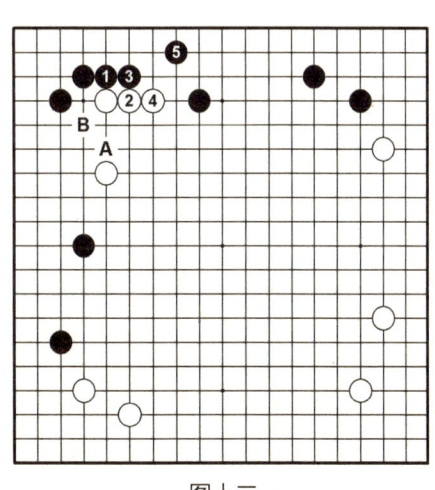

图十二

第七谱 18—23

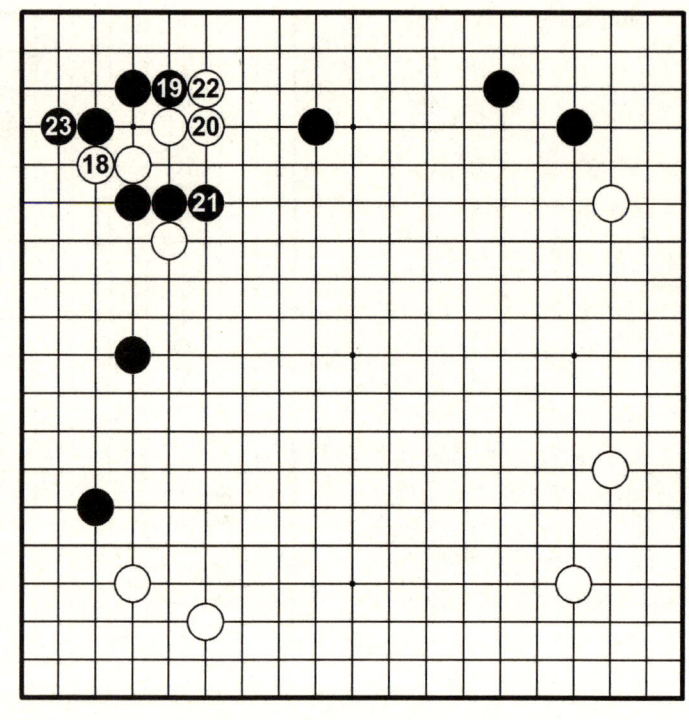

所谓"箭在弦上,不得不发"说的就是如图这样的局面吧。李世石将局面导入一个完全陌生的领域。动机虽情有可原,但问题在于,他自己也毫无成算,也是走一步算一步。

白18冲下必然,黑19亦必然。黑21挺头,稍显僵硬。白22挡住是先手,黑23不得不补,可谓是难言之隐。

图十三 实战谱中的黑21还是应该于1位扳头。以下再按照实战定型,白A至黑H,黑1扳比实战挺头富有弹性得多,如此黑棋充分可下。

图十四 此外,实战中的黑23可能还是如本图二路扳粘比较好,黑1、黑3先手扳粘后,黑棋不是在A位拐出,而是在5位飞。此形进退有路,较有弹力。最主要的,是黑角部厚了。

之后,有个"时空"话题:白A下得早,黑B必断;但若白A晚下,黑可脱先,将黑5视为一刺。白B下得早,则黑A,白势有伤;白B晚下,或黑C应,让白A单官出头。

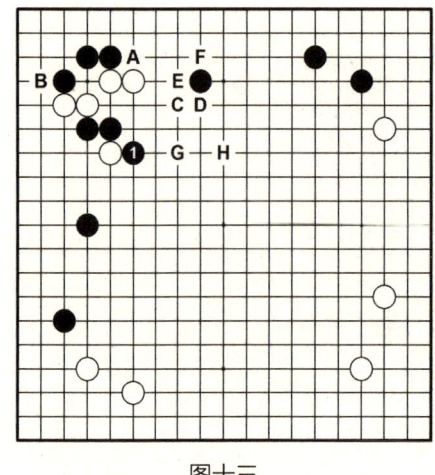

图十三

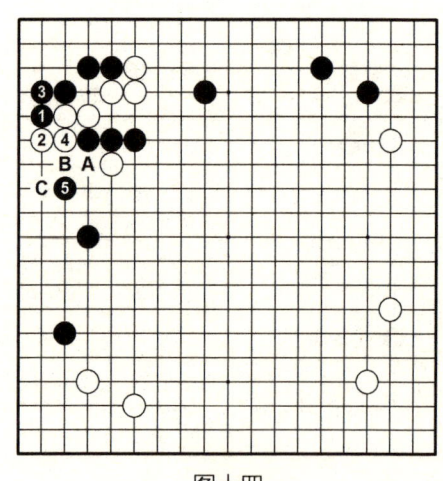

图十四

第八谱 24—31

白24是唯一的出头处,至黑31,黑棋形成一道势力,但右上角白棋挂角与黑棋小飞应交换后,黑子效率稍低。

此时局面的又一焦点是右上角,黑棋只要能抢到先手于右上角动手,对白棋挂角一子发起攻击,这就是大局。问题是,左上角黑三子也不能弃之不顾,那可是李世石本局率先发起攻势的棋子。

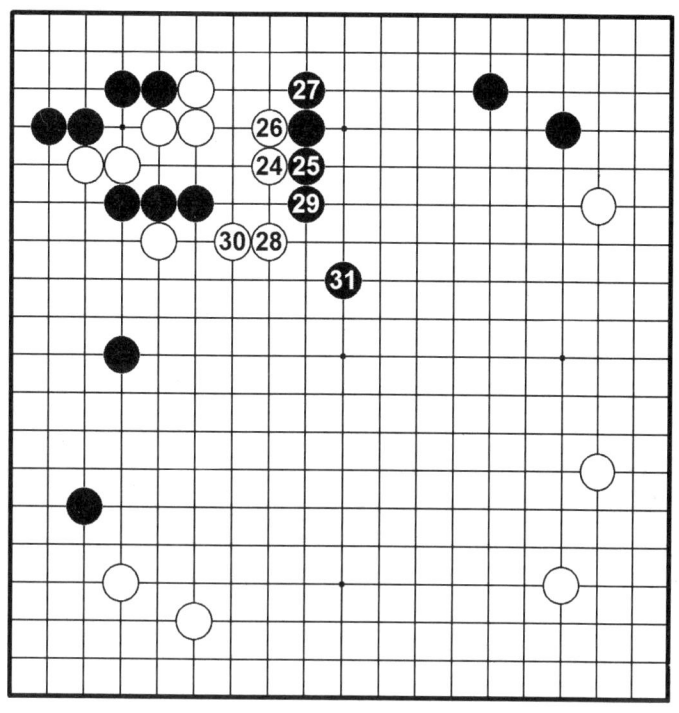

图十五 实战谱中的黑27下立并非绝对的一手。本图黑1上长也可以考虑,在白2至白4简单定型后黑即转战右边,凭借子力优势争取局面主动权。以后黑棋还留有A位封锁。

此变化图的重点还是放在右上角,看轻上边。本图令李世石难以接受的是,原本着力进攻的左上白大块棋安然成活。但其实,棋盘,是很大的;矛盾,是转换的。

图十六 上图白4下立亦有别的选择。如果想纠缠黑棋,白1必须先损,二路连扳,黑2、黑4吃住白1后,白5出头。此时黑棋不在中腹与白棋纠缠,黑6至黑8转战右边,争取全局主动。

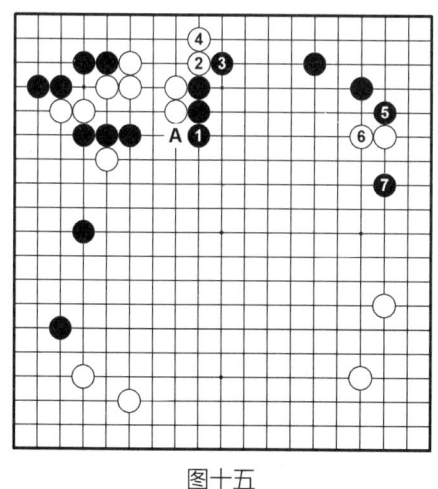

图十五

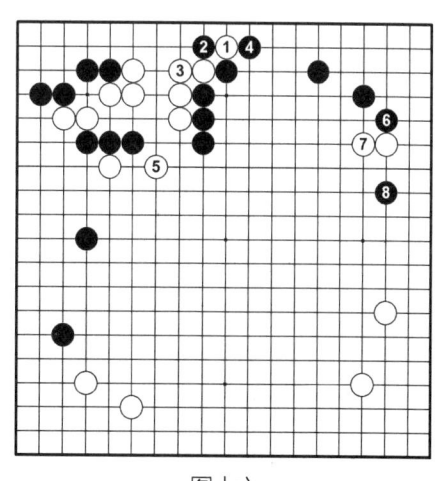

图十六

第九谱　32

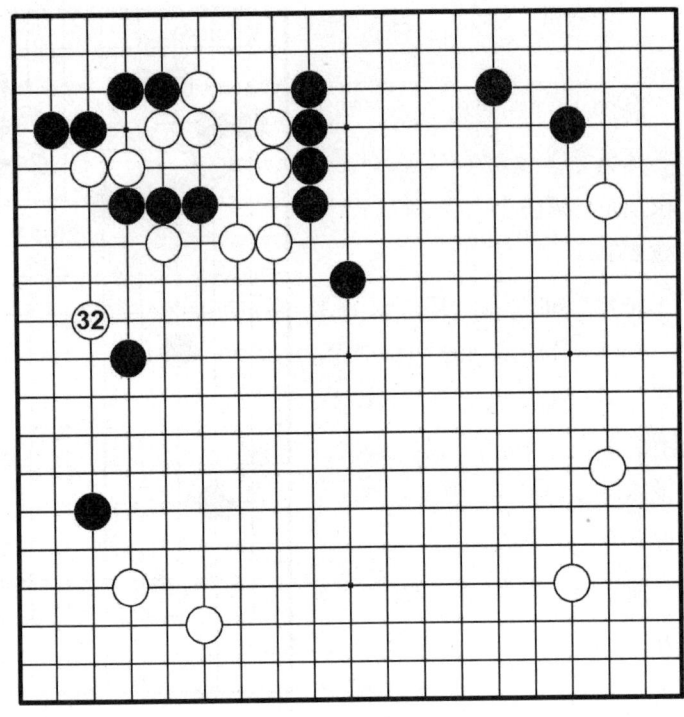

就在观战高手们纷纷猜测阿尔法在左上角会如何出招的时候，阿尔法亮出了完美的答案。白32"倒肩冲"，是闪光的一手！就像编织了一个蜘蛛网一样，让黑三子困于其中。无论黑棋怎么应，都会被白棋借力。

然而，白32也是有典故的。

图十七　弈于1959年的日本第四期最高位战第四局，木谷实九段执黑对坂田荣男九段。坂田九段的白1"倒肩冲"，阿尔法怎么看呢？坂田九段自己评价："白1按预定之计划行进，步调甚好。"

据说，木谷实先生漏算了白1这一着。

图十八　上图的继续，木谷先生的黑1尖出，坂田九段的白2"倒肩冲"，就像编织了一张网一样，黑1的这两子无论如何腾挪，都会被白棋借力。

其实，类似这样的"倒肩冲"，因形紧又富于弹力，李世石本人，也下过许多。

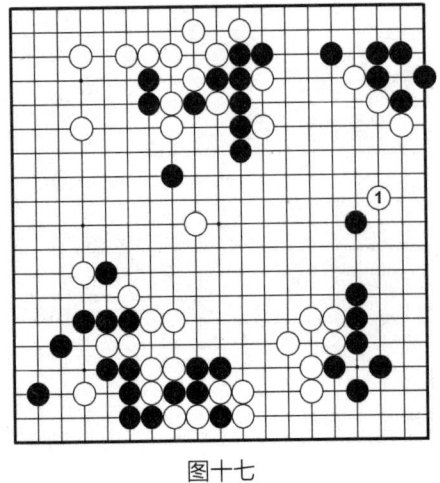

图十七　　　　　　　　图十八

第十谱 33

黑33，艰辛。确实，此时黑不能舍弃起初发动进攻的三颗黑子。现在的困境，原因是在先前。

再聊聊"倒肩冲"话题，前谱前图的"倒肩冲"，其形式是紧而有余地，其本质却为"借力"。围棋中，许多事情都必因借力而成。若深知这一点，棋力、棋趣，必随之大增。

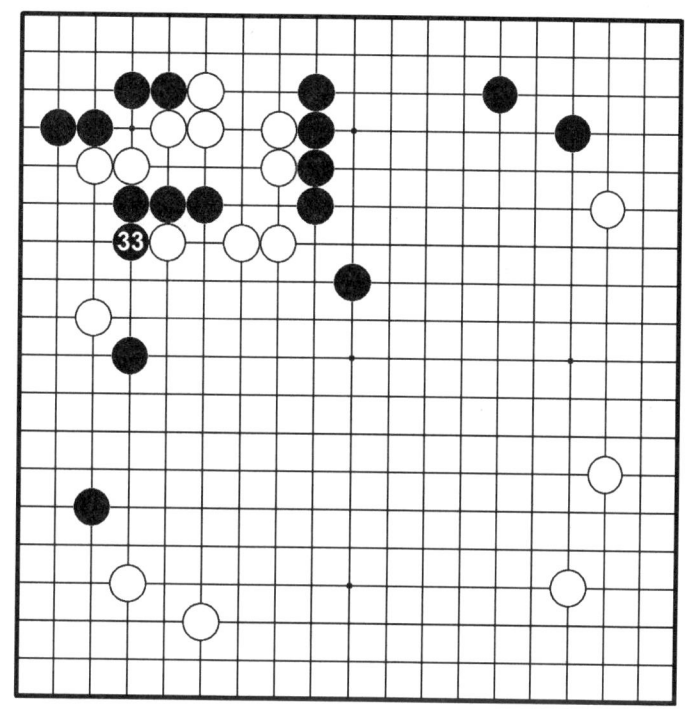

图十九 弈于1963年1月的日本第二期十段战循环赛，藤泽朋斋九段执黑对坂田荣男九段之局。白1借力妙手。当时的解说是：坂田九段深思熟虑的一手，为反击中腹黑大块作准备。结果，有了这着妙手后，白棋环环相扣，步步追杀，终获大胜，堪称是"剃刀"坂田的借力佳作。

图二十 施襄夏对范西屏之图，白1经典妙手。此着击中黑形穴位，白子活力尽显。不知此着该叫"倒肩冲"还是"点"，但阿尔法本局白32和第一局白102，不是与此着很像吗？

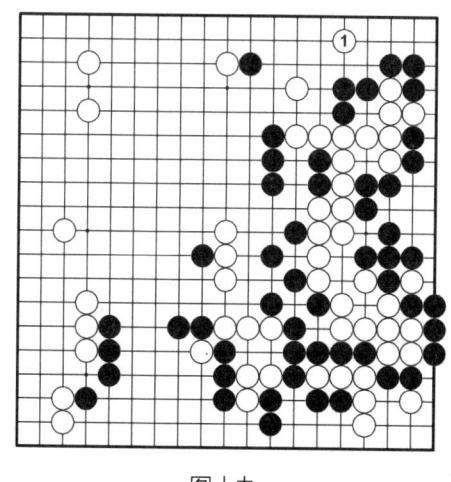

图十九

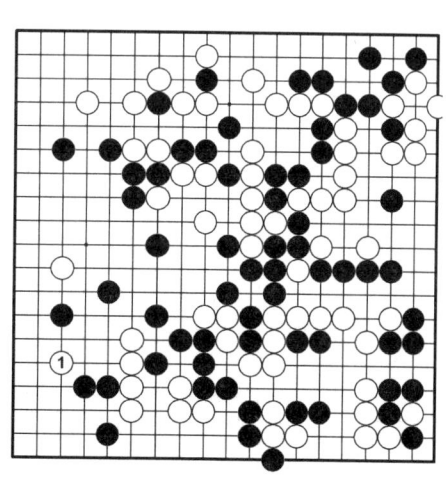

图二十

第十一谱 34—38

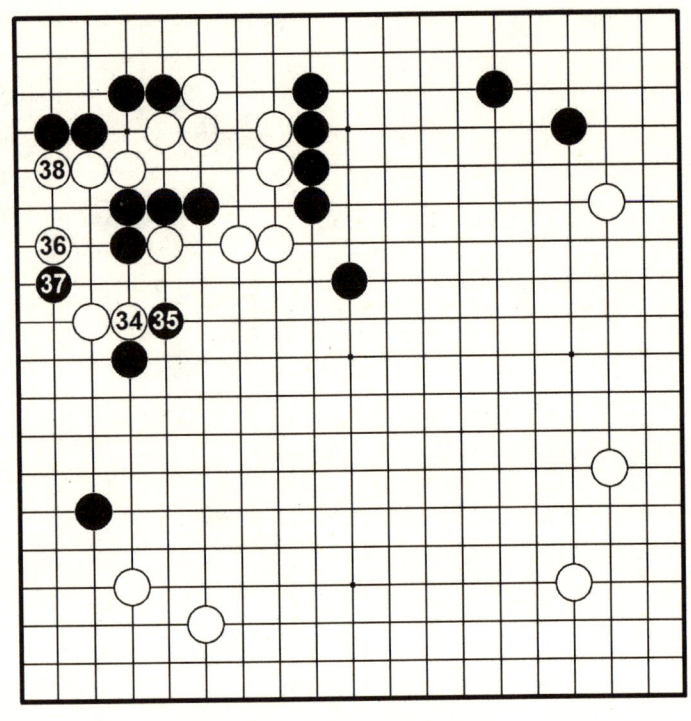

上一谱的黑33出动后,开弓没有回头箭,棋局已经进入短兵相接阶段。李世石既然选择在此决战,应有所成算,但我们看到的还是他一贯的风格,兵行险棋,而后企望在乱云飞渡般的作战中觅得战机。只是,他这次面对的是机器,不是人。

白34长,黑35扳头,白36二路飞好手!黑37意图借力,白38脱先挡角又是好手!

图二十一 实战谱中的黑37靠下后,李世石已经意识到黑棋形势吃紧,毕竟黑棋在内,白棋在外。这是他气合所致,却也是自寻烦恼。

黑1是本手,但白2挡后,以下白棋轻松活棋,黑棋实在不能接受。

图二十二 实战谱中的黑37靠,白1如果接招的话就上当了,黑2一夹,白棋立刻崩溃。

问题是,先不说白1是愚形,阿尔法基本不会考虑〔参看第二局图十二(甲)〕,而且,在这种局部计算中,阿尔法出错的概率委实不大。

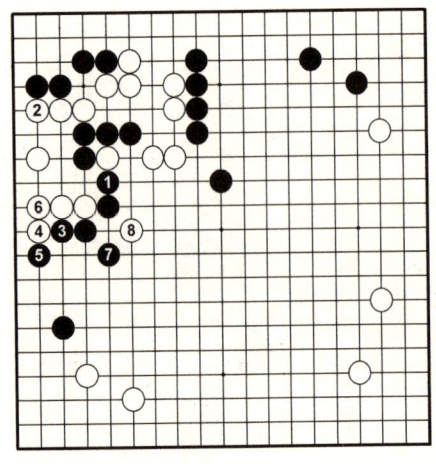

图二十一

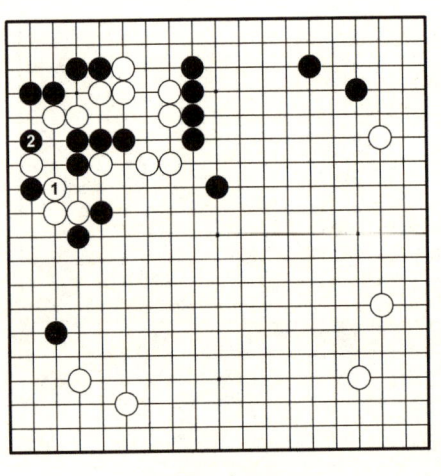

图二十二

第十二谱 39—45

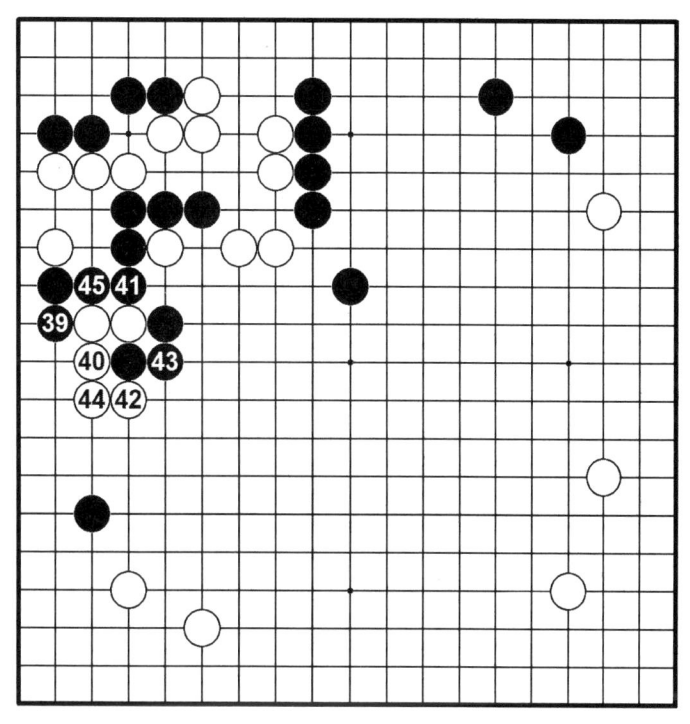

以下是双方在斗力,但李世石艰苦,棋形凝重;阿尔法轻松,游刃有余。棋局至此,尽管胜负尚早,但观战者们大概已经感到一丝凉意了。

这种战斗局面在李世石的职业生涯中屡见不鲜,他也经历了无数次惊涛骇浪,但他过去面对的是人类高手,李世石善于捕捉人类的微妙心理变化,从而在棋上对应之。然而,他这次面对的是阿尔法。

黑41时,白棋如果——

图二十三 白1如果能先手扳粘,然后白5、黑6、白7这样定型的话,黑棋很清楚地大失败。白棋已经轻松做活,而外围的黑棋却棋形散乱,近乎破碎。此变化图黑棋断然不行,黑棋出动的初衷亦不了了之,然而——

图二十四 上图中的白1扳时,李世石准备了黑2单跳,这是顽强的一手。白1,可谓"目数小得",但"变化大损"。只要白1一路扳后不能形成硬腿,那么图二十三中的白5冲手段即不成立。这是此局部的微妙之处。这也难怪,此局部稍有不慎,即万劫不复。

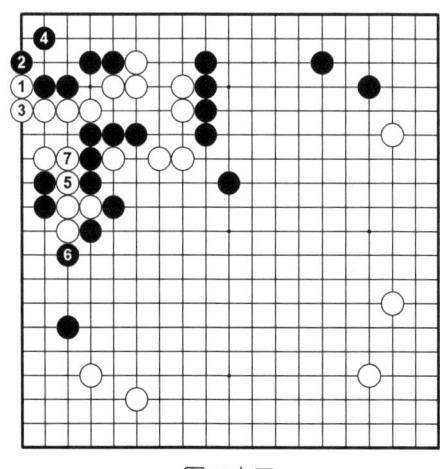

图二十三

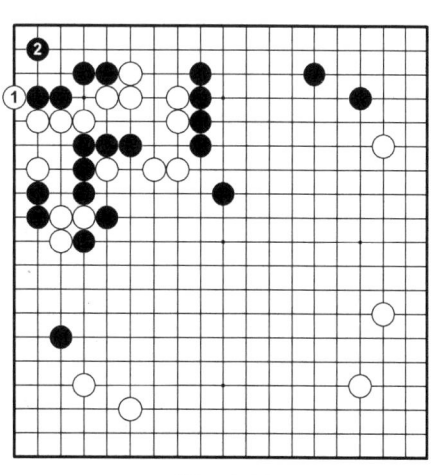

图二十四

第十三谱 46—48

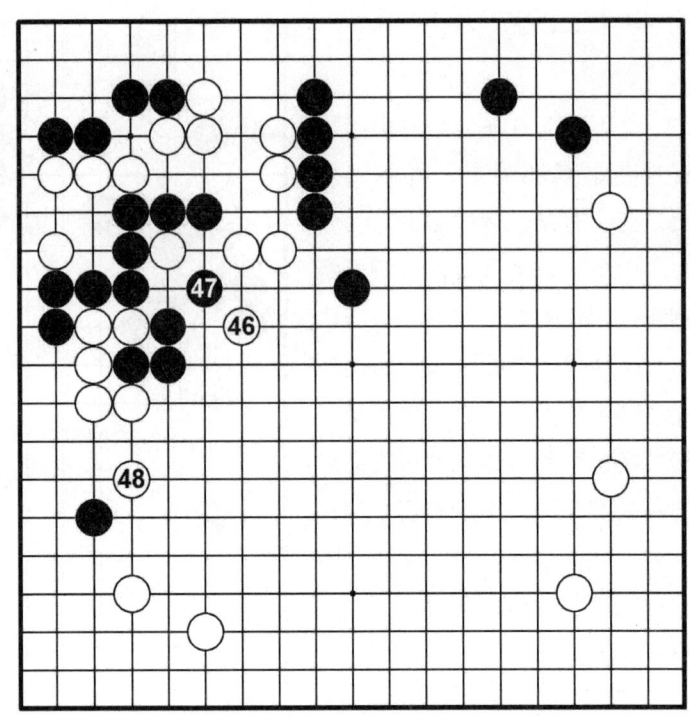

棋局至此，黑棋大块也只能笨重出行。局部黑棋形状效率低下，与白对攻的11个黑子，无目无眼，自顾不暇，遑论反戈一击，攻击白棋了。

白46好手，黑47有苦难言，白48本形，堂堂正正。

图二十五 黑1本应先吃在这里，但对外围白棋跳的那手棋没有任何影响。而且，黑大龙自身仅有一只眼。

实战谱中的黑47对白46还多少有所影响，两相权衡之下，李世石最终选择了实战黑47。宁愿放弃一只眼，也要对外围白棋施加影响。

图二十六 上边白棋的棋形不是完全没有缺陷，黑1尖以下至黑7断，可以分断白棋联络，但白棋可以借力打力，白8扳后，黑角遭受池鱼之祸。

黑角先送死，外围的白棋却死而不僵，这样的赔本买卖别说李世石，就是本书的作者也不可能这么干。

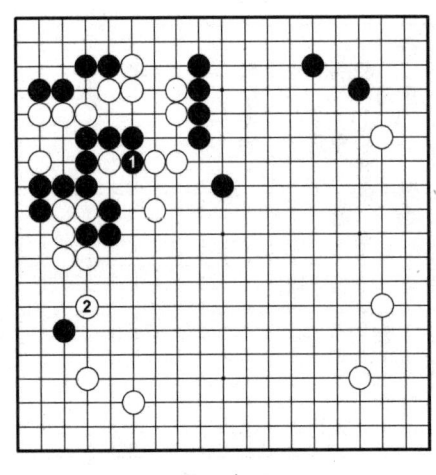

图二十五

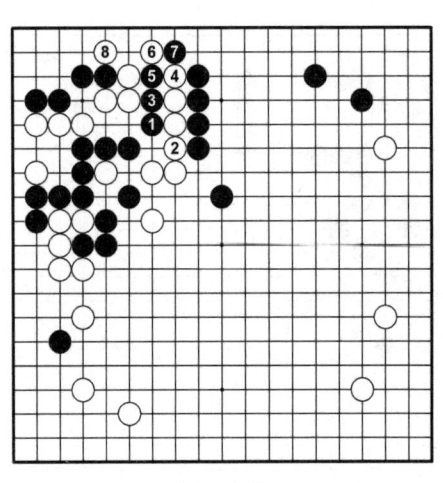

图二十六

第十四谱 49—56

黑49，令人感动。李世石的情感跃然于盘上。不如此不足以争胜，哪怕深陷两线作战的泥沼，仍然要拼死一搏。

白50应该保留。因为这是绝对先手，还是宝贵劫材，同时自紧一气。在前两盘棋中，阿尔法这样的疑问着法还有不少。这是电脑程序的局限吗？即便如此，阿尔法依然能赢，从这个角度而言，我们棋手，可挖掘的潜力空间还有很多啊！

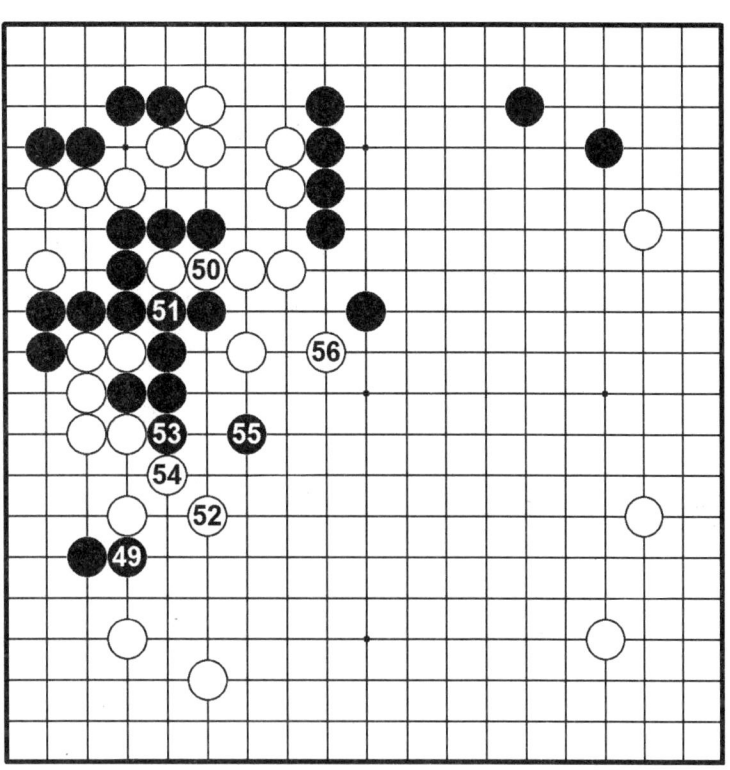

图二十七 黑49于本图黑1靠，从长计议或许也是一法。寻求灵活转身，这也是吴清源、聂卫平等围棋大师在偶处窘境时最为擅长之处。

此刻的局面焦点还是可以在右上角，黑7只要能争到先手于右上角行棋，局面仍然漫长。

图二十八 上图白2夹出时，黑棋不能强行抵抗，不然如本图，黑1冲后一本道，至白14紧气，黑白大龙对杀的结果是黑棋气不够，如此棋局瞬间结束。

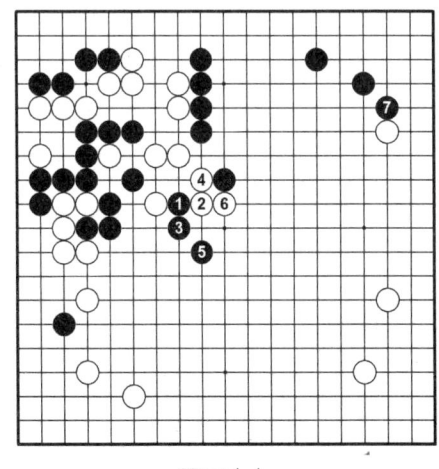

图二十七　　　　　　　　　图二十八

第十五谱　57—61

李世石只能选择两线作战，已经犯了兵家大忌。不仅如此，李世石还在细节上处理粗糙，令人一叹。

黑59继续较劲，有疑问。有了白60后，黑形生出断点。黑61亦有疑问，与黑59均有恶手嫌疑。李世石此时心理和情绪的动摇已经非常明显。

图二十九　阿尔法多次不保留变化，从保留味道和劫材的角度而言，明显不当。然而，祸兮福之所倚，

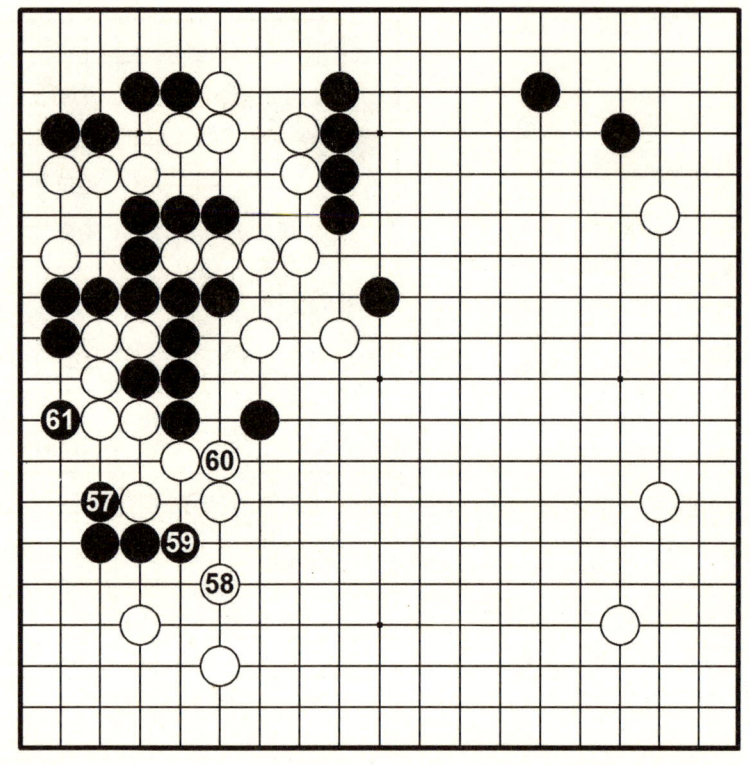

阿尔法不保留变化的好处在于避免以后生变，而李世石在实战中保留变化却又成为致败的勺子。

黑1应该顶了后扳过。这样将来白A冲、黑B破眼时，外边有黑C、D位打吃的愉快手段。

图三十　实战谱中的黑61仍然应该先挤后再扳。这样交换的好处是撞紧白棋一气。还有，以后黑1挤时，白棋很可能不予理睬，脱先他投了。现在白五子是棋筋，断不能弃，但数手过后，这五子很可能就是"棋渣"，白棋毫不犹豫地弃之如敝屣了。

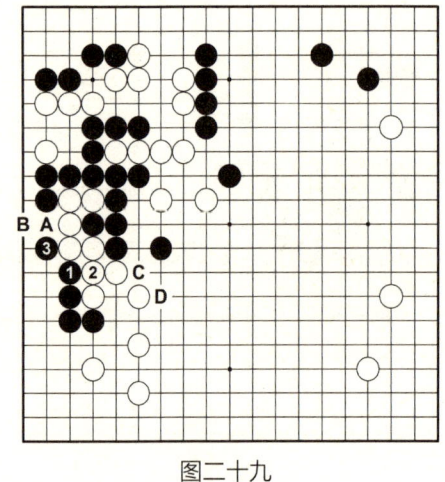

图二十九

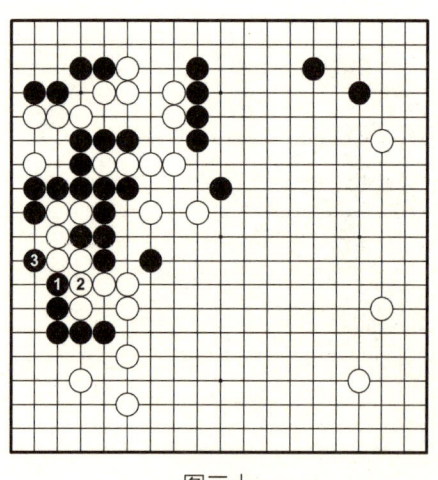

图三十

第十六谱　62—70

阿尔法不会保留变化的特点再次呈现，白62冲，这是自紧一气的恶手。然而，阴错阳差，这手棋实际上却起到了"神一般"的作用。白62与黑63交换后，余味多多。至白70飞，白棋模样顺势而成，而黑大块孤棋尚未活净，白棋胜势。

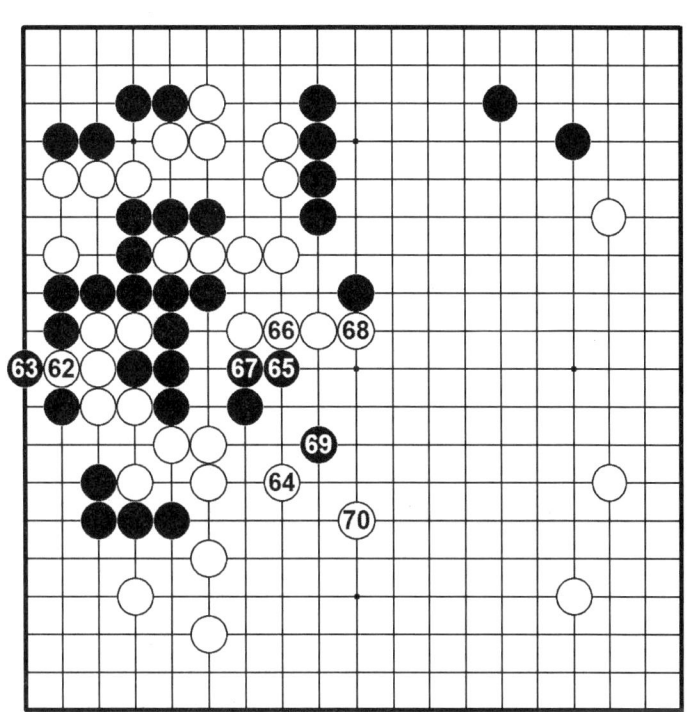

图三十一　实战黑63，败着！应如本图先挤再渡过，中间定型必然，至白10，黑11二路飞确保己方活棋。同时，实地也大。

如此进行的话，虽然全局形势仍是白优，但整个下边的白棋"大也有大的难处"，今后是李世石大闹天宫的去处。

图三十二　实战谱中黑63，留有本图白1严重后患。这个劫争对白棋来说，即使打败也不过付出约10目的代价；而黑棋一旦劫败，黑大龙即一命呜呼。

对于这万众瞩目的、"人类不能再输"的第三局，李世石知道，已经输了。本局至此，李世石的失策还在于，选择全新的、激烈的布局方案，同时耗费了自己大量的思考时间。而同样的时间，对人与机器，价值根本不同。

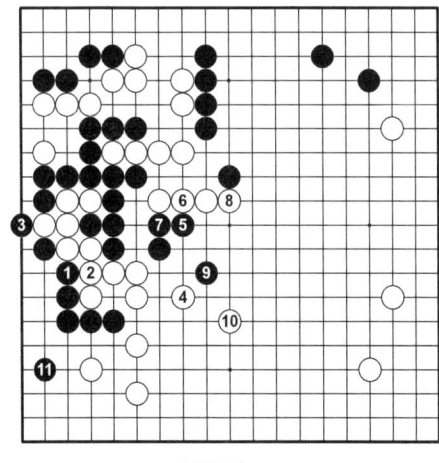

图三十一

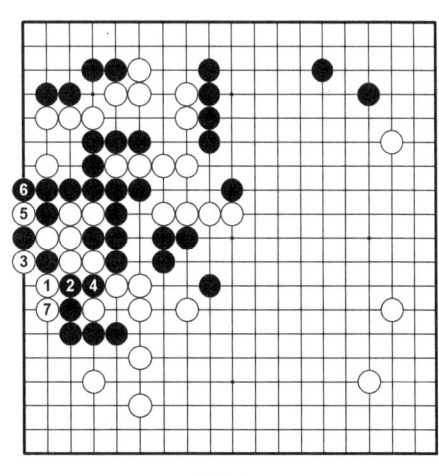

图三十二

第十七谱　71—77

当李世石发现实战谱中他黑63随手渡过的这手棋隐藏着巨大风险后，他内心遭受到的打击可想而知。这之后黑71至白76是黑棋失去变化的定型方式，李世石的方寸看上去已经乱了。

但是，黑77祭出了拼搏的一手。这也是很有意思的一手棋。只是，对这个大飞角做文章，应该在六十多手棋之前啊……

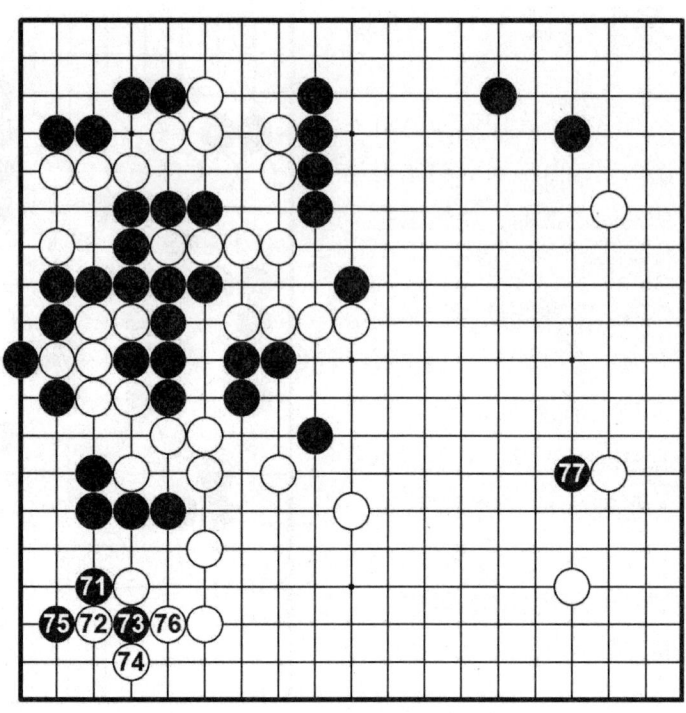

图三十三　因为前已述清的打劫手段存在，本来黑1理应补一手，但这是后手。六个白子折算权利仅6目棋而已。白2一扳，占据全局制高点后，白棋大胜。

图三十四　实战谱中的黑77是有典故的一手。如本图，三百多年前，本因坊道策让两子对安井知哲之局，白1先在右上角靠，留下伏笔之后，再转向白11靠。

李世石也许没有看过道策的棋（他自言连坂田荣男的棋都没看过），但实战谱中的黑77与本图的白1、白11，感觉上古今一致，时空似有穿越。

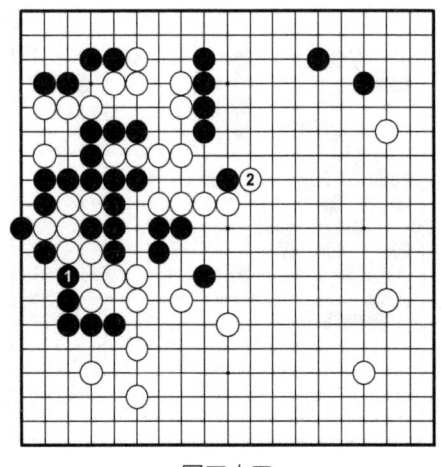

图三十三

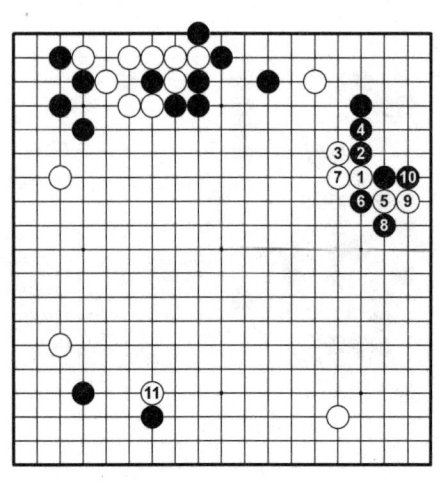

图三十四

第十八谱 78—86

上谱中的黑77可以理解为李世石放出胜负手。不过,这未必是想以匪夷所思的一手靠,打乱阿尔法的行棋节奏,更多地,还是"棋局至此,下下而已"吧?

白78外扳不错,此着意识到黑棋在瞄着左上白大龙,所以白78对左上大龙有所兼顾。

图三十五 实战谱中的黑83断,激烈,李世石铁了心要与阿尔法进行一场大乱战了。从局部着法来说,本来黑1出头是成功的,但在全局情况下,本图却不能成立。

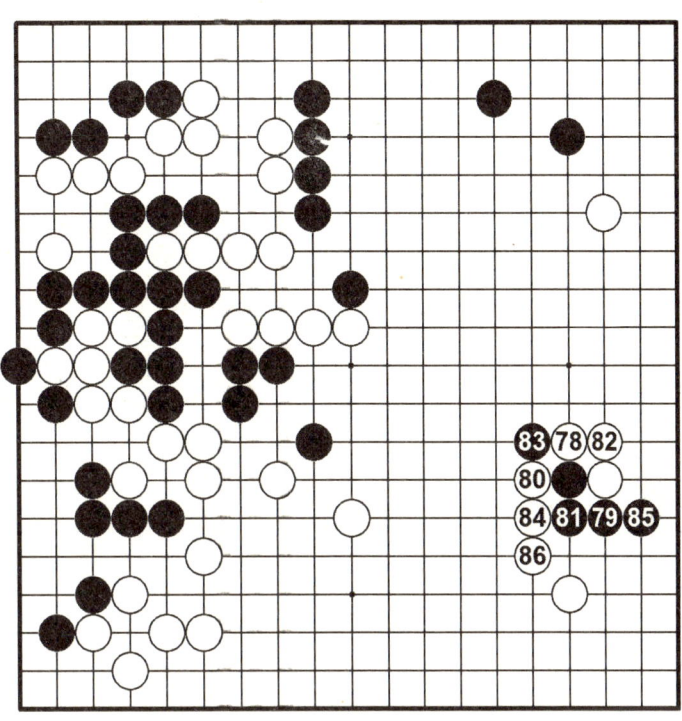

白6挑起劫争,右下角自然成为劫材库。这实在是令李世石欲哭无泪。

图三十六 谱中的白86稳稳地一退,大有稳重淡定的李昌镐风格。就局部而言,本来本图的白1搜根也不错,但黑2扳二子头后,黑4再尽力搅乱,千里之外的白左上大龙或受觊觎。

说起来令人难以置信,阿尔法的最强处可能也在大局观(如果它的对手不能比它"更大局"的话)。类似实战谱中的白78、白86这样顾全大局的着法颇有大家风范,"你强任你强,轻风拂山岗"。

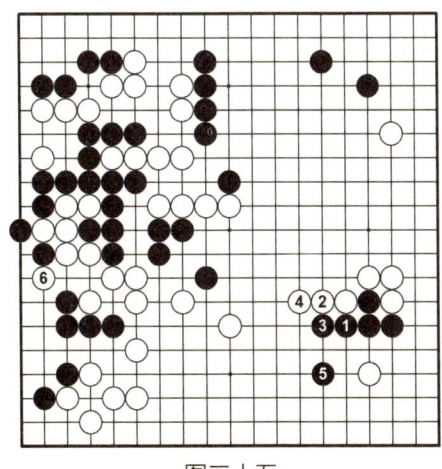

图三十五

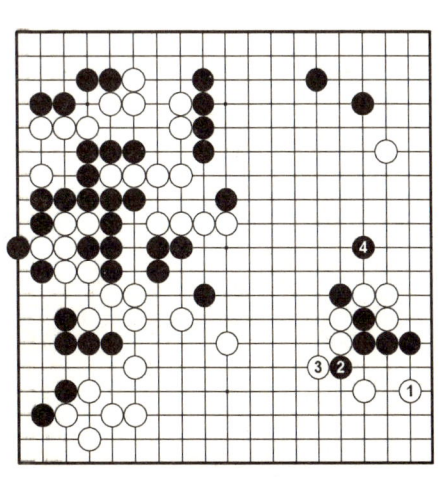

图三十六

第十九谱 87—104

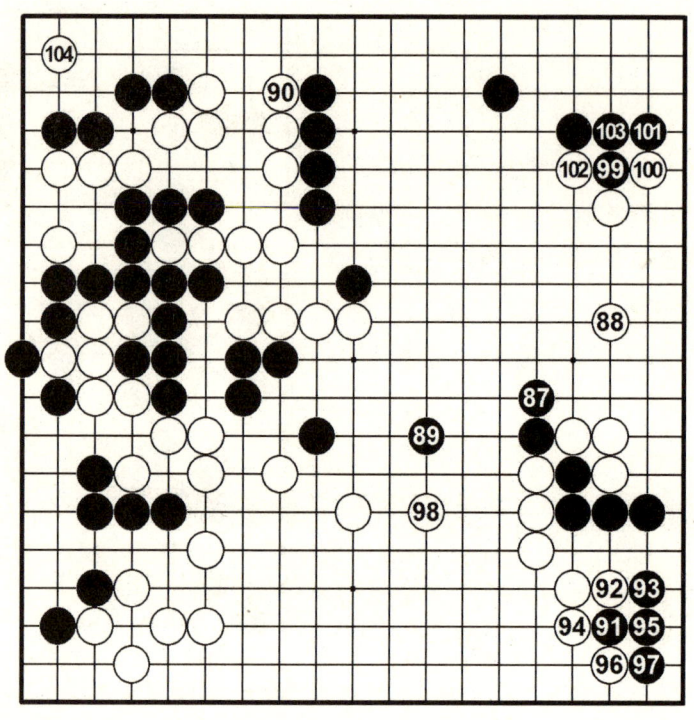

黑棋苦心运筹，目标无非是上边至中腹的白大龙。白90防微杜渐，是自重的好手！白大龙已无忧。黑91回头活在角里，局部而言，黑棋还是成功的，但全局大势却没有改观。白104点，形之所在。

白100扳后白102紧接着打吃，局部嫌俗嫌损，却是形势有利时使"棋盘变小"的"小林光一流"。阿尔法读"书"甚多，不能不察，不能不赞。

图三十七 谱中的黑89本来也想像本图黑1这样搅乱局面，但白2、白4"李昌镐流"的大局为重，阿尔法一定心知肚明，以后A、B两点黑棋不能两全。

图三十八 阿尔法在实战谱中的白90值得重现，能弈出这么冷静的一着棋，阿尔法的确令人刮目相看。此着一出，黑棋全局已经没有大文章可做了。

由于进入右下角和下边，黑棋只能得其一，两者价值相当，白棋只要守住其中之一，黑棋即无从争胜。

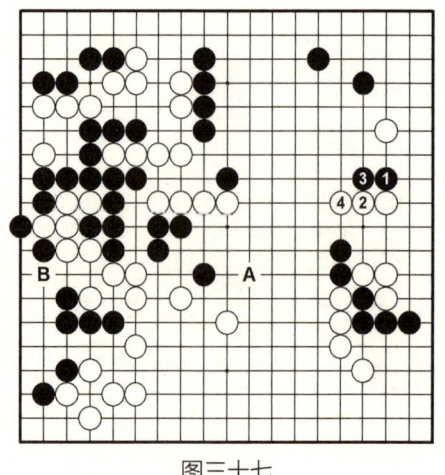

图三十七

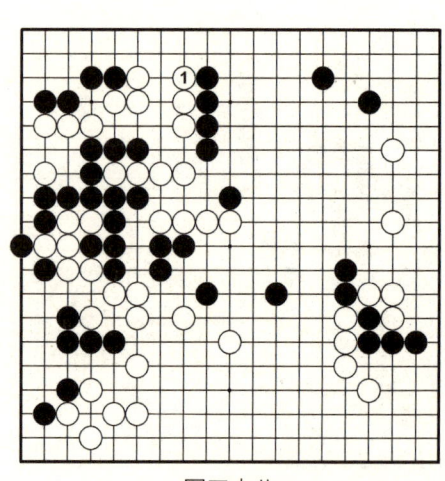

图三十八

第二十谱　105—114

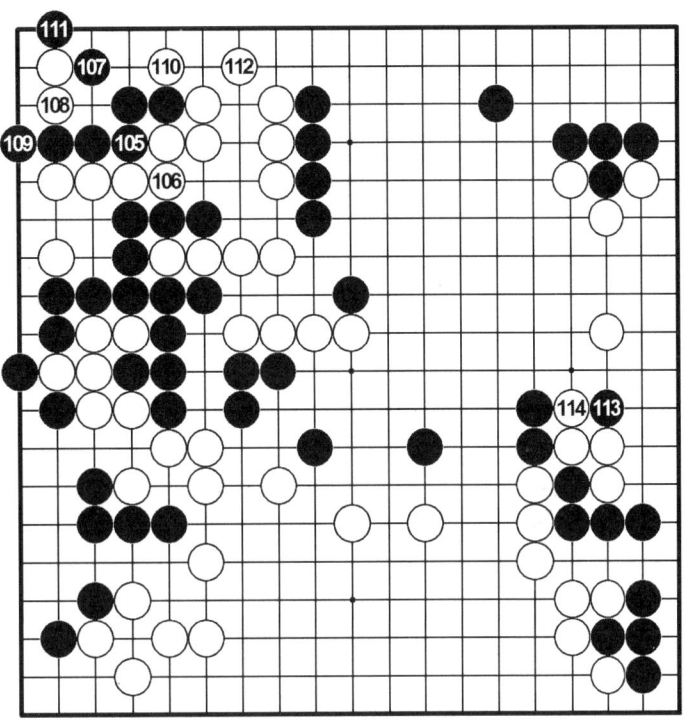

左上角的定型双方均计算精密，为最佳结果，黑棋若脱先，则是打劫活。局面本已落后，黑角还要打劫活，这真不是一个好消息。

白112好手！一石三鸟，既做活自身大块，又瞄着黑角打劫活，还有二路扳的先手官子利。

图三十九　白112独善其身，同时紧盯着角上白A位的打劫活。和第十九谱中的白90一样，阿尔法能弈出如此冷静老到的好手，着实令人吃惊。

这手棋一出，大有全盘精华已尽之感。白棋处处安定，实地领先且全盘厚实，黑棋已是必败之势。

图四十　本图是吴清源对藤泽朋斋第三次十番棋第一局，吴清源大师白1无事自补，令浑身是力的藤泽朋斋望洋兴叹，黑棋再也没有可借力之处。不用说，吴清源大师的棋，阿尔法倒背如流。

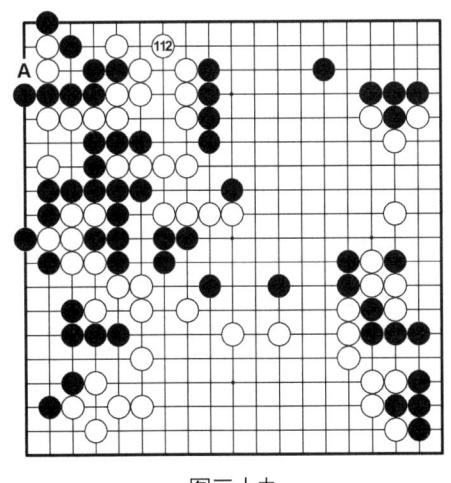

图三十九

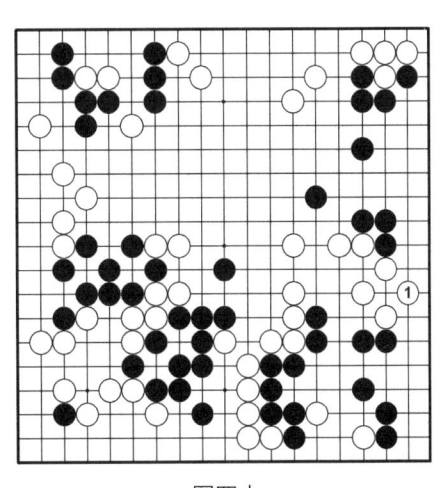

图四十

第二十一谱　115

黑115，令人感动！这是李世石赴汤蹈火、将胜负置之度外的一手。这手棋的指向很明确，阿尔法不可能让这手棋起到引征的作用，那么势必会彻底隔断这手棋的归路，等于将这手棋抛入茫茫无际的海洋中，如一叶小舟在惊涛骇浪中求生。

黑115，风萧萧兮易水寒，壮士一去兮……

图四十一　虽然上边的白大龙局部没有完全活净，但因为有白4早先埋下的打劫手段，所以白大龙实际上已经没有后顾之忧。

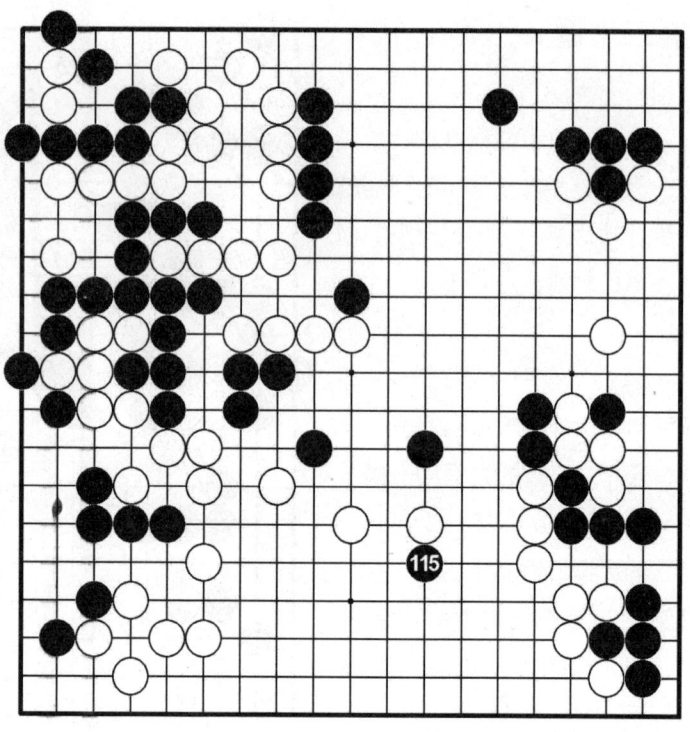

图四十二　实战谱中的黑115并非无理取闹，至少可以为这个胜负手提供了一定的逻辑性，如本图，本来黑1扳，白2断打，黑3下立，白4、白6打吃后，黑棋不行。但如果黑棋在A、B这一带有棋子的话，白6就不成立了。所以，黑C（实战谱中的黑115）可以说是为了这个目的而来。

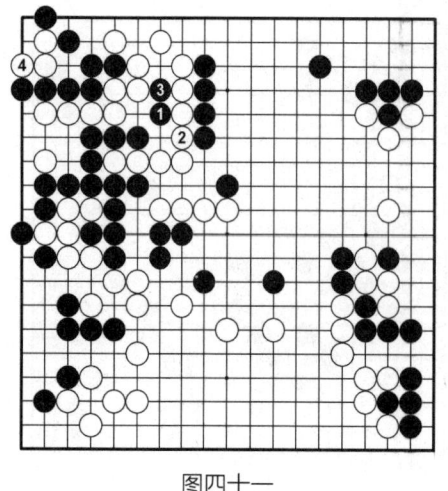

图四十一

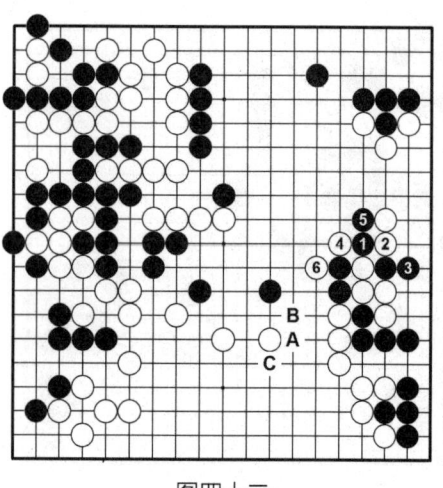

图四十二

第二十二谱 116—125

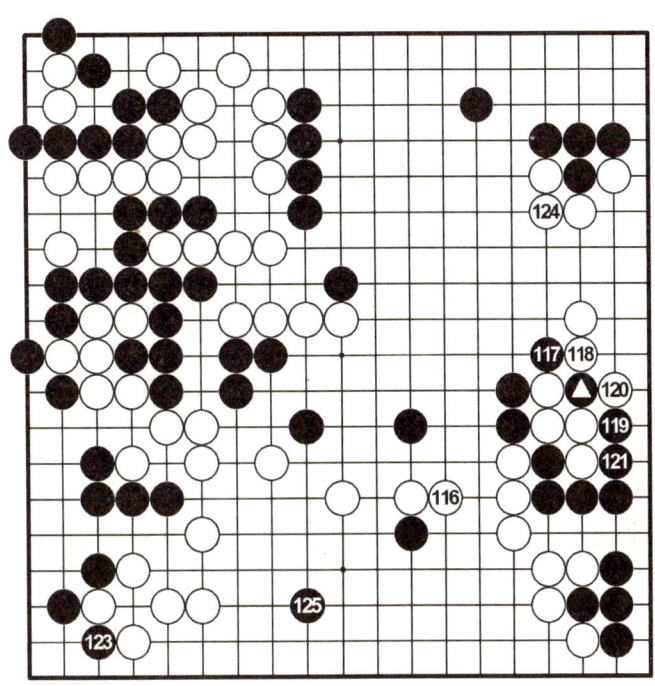

白116退稳健。黑117之后，黑119已经没有了120位下立的可能，所以就滚打包收了。

黑123顽强的一手，真正的死马当作活马医。白124是大优之后的一种反应，虽然可以说白棋怎么下都赢了，但白124确实不是百分百的正确。

图四十三 白1本身极大，价值11目以上。而且，巩固了白棋大空，同时由于左下角和左上角、左边理论上都残存劫争，所以白1还制造了A位等数枚劫材。

图四十四 另外，本图白1直接挑劫，再与左上角的劫争形成连环劫，黑白双方总是只能各得其一，局势就更加简单了。

这，并不是对阿尔法鸡蛋里边挑骨头。也可能，这是对"神话阿尔法"之大势的小声抗议吧。另外，关于劫争的认知和操作能力，阿尔法确实欠表现。

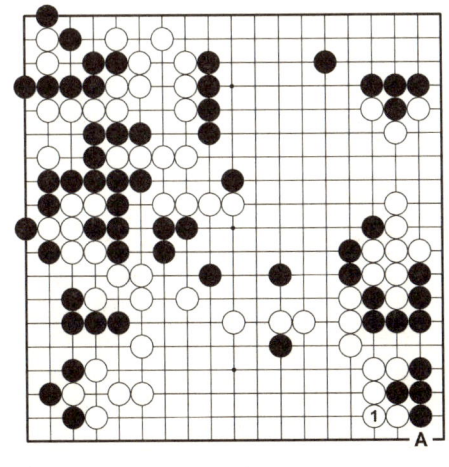

图四十三

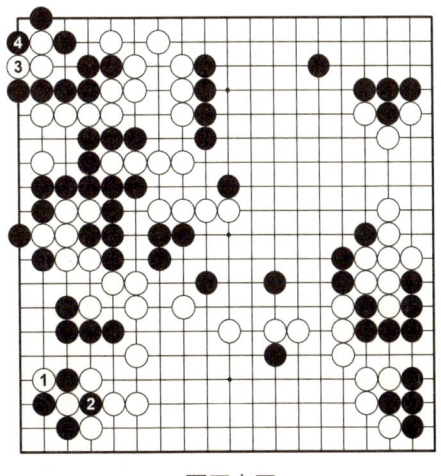

图四十四

第二十三谱
126—143

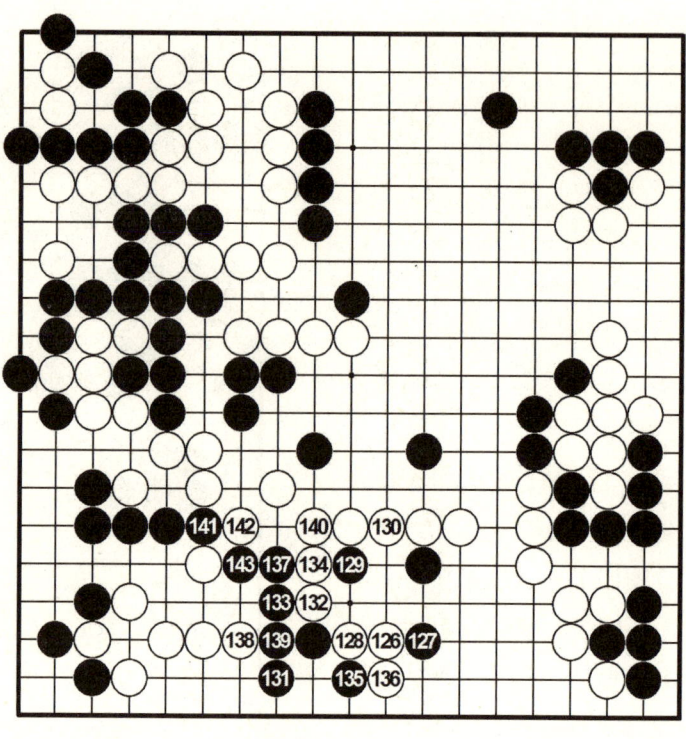

本谱李世石极尽腾挪之能事，知其不可为而为之，让大家终于看到了阿尔法打劫的着法。随着这盘棋最后阶段阿尔法对打劫近乎完美的应对，其不会打劫的传言自动烟消云散。只是此一劫，在白全局大优的背景下，尚不足以证明一切……

白132、134就局部而言是坏棋，虽然与胜负无关。

图四十五 谱中的白132应该这样单冲，不给黑棋任何借力。如是，黑棋根本没有造劫的机会。

实战给了黑棋造劫的机会，也说明局部作战，阿尔法其实并非无懈可击。至于"不要计较了，人家阿尔法是从'取胜概率'往回看每手棋，即它知道'这样就够了'"的说法，我们只能等待下一次阿尔法真正被逆转的一局（第四局绝不是逆转）来验证了。

图四十六 黑139如本图这样进行的话已经出棋，形成打劫，只是由于左上角也是劫争，所以白棋即使放弃下边，吃掉左上角，黑棋也不行。对此李世石了然于胸，所以没有这样选择。

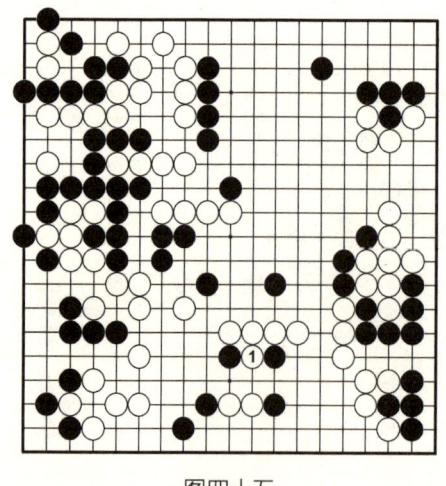

图四十五

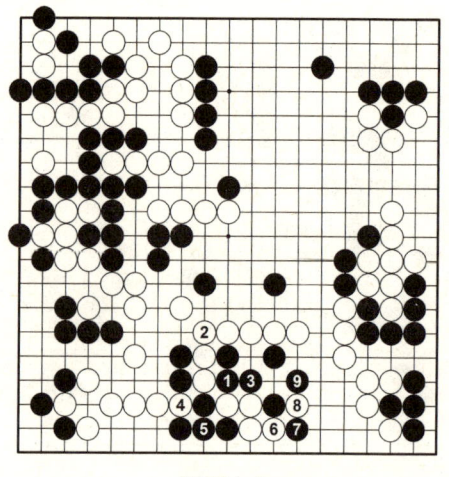

图四十六

第二十四谱
144—176

本谱战斗也很激烈,尤其是打劫打得不亦乐乎,但似乎说明,对于这种不影响胜负的劫争,阿尔法完全可以应付。

劫争进行得很热闹,当时还给了观战者们以希望,但可惜的是,白棋本身劫材甚多,黑棋根本打不赢此劫。

图四十七 实战谱中的白148应得很幽默,本来应该白1提,总是该遇劫先提。或许阿尔法判断,此时怎么下都赢了。

机器在这种地方不应该出错,难道在其系统里,还有不值得搭理、脱先劝降的程序?

图四十八 实战谱中的黑171如果如本图黑1粘,黑棋还是不行。首先黑棋是三个刀把五的大愚形;最关键的是,下边这个劫黑棋仍然无法支撑。因为,白A、黑B、白C,白棋随时可以与黑供打摇头劫。

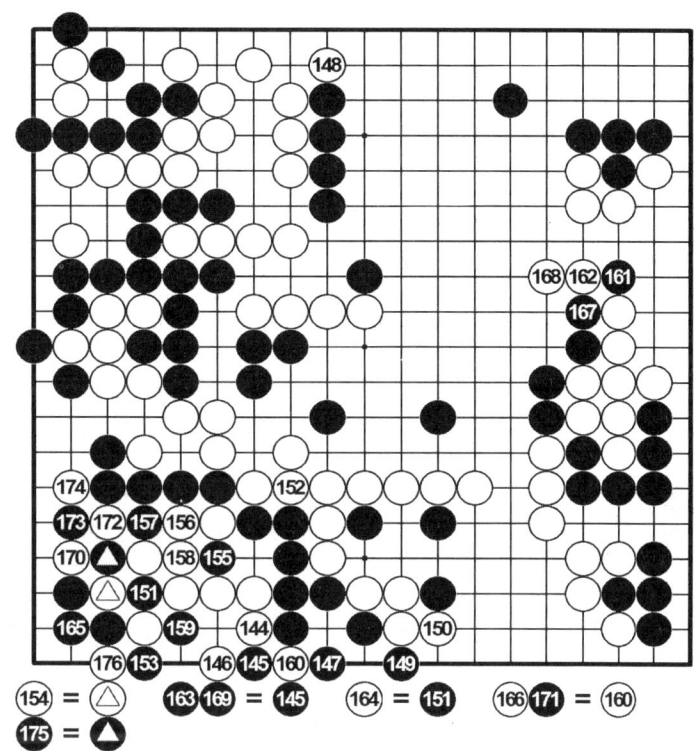

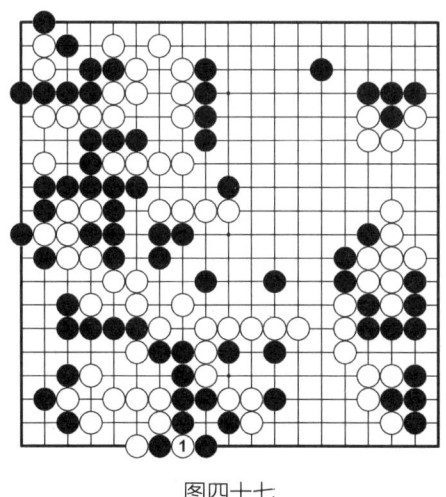

图四十七

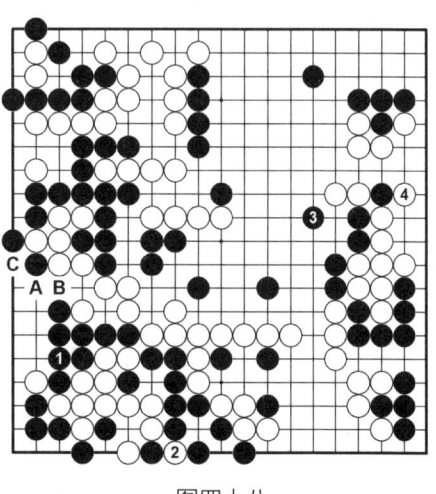

图四十八

总谱 1—176

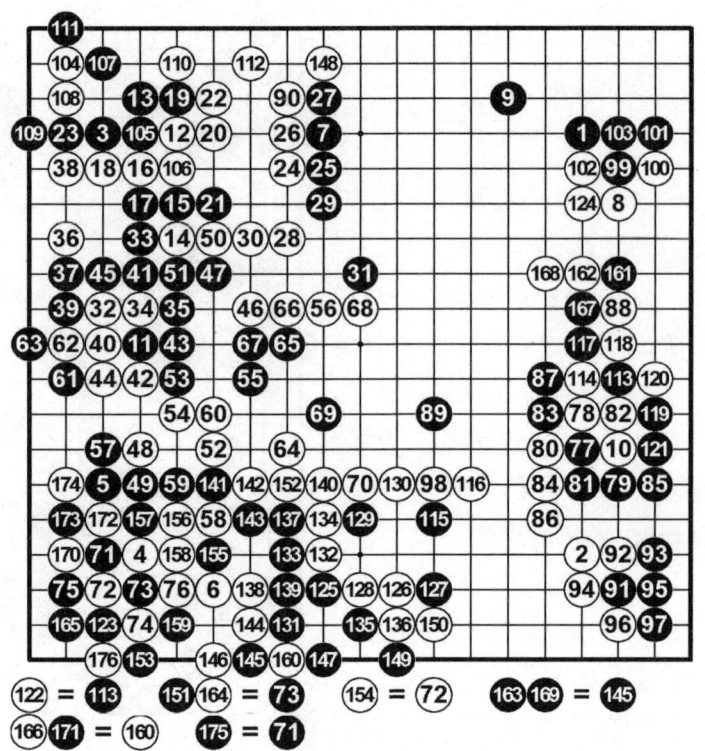

共176手　白中盘胜

三连败，李世石职业生涯遭遇的最大惨败。

前两局李世石尚有机会，第三局则是彻头彻尾的完败，阿尔法完美地展现了其高出对手一筹的掌控局面能力。自左上角第一处作战起，李世石即处被深深压制状态，大块黑棋形成凝形，阿尔法若即若离地保持攻势，冷静老到一如鼎盛期的石佛李昌镐加强版，自然而然地在下边围出巨大模样，李世石竟然连反抗的机会都没有。

后半盘李世石拼死一搏，深深进入白棋大空，这更像是一次特别的测试。电脑的应对几乎要赢得满分了，但就在应对打劫时，出现疑问手，只是不影响胜负，找劫材也是有板有眼，自然破除了有关"谷歌与李世石有不打劫的秘密协议"传言。

三盘棋李世石皆败，阿尔法一盘比一盘下得好，似乎证实了它每天都在进步之说。据称阿尔法每天对弈3万盘，研究棋局无数，这样的超级计算机本来已经储存了古今中外所有棋谱，再在实战中加以演练，功力提高之快似乎理可通。

李世石提前输掉比赛后，对职业高手们的心理打击着实不小，李世石悲壮地说："今天输给电脑的是李世石，不是人类。"

在阿尔法出现之前，棋界和人工智能界乐观预测，电脑围棋要打败人类起码还要50年。没想到这一天来得如此之快。有人预测，职业棋士将迎来技术上的飞跃和变革；围棋产业将产生巨大的变化，竞技围棋渐渐走向衰弱，围棋普及逐渐全球化、大众化；围棋文化借此契机与大众、主流文化契合，围棋中蕴涵的哲学、艺术将得到更好的挖掘。

围棋短时间内引爆出最大热点，可以断言人工智能围棋将迎来发展机遇，以后越发普及，围棋在欧美的普及率会迅速提高。但也不能不说，竞技围棋势必会受到影响，人类高手已经败给电脑，围棋的深奥幽玄受到从未有过的挑战。而我们在这里所要阐述的，就是人类智慧依然高贵，围棋的精髓并未被电脑所掌握——因为那是不可能的。

第四局　无与伦比之胜

●AlphaGo　黑贴3又3/4子
○李世石九段

2016.3.13 / 韩国首尔

　　李世石连败三局后，第四局伊始，新浪、弈城等对弈网站的押分一边倒，李世石的赔率高达1赔4.8，阿尔法的赔率仅有1赔1.1。在目前情势下，还有棋友押李世石，这已不是为了赚取虚拟币了，而是为了道义上的支持。人类高手这么快就惨败于电脑，在感情上确实难以接受。

　　本局开赛前，有职业高手出主意说，李世石可以下模仿棋，让电脑"死机"，但李世石显然拒绝了这么做，他还是想堂堂正正地击败阿尔法。

　　有意思的是，"人机大战"第四局开赛前，谷歌DeepMind团队成员怡然自得地在观战室下棋，领队大卫·席尔瓦透露自己棋力属于业余水准，团队基本上也都学会了下围棋，但水平最高的还是黄士杰，他拥有弈城9D水准（即代表阿尔法坐在棋盘前落子者）。以此可以看出，阿尔法软件设计者围棋水平跟设计出来的软件水平没有必然关系。

第一谱 1—13

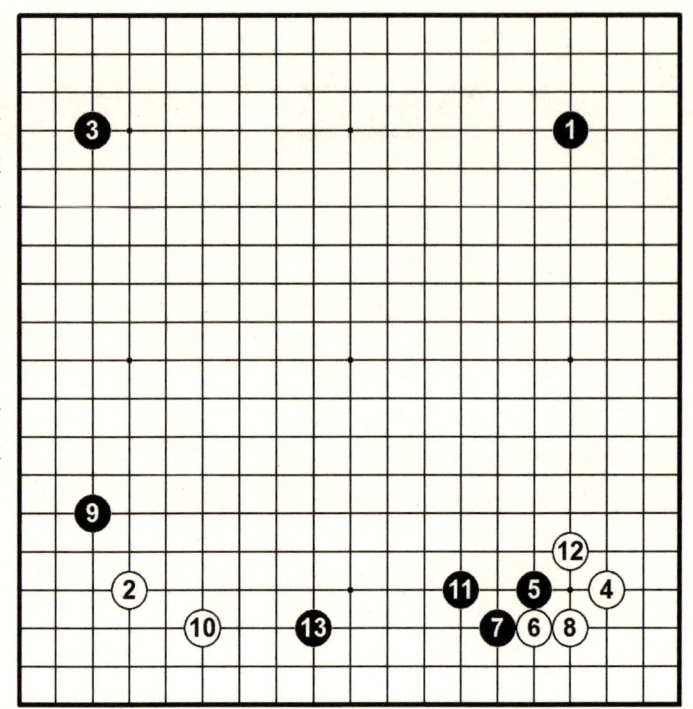

至黑11，与第二盘一模一样。白12李世石变化了，这着棋从来没人下过。李世石看来在贯彻"尽可能地下阿尔法没有见过的棋"。

是役李世石选择了尽量打散局面的下法，让电脑不得不逐一在各个局面下进行计算（或者搜索、鉴别、选择）。这也是一种策略。

图一 这是"人机大战"第二局的实际进程。我们已知黑4刺不是好棋，损失劫材，将变化走尽。阿尔法黑4刺后脱先他投，在棋理上也站不住脚，右下这块黑棋并不厚实，很容易成为受攻的目标。

图二 在下边这个配置当中，十五年以来，高手们的共识是黑2拆时，白3立即守角。而白3这手棋，不是李昌镐最先下出来的，就是他下得最多。回过头看，白1或者白A对下边定型影响不同，但黑2是急场，确定无疑。

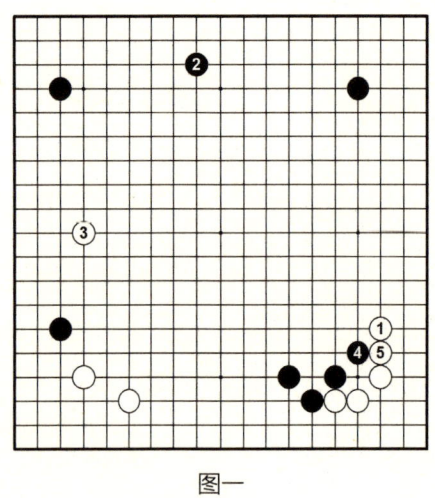

图一

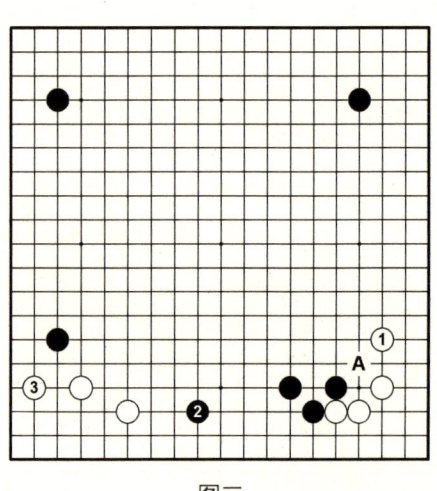

图二

第二谱　14—15

阿尔法回归寻常，在棋盘下边摆出了一个普通造型。白14李世石下出了超出共识或曰超出李昌镐规范的一着，普通着法当然应该在左下角补一手。李世石还是不想跟着套路走，一般套路对于阿尔法没有任何难度。在其庞大的数据库里，各种布局定型俯拾即是。黑15夹击，数据库中极多，却是有疑问的一手。

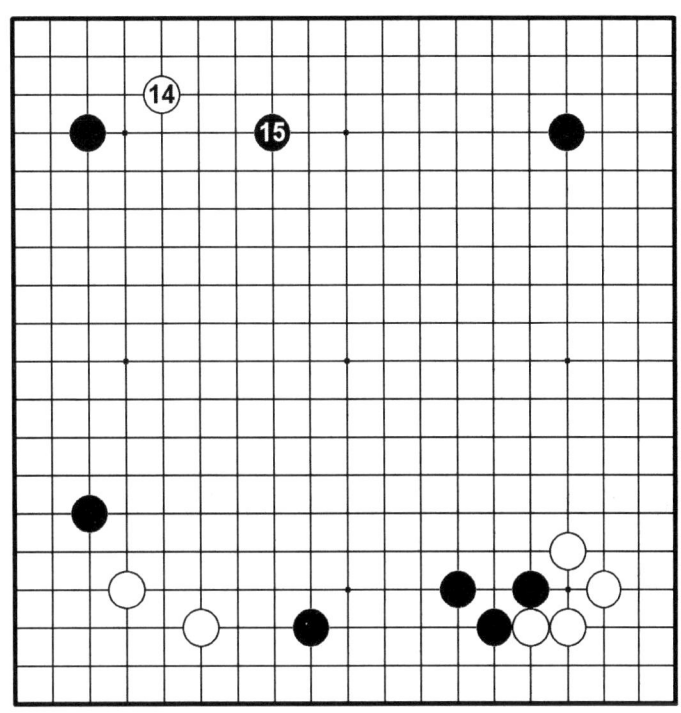

图三　这是吴清源大师不止一次强调过的布局思路。在这个格局当中，应该黑1尖。而按照常规，无论是从黑A一间高夹到黑B的三间低夹，都将被白C转换其方向，从而得到白D的拆边兼夹攻，使黑左下挂角一子成为被攻击的对象，白棋局势因而"生动有趣"。

图四　如果阿尔法不仅仅是看遍了吴清源的对局谱，而且对吴清源的无数讲评也了如指掌的话，那么有机会弈出本图黑1（所以，请阿尔法的工程师们，继续努力）。

接着，在白2拆边后，冉于左下角祭出著名的"韩国流"下法，至黑17，黑棋下边这个阵势将成为最具攻守兼备特质的好形。黑布局有利。

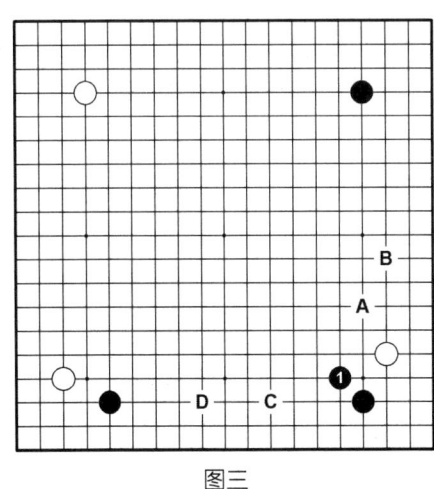

图三

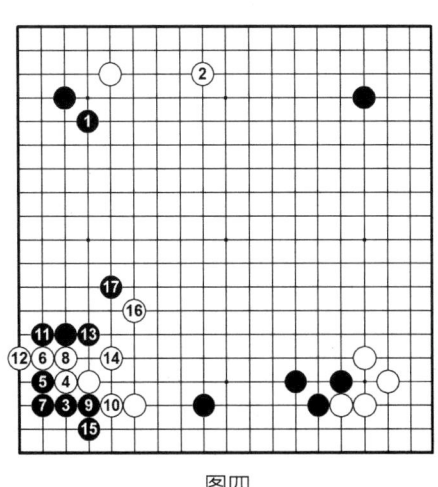

图四

第三谱 16—20

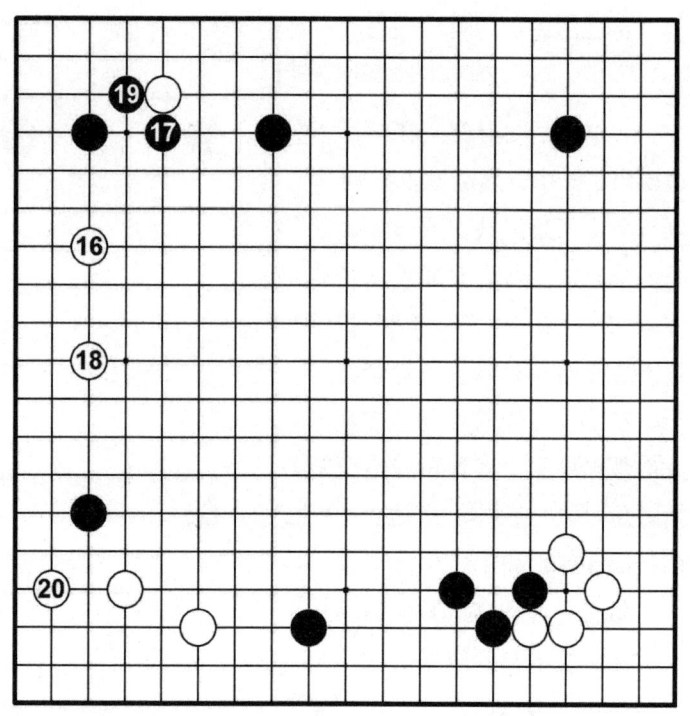

白 16 至 20 看起来只是平凡的几着，但已经是序盘白优的局势。

在黑贴 3 又 3/4 子的对局里，白棋成功地将全盘局面打散，黑棋不易成片成势，难以形成合力，对黑棋而言，压力显得比较有形。

不过，"合力"，是一个内涵很深的概念。大模样布局，不一定就有真正的合力；座子棋的布局规范，便有限制先手方合力形成从而使黑白更公平一些的意思。

图五（甲） 实战谱中阿尔法的黑 19 是问题手。本图黑 1、黑 3 的下法不是在第二局中用过了吗？至白 8 下立，黑棋再脱先回补左上角，之后是白 A 至黑 F 的定型，这样是正常的一局。

图五（乙） 白 1 可能单接，简单争到先手，然后回到左上角，白棋的行棋速度相当不错。

图六（甲） 黑 1 小飞最值得一试。如果白 2 要应，黑棋再挥师北上，如此黑棋生动。

图六（乙） 上图白 2 直接脱先是可以考虑的，但上边白 4 挺头时，黑 5 可以脱先，回到左下，这样下边一带黑棋极其生动。至于上边，白 A 若冲，黑棋简单弃子，黑不错。如果白 B，则黑 C 的碰恰到好处，以下白 E 则黑 D。

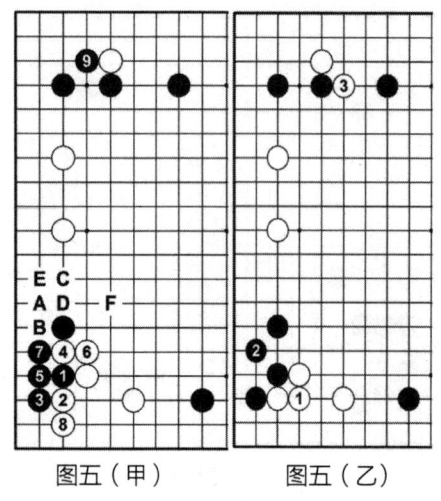

图五（甲）　　图五（乙）

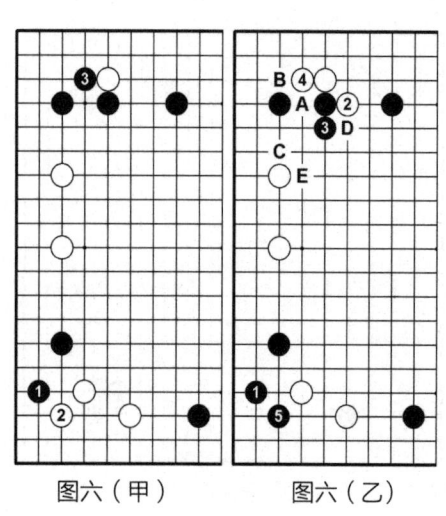

图六（甲）　　图六（乙）

第四谱　21—22

黑21小飞，疑问手。白22是一目了然的绝好大场。由于有右下角白棋小尖的关系，黑21不应该让白22这么舒服。

但阿尔法在序盘及中盘的疑问着还少吗？这是令我们大感无奈之处，明知道它还有很多缺陷和不足，却偏偏已经能赢人类顶尖高手了。这是不是也从另一个角度证明了，围棋精深博大，而人类高手所掌握的一如藤泽秀行先生所说"棋道一百，我只知七"。

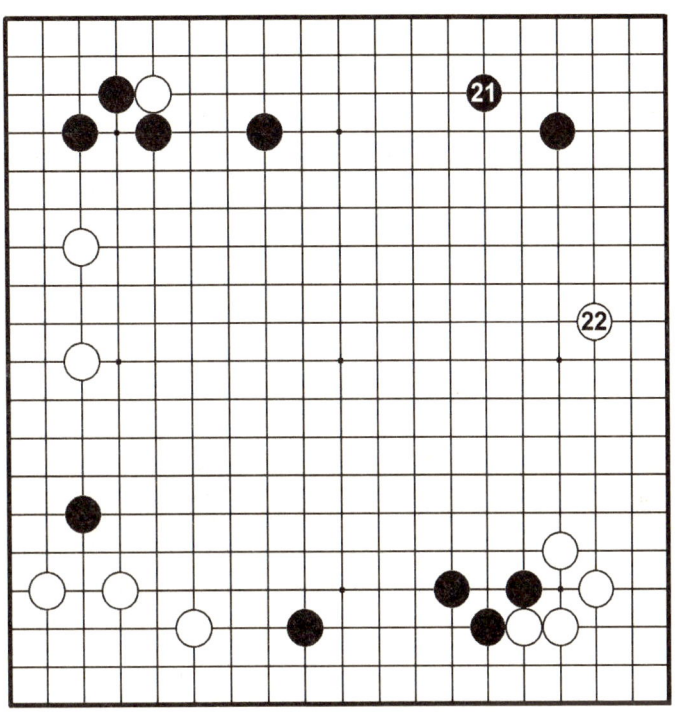

图七　右边的大场价值按照评估和感觉，超过上边（至于数字化的计算究竟怎样，人脑在此很难作出结论）。所以，黑1应该拆边。白2挂角时，黑3甚至可以脱先，直接点刺，这样由于有黑A位下立的先手，白B位严厉的打入点已经销声匿迹。

图八　难道阿尔法没有研究过本局吗？这是田村保寿（后来的本因坊秀哉）执黑对本因坊秀荣一局，黑1冂拆后，黑3点，黑5退后，因黑A位是先手，白棋只能在B位团，将来黑C位点入还有棋。也许，右下角黑是"虎"而不是"粘"，使阿尔法迷惑了，无法对号入座……

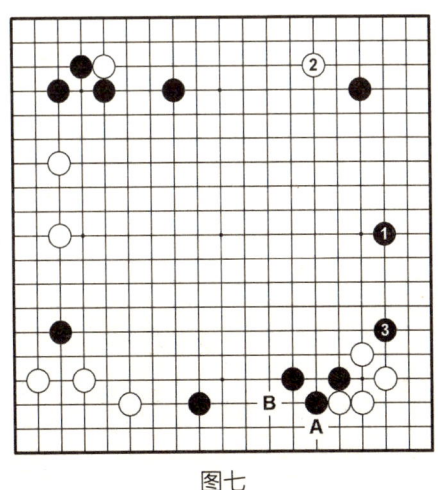

图七

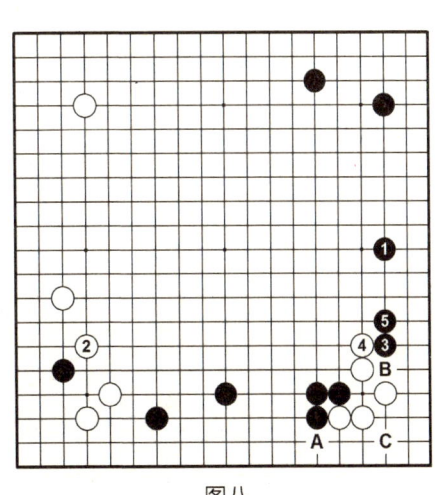

图八

第五谱　22

还是要说说白22以后下边的后续问题。关于下边的定型，作为白棋一方的后续手段，存在着劫争的可能性，这是人所皆知的。

所谓"劫"，以强力使对方欲去而不得；道家谓天地一成一毁为一劫。"劫"是双刃剑，应用得当，即为利器；否则，殃及自身。

图九　白1以下就是劫争。在本局这个特定局面中，上边白A是现成的劫材，甚至在十万火急情况下，白B位也是重磅劫材。所以，右上黑棋小飞那一招不仅有

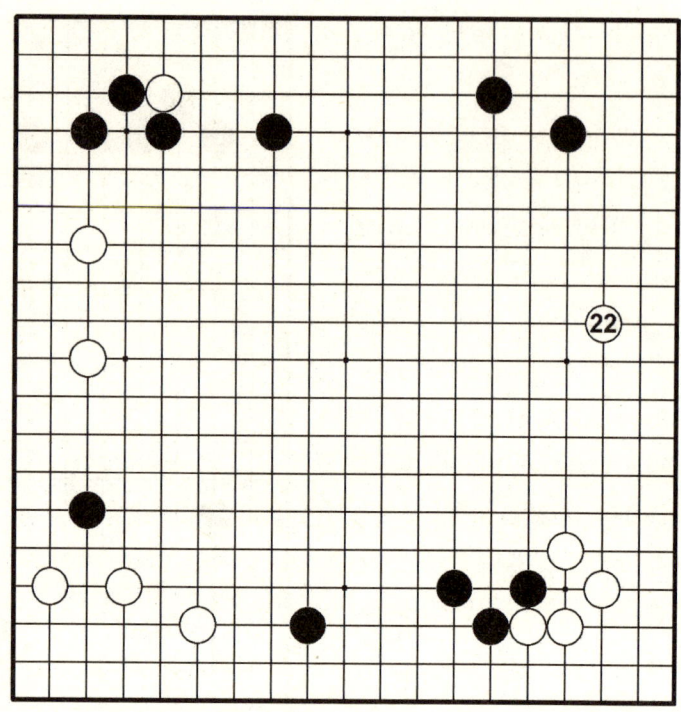

方向不对之嫌，而且选点也值得推敲。此劫对于双方来说都是重磅炸弹，谁也不敢轻易引爆。

图十（甲）　因此，在一定时候，黑1扳是重要的一着。希望阿尔法从今以后了解这一点。黑1扳时，白2不能脱先，否则黑2先手爬，然后黑A点，白棋痛苦。如果黑1能先手扳到，等于先手防止了白B这一余味无穷的劫争。

图十（乙）　在本局情况下，如果黑1扳，大致是白2点刺，然后黑3至白12，最后黑13肩冲——说到肩冲，那不是阿尔法很熟悉的下法吗？

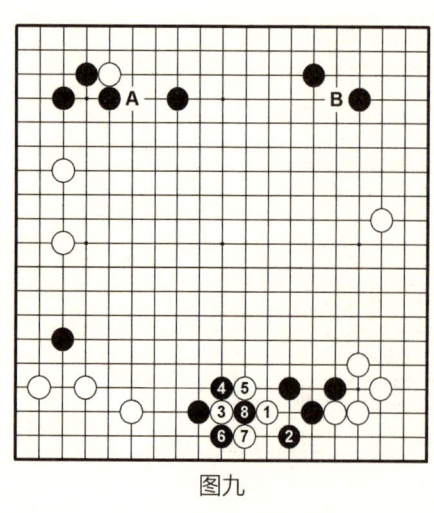

图九

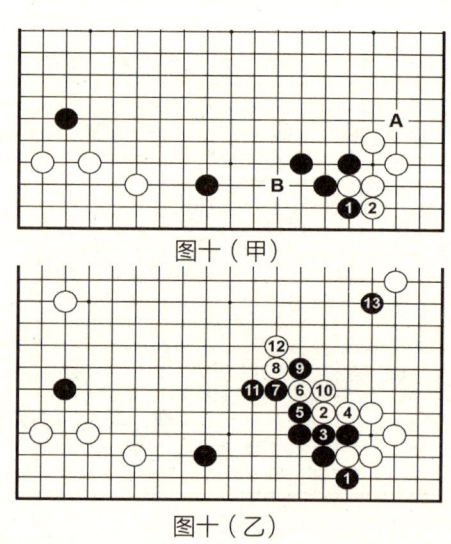

图十（甲）

图十（乙）

第六谱　23—25

黑23、黑25，颇有声东击西的韵味。白24，气合。黑23这手棋在职业高手之间的对局中绝少出现。这手棋让李世石很纳闷，他在此处进行本局第一次大长考。

图十一　说到声东击西，是围棋中使棋子活力得以充分释放的重要思路和技巧。本图是三百多年前本因坊道悦执黑对本因坊道策之局，请看白14、黑15时，白棋脱先转向至16位的下法，这就是"道策流"。

时空在动，您感觉到了吗？

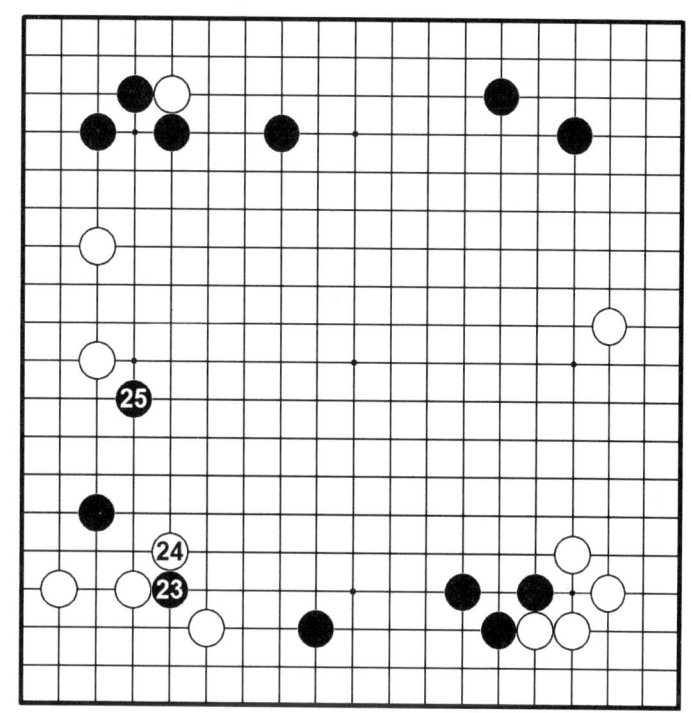

图十二　安井算知执黑对本因坊道策之局。白1是借力，求步调的好手。此形，白方很想下成白3至白5的好节奏、高效率，但若先下白3，黑方一定会在A位反击。

实战白1先从这里着手，改变了环境，便为之后的白3、白5创造了条件。没有盘上的时空感，便不可能如此。

白3时，如果黑方仍然以黑A冲断反击，白方便顺势打吃而出，这样，刚才的白1与黑2的交换，白已得大利。可以说实战的黑23，阿尔法学到了一点高手的皮毛。

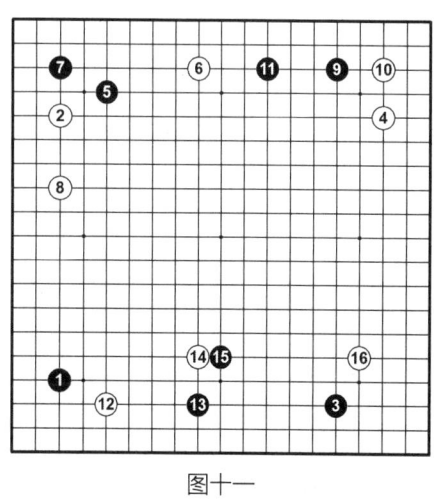

图十一

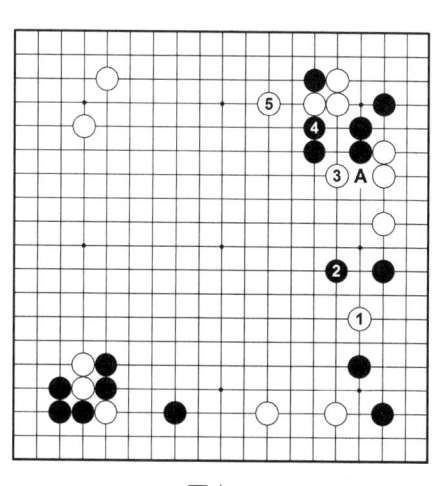

图十二

第七谱
23—24（重现）

请再看谱中的黑23、白24。黑23着法出人意料，李世石在经过长考后，还是选择了白24的"气合"反击。

图十三 黑1撞的时候，白2挡住既简明又不亏，可能还便宜了。黑3、白4是黑棋的权利，黑棋外边无从借力，而白棋仍然对A位的打入虎视眈眈。

本图黑1看似欺负人，但反过来说，就算平实地应对，黑棋不也没有什么明显得利的吗？有

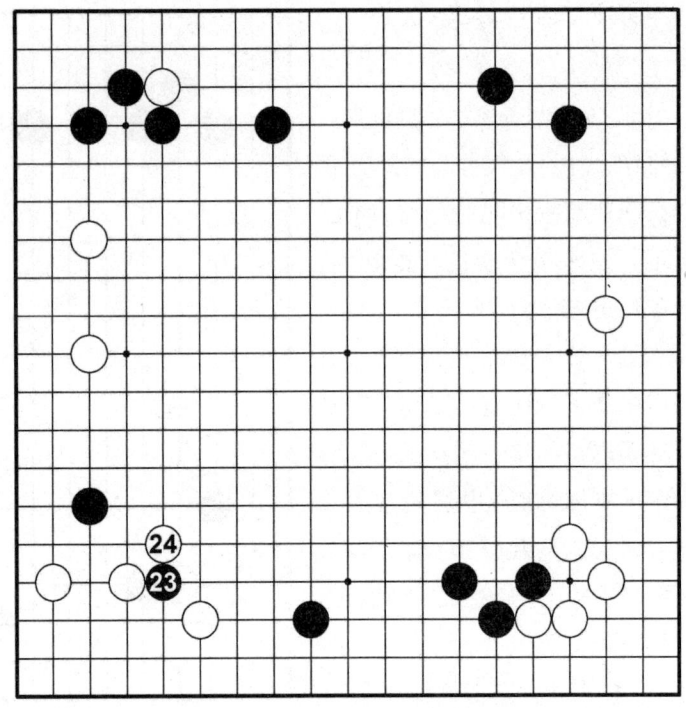

时候忍一下并不见得就是吃亏，很可能还是得利，这也是围棋的玄妙之处。

图十四 实战谱中白24气合完全没有必要。假如黑棋如本图1位尖（俗手），白2长不见得好，可能还是白3位单接有利。如果白2长，黑3以下至黑11，左上角还有黑A位的搜刮，白棋确实不见得好。而白2若于3位，黑2再扳，白方有"不挡住"之理否？

总之，如果李世石对"道策流"有所了解，应该就能知道阿尔法的黑23是想干什么。至少，他就不至于耗时长考了。

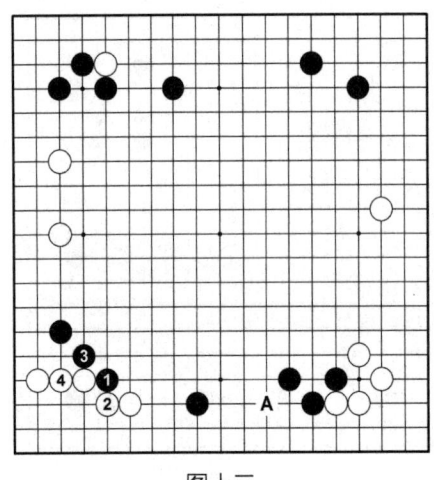

图十三   图十四

第八谱 26

白26，气合。另一方面，李世石可能也是想给阿尔法左边的肩冲一子设计一个它没有见过的问题：对肩冲一般不外是横竖两长，现在我脱先了，你总没见过吧？

然而，李世石在此多花一手棋却有偏缓之嫌。阿尔法能借用"道策流"固然不错，但在此局面下，小李也可以因变而变……

图十五 正常情况下，应该白1竖长，对此黑2会扳，白3切断最为严厉。但此时阿尔法一定由西转到东，而于黑4长出（这类手法在道策的对局谱中比比皆是）。

以下至白11，黑12贴下有力，黑12于A位尖更严厉。如此明显是白方受制的局面。

图十六 下边黑阵中的文章，为什么李世石不先去做呢？如本图，这是1990年第三届富士通杯八强战聂卫平九段执黑对车敏洙四段的对局片段，黑1打入后黑3准备造劫，白4不敢开劫，以下至黑11，黑棋顺势控制中腹，已是胜势。

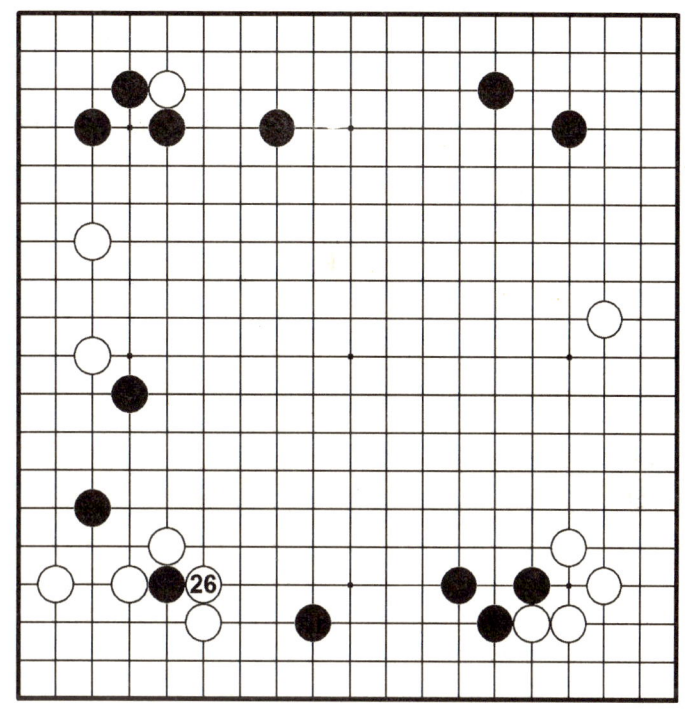

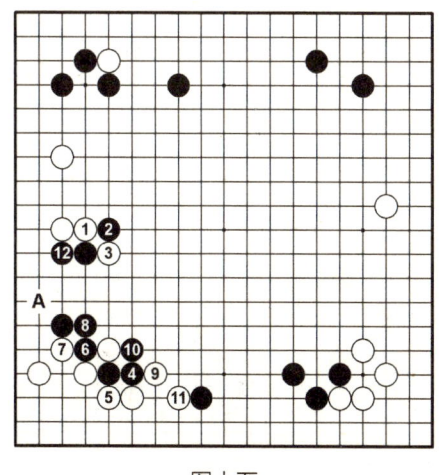

图十五

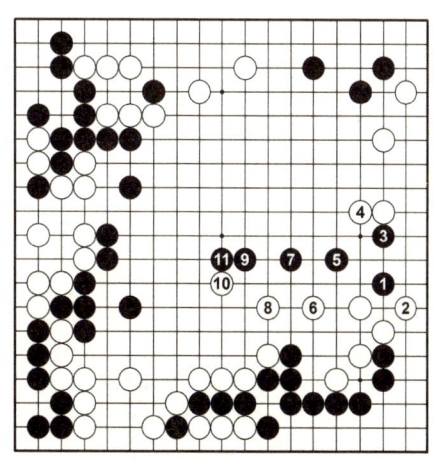

图十六

第九谱　26（重现）

白26一言难尽。

图十七　其实在阿尔法使出"道策流"声东击西战术后，白棋有点左右为难，明明是黑棋无从借力的地方，怎么突然千头万绪了？不过，白方也可因此而考虑乾坤大挪移。本图白1转向下边，成劫之后，白9在上边寻劫，如果黑10选择转换，那么白11、白13另辟战场，盘上的主要矛盾又转向上边，刚才白棋在左边的左右为难，已迎刃而解。

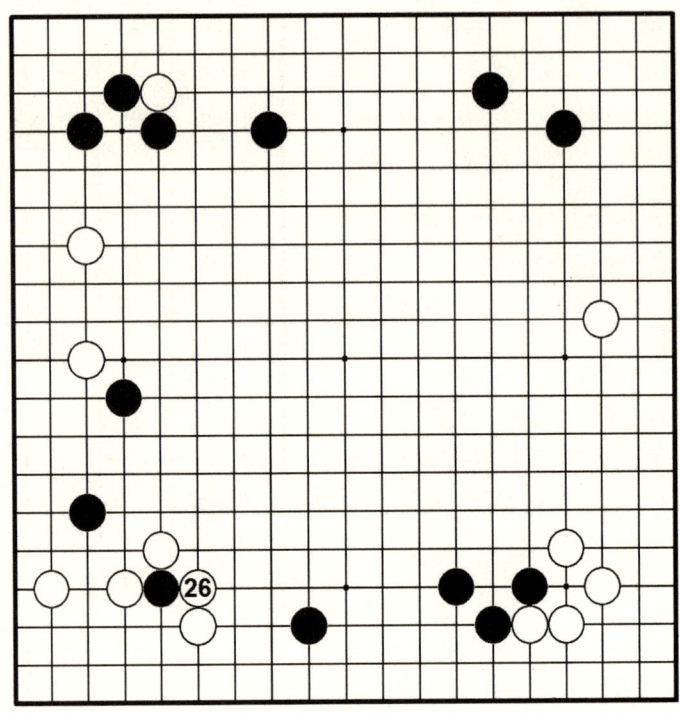

图十八　前图的黑10如果改成本图的黑1，白2提劫后，黑3扩大事态，那么白4，是绝妙的一手。之后准备着白A的挑劫。如果白4时，黑B应，那么白A挑劫，用C位做劫材。

白4时，如果黑D位应，黑本身已亏（白二路粘上，已经出棋）。此外，白棋还有E位的劫材。

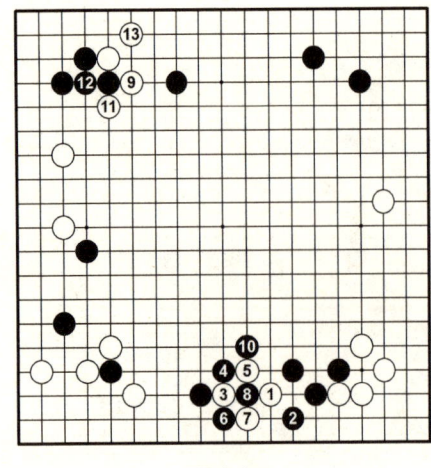

图十七

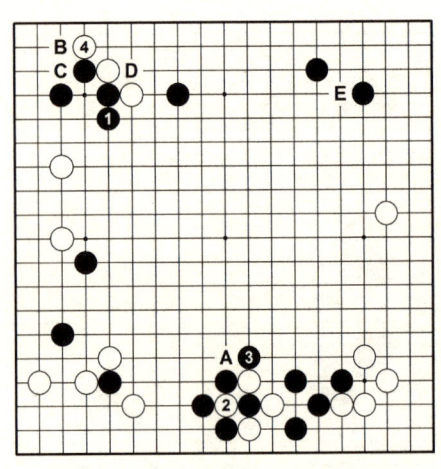

图十八

第十谱 27

实战谱中李世石的白26，当然也有一手棋的价值。戏剧性的话题是：没想到这个价值在近100手之后，才以最体面的方式，得以显现。

黑27，黑作战成功。不过，黑27没有得到应该得到的东西。

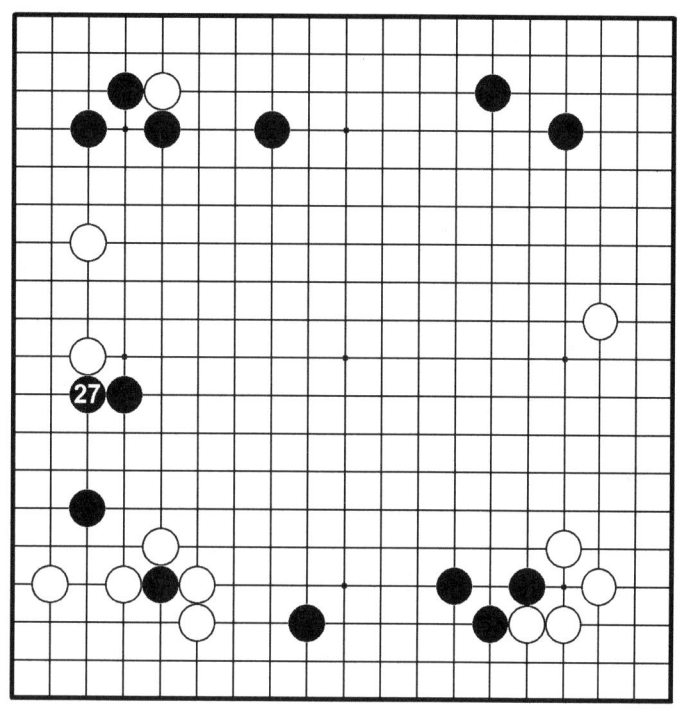

图十九 谱中的黑27，当然应该黑1压，以下至黑9，黑控制大势，白形局促。可以说，这样进行的话，局面黑优。

不过，下边黑棋遗留的劫争问题仍然是全局一个重要变数。

图二十 上图的白6立可以改在本图白6夹，对此，黑7就算平易地应，白棋局部亦损。另外，黑7也可考虑于A位吃掉一子，这样也是黑好。

由于白棋活得太小，黑棋在外围取势，尤其是白6与黑7的交换很损，此变化图白棋也有苦难言。

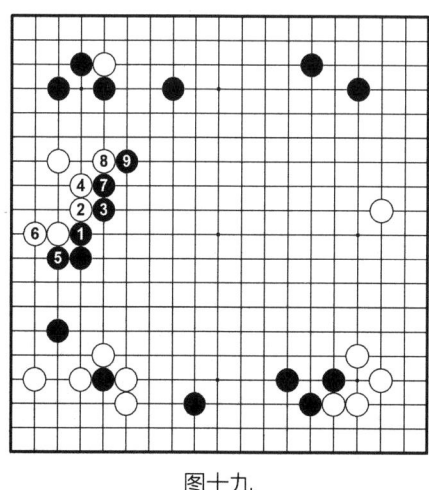

图十九

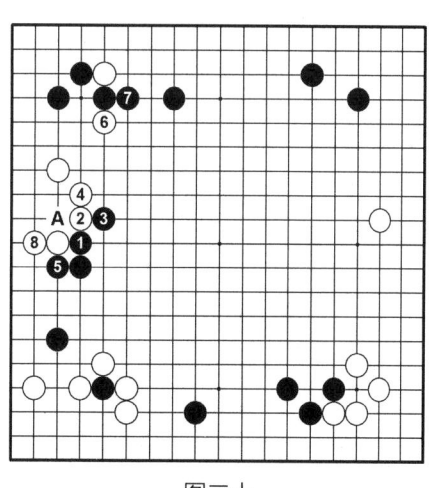

图二十

第十一谱 28—31

白28贴起必然。黑29、黑31连扳有力，同时也是着法中的定式。

有趣的是，这个"扳了连扳"，几乎可定性为本次人机之战一个"关键词"。熟读兵书的阿尔法，对"扳了连扳"，情有独钟。

图二十一 这是《施襄夏手批十八局》中的一个片段，是程兰如执白对徐星友的一局。实战白A虎补，施襄夏点评，应该于1位扳了3位连扳。

施襄夏评曰："（实战白A）急于破势，卒受其累。当（如本图）扳后再扳，走畅孤子，黑岂能净收耶？"

图二十二（甲） 实战谱中的白30也可以考虑于本图白1切断，只是至白7，变化太过复杂，这对于本来序盘占优的白方来说，事与愿违。

图二十二（乙） 谱中的白30于本图白1回缩，其实也可以考虑，以下局势比较简单。下边黑阵的劫争余味依然存在。

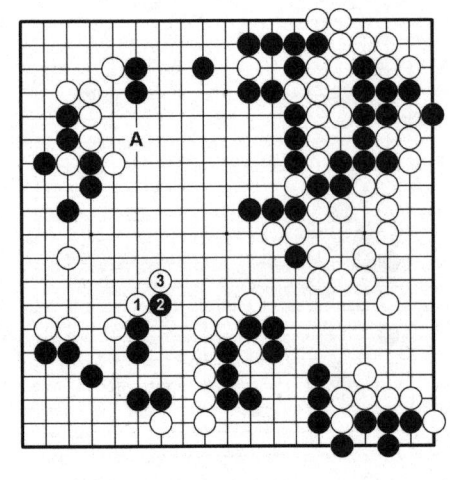

图二十一

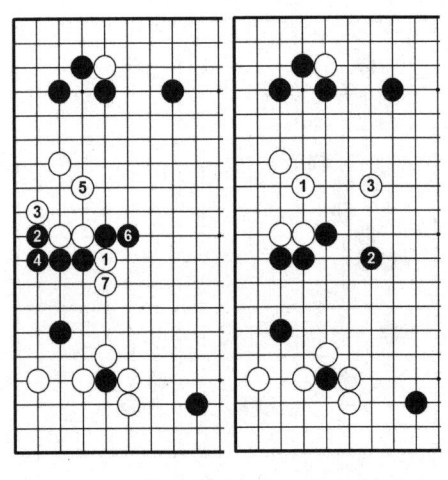

图二十二（甲）　　图二十二（乙）

第十二谱 32—39

黑33至黑39颇有气势，在中腹筑起一道厚势，据说当时通过网络直播观看的高手们都不赞同李世石的实战选择，但李世石既然这么选择，自然有其道理。从结果论出发，这里的所谓疑问着亦见仁见智了。

不过，黑35是有疑问的一手。

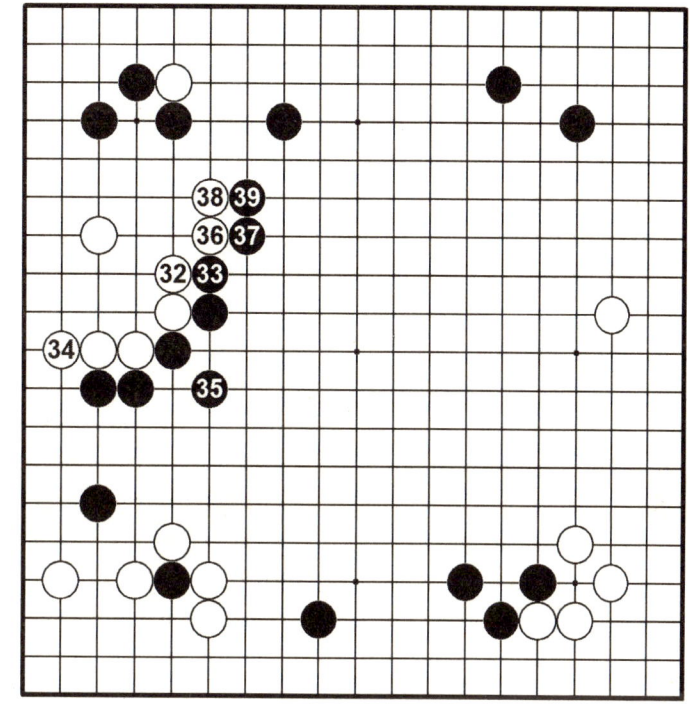

图二十三　实战谱中的黑33于本图黑1先扳，其结果如何，难以定论。因为黑3虽可多压一头，但黑1与白2的交换使白棋活净了。

图二十四　实战黑35双虎，是肤浅的一着，应该黑1实粘。此形A位的断点现在不成立，将来如果成立，黑B位即可轻松以对。实战黑棋双虎给了白棋两刺的先手便宜和劫材（阿尔法真的会打劫吗），此弊在后边的作战中即有体现。

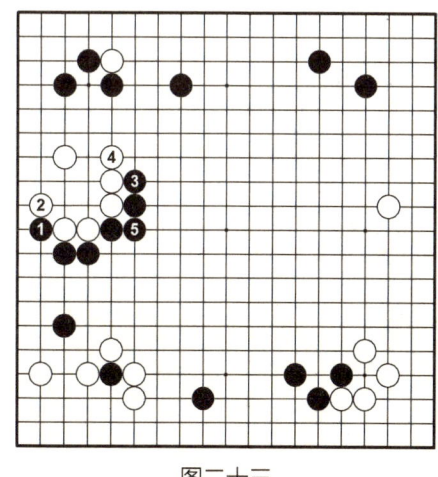

图二十三

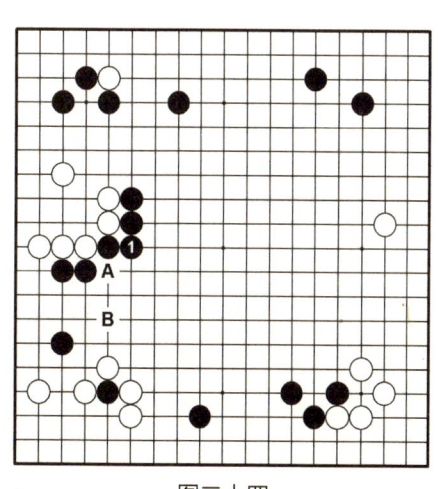

图二十四

第十三谱 40—43

白40至黑43是李世石的又一种气合。但感觉白棋这两步不太对劲，视野和手法，有嫌平直。

据悉，此次与李世石对阵的阿尔法是分布式而不是单机，处理器拥有1200个核心，如同李世石对阵20台电脑（一说"1000多台电脑"）。

图二十五 这是2015年10月阿尔法与樊麾五番棋的第一局片段。阿尔法白1撞恶手，至黑4立。本谱中李世石也许是想以子之矛攻子之盾，但是……

图二十六 实际上，白方应如本图，白1先扳，此着很重要。然后白3再扳起。其动机是，制造劫材，转战至下边。

白3时，黑4如于A位接，那么白棋B位虎即又生劫争。棋就变得生动起来。

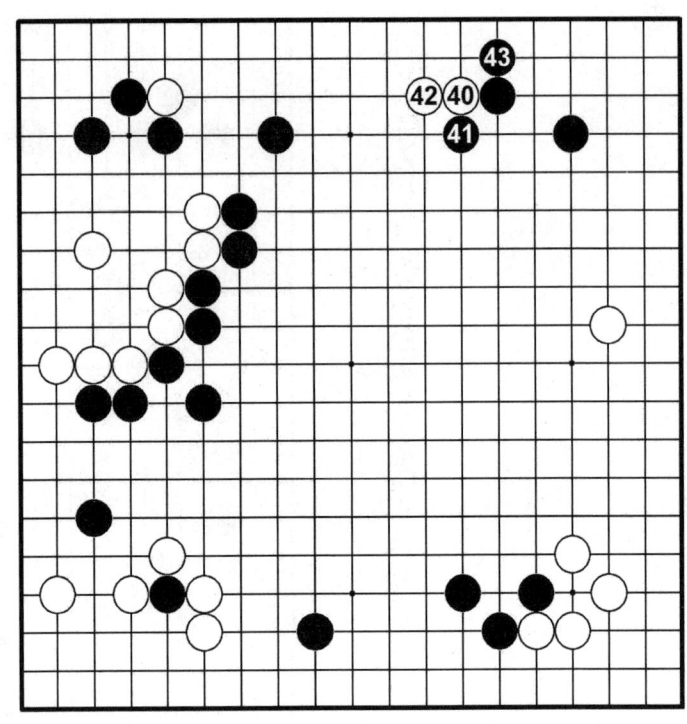

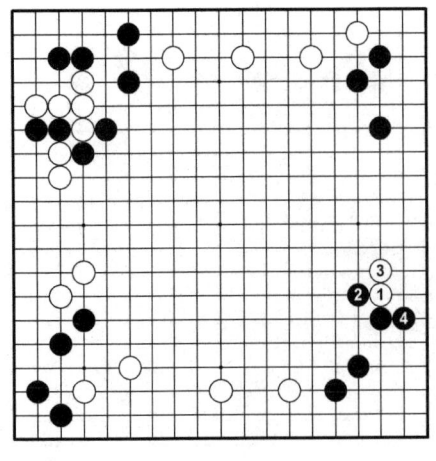

图二十五

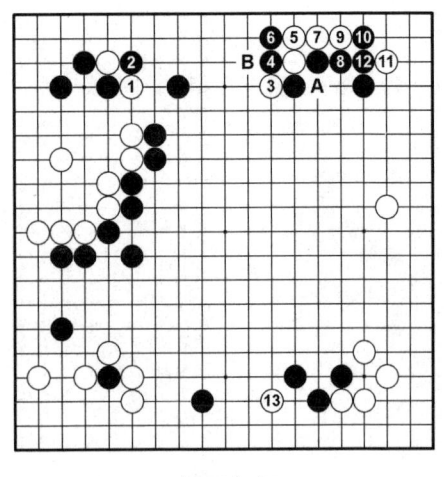

图二十六

第十四谱 44—46

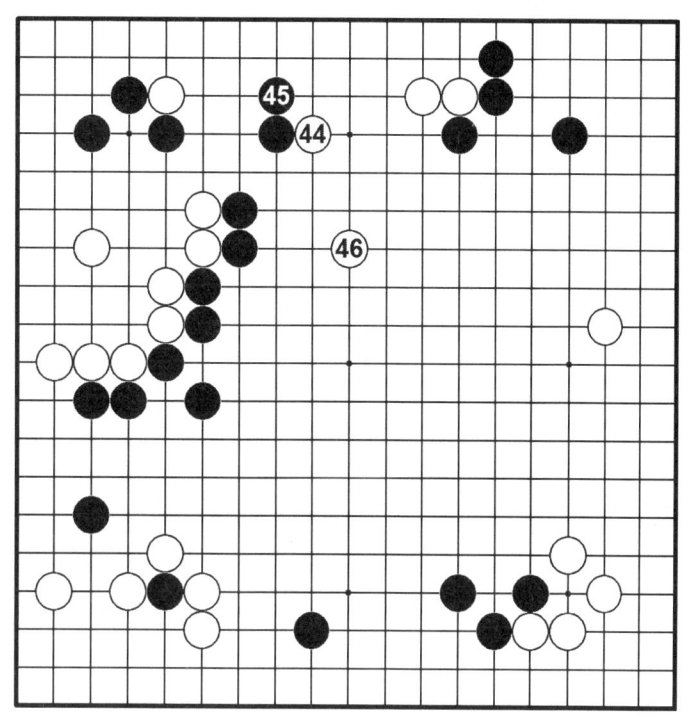

白44至白46，李世石以轻灵的方式破坏黑棋成大空的潜力。这种"先捞后洗"的着法在当今职业高手的对局中屡见不鲜，但李世石用之来对付机器，能成功吗？

都说阿尔法有1200个CPU（中央处理器）在进行运算，其计算力应该超过人类高手，虑及此，不禁为李世石捏把汗。

图二十七 如果李世石不是想要用阿尔法对樊麾那盘棋来斗气的话，那么本图白1以下的着法更容易掌握，其中白5仍然重要。然后，白棋转战下边。

黑18出现大劫争的时候，白A挑劫，白B、C位都是劫材。

图二十八 这是前图的继续。白4的劫材，黑棋已不能再应，结果形成全局转换。白10时，实为白棋相当不错的形势。本图的白4，也可改选右上角的劫材，穿通黑的星位小飞角。

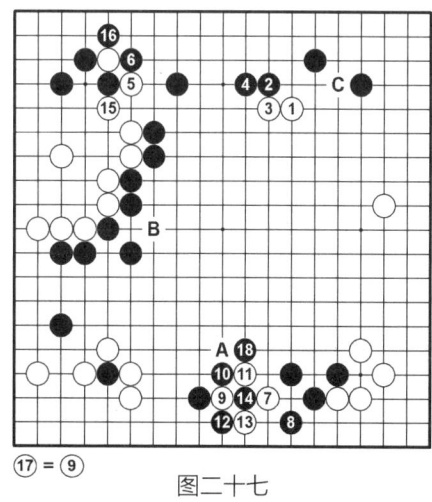

图二十七

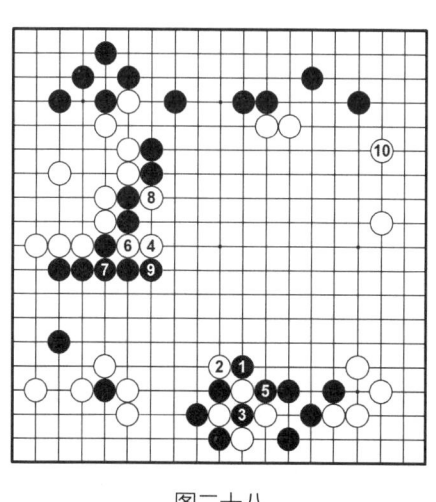

图二十八

第十五谱 46

李世石的白46是很轻灵，同时又是很粗心的一手。

就在这个一决生死的关口，据说在网络直播中讲解的韩国韩钟振九段调侃道：作为被李世石欺负过的棋手，现在看棋的心情就是，李世石什么时候变得这么容易对付了？本局李世石的保留时间再次比阿尔法用得多得多，局面和用时的双重压力非常大。

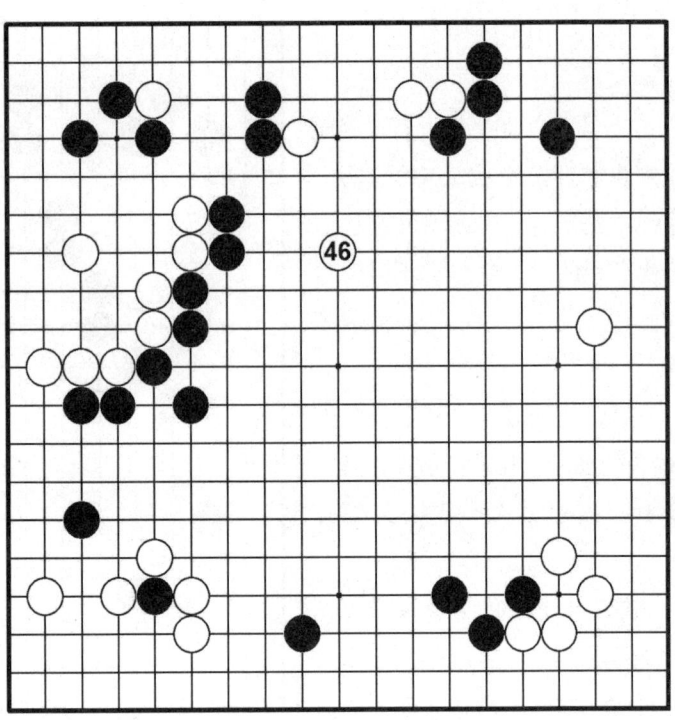

图二十九 还是应该白1先扳，这个交换非常重要。待黑2应后，再下白3大飞。

当时李世石一门心思想着如何轻快出头，在细节上考虑不周。这说明，李世石确实不是状态正常之时。

图三十 白1扳时，黑2也可能换本图的着法。对此，白3以下都是先手便宜。然后，从白7开始，白棋可以直接在上边求活。至白15，就算是"力量强大"的阿尔法，也吃不着这块白棋。

如此进行的话，李世石距离胜利或许要近一点吧。

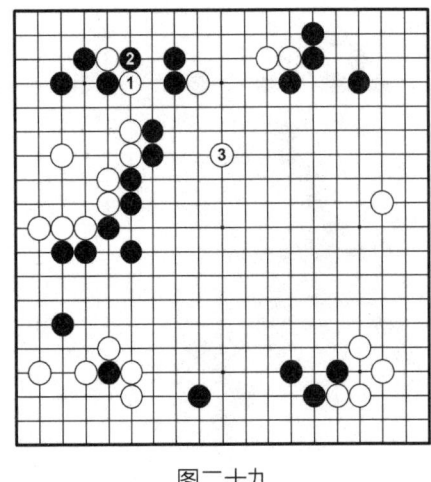

图二十九

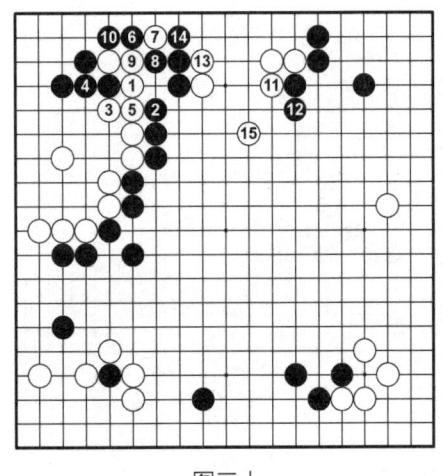

图三十

第十六谱　47

黑47再度肩冲。但是，这又是至少可以谓之为"肤浅"的一着。

通过这四盘棋可以发现，阿尔法对"肩冲"情有独钟（还有"扳了连扳"），但比起吴清源、藤泽秀行等围棋大家在肩冲应用上的炉火纯青，阿尔法的肩冲难免东施效颦。这手肩冲与第二局中的黑37肩冲有些相似，但就子效而言，其实这两手肩冲的价值都要大打折扣。

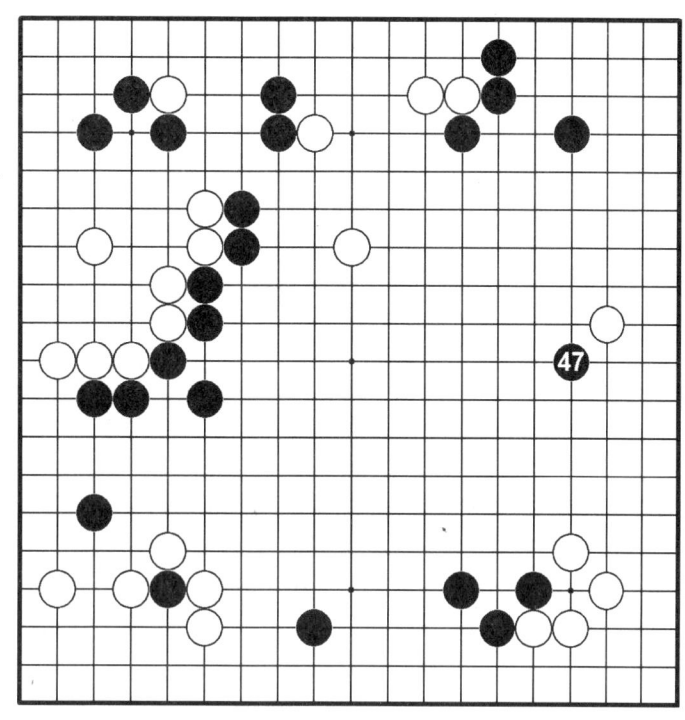

图三十一　此时，相隔千山万水的黑1，才是急所。其目的是，利用稍纵即逝的机会，缓解黑外势上的薄味。如果白2，则黑3苦肉计，之后如果白A断，黑B打，白C，黑D一直压下去，黑外势几乎没有缺陷。然后，黑E肩冲可以，黑5靠压亦可；回头伺机补掉白F位打入的缺陷。

图三十二　黑1时如果白2贴，则黑3顶。盯着黑A，缓解了白棋在B位分断的压力，之后黑C的搜刮令白棋非常难受。另一方面，中腹到右边的白子相距甚远，一朝一夕根本连不上。

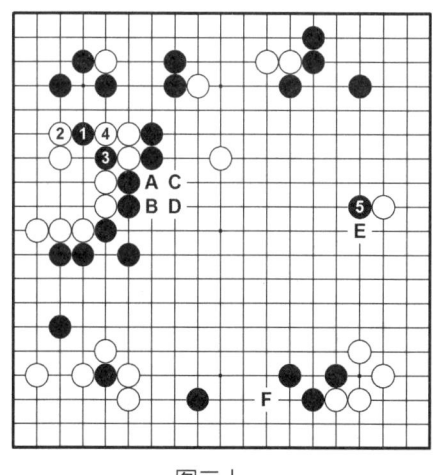

图三十一

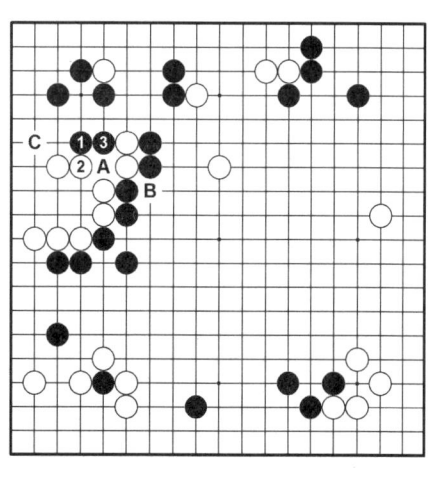

图三十二

第十七谱 48—53

白50、白52，李世石的气合。黑51、黑53是刚才"肩冲定式"的翻版。李世石这样进行需要相当大的勇气，实战这般选择等于是将中腹数颗孤子置于黑棋的猛烈炮火之中，能否逃出决定着本局胜负。

当黑势渐渐合拢时，中腹数颗白棋孤子仿佛要被远处烧过来的山火，殃及了。

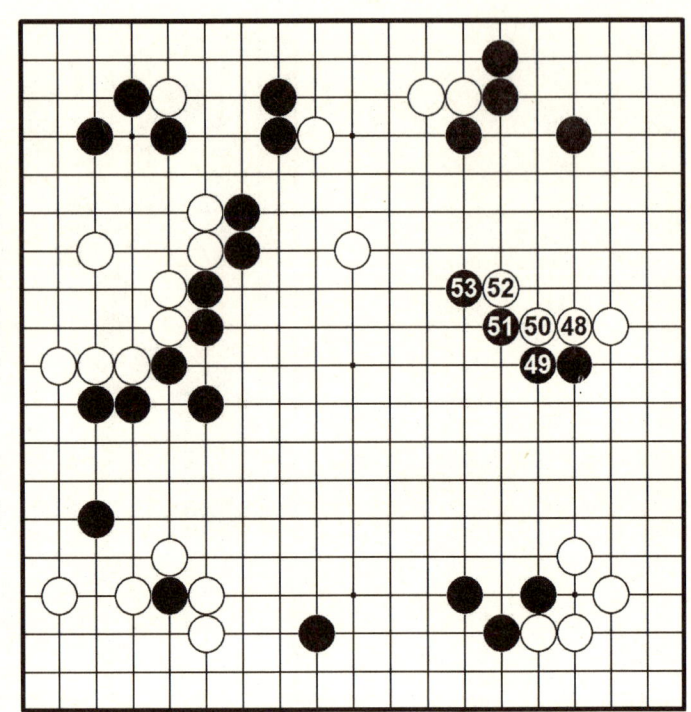

图三十三 白50，过于气合而变为执拗了！如本图白1转向中腹出击，是绝好的机会。至白7，哪里有什么"中腹黑棋外势"？而右边黑棋的肩冲，自然现出隔靴搔痒的原形。

图三十四 前图的黑4，如果转用本图黑1，以下至白12，也是白生动、黑受困的局面。由这两图，可看出当初黑35的不当。阿尔法神吗？非也！

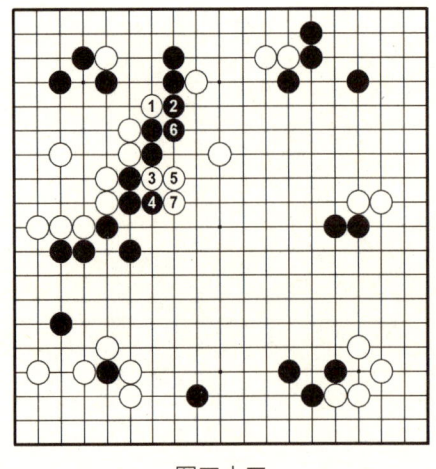

图三十三

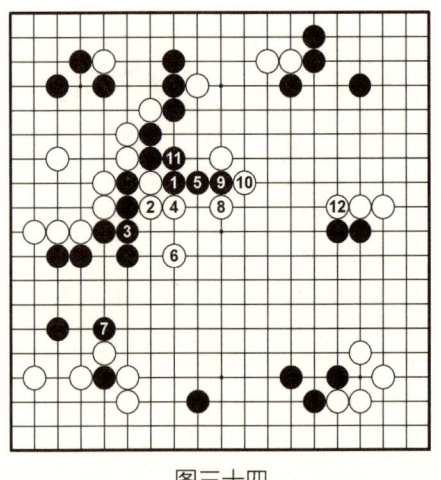

图三十四

第十八谱 54

李世石执着地"兵来将挡，着来着接"，这是气合，也有气势。只是，这就必然失去了灵活性。另外，也许李世石之较劲还有一个原因：阿尔法不是在战斗中不会出错吗？那我作为试验电脑杀力的先驱者，且将胜负抛在身后，与阿尔法彻底地战斗一次。

白54落于棋盘那一刻，是不是有点"让暴风雨来得更猛烈些吧"的意思？

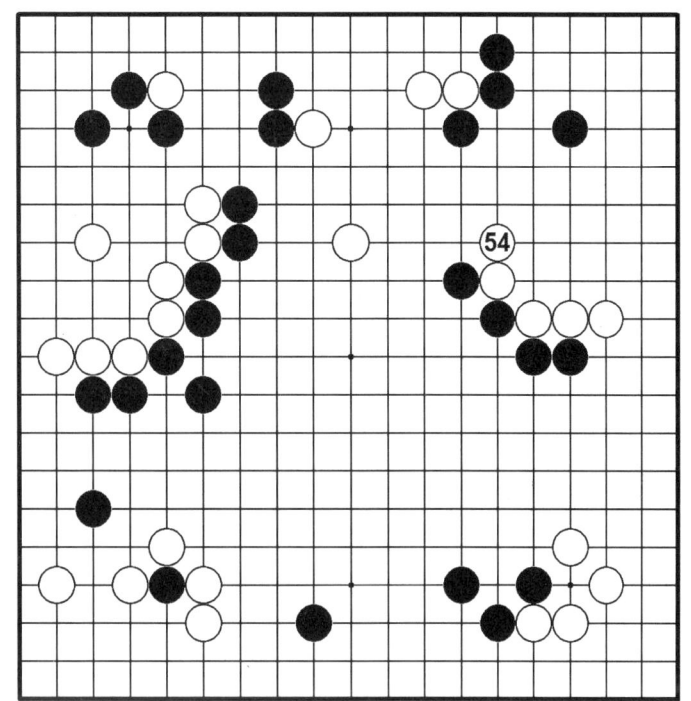

图三十五 实战的白50也可以如本图转向下边，白9、白11作为劫材形成转换。如此，右边黑棋的肩冲也显得无趣。

图三十六 实战的白52，也可于本图白1切断，至白3，形成切断定式，如此是复杂战局，双方都有所忌惮，不知如何把握。

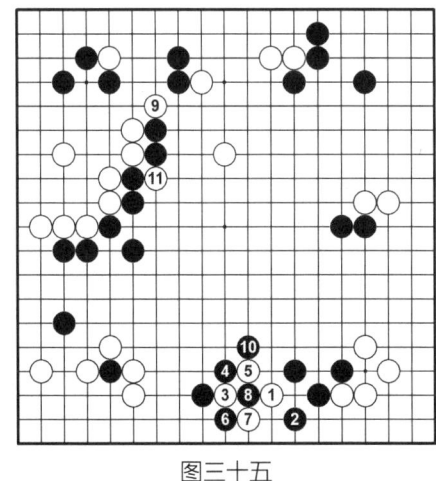

图三十五

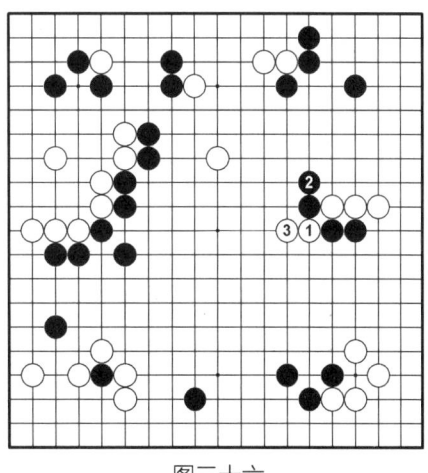

图三十六

第十九谱 55—67

白棋将右边实地收入囊中的同时,也让黑棋在中腹筑起了雄厚外势,现在白棋孤子有可能做活吗?看起来实在惊险万分,据说有不少观战的职业棋手此时表达出了极大的悲观,表示棋局快要结束了。

这样"非黑即白、非生即死"的格局,确实令人提心吊胆。在连败三局且承受巨大的各种压力之时,李世石能有如此的精神力量,不能不受到称赞。本次人机之战,李世石真的没有输。

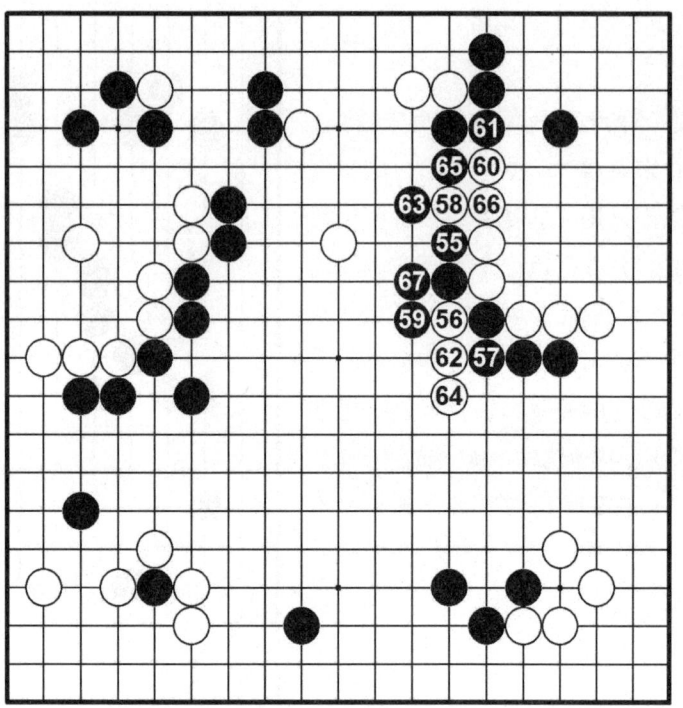

图三十七 实战谱中的黑59最严厉的是本图黑1切断,但是由于征子不利,黑棋切断并不成立。李世石在上边四路碰的那手棋神奇般地发挥出了帮助征子的作用。

图三十八 实战的黑59是正确的一手,此着于本图黑1扳,欲速则不达。因为白2单接后,黑棋无法善后,将来还有白A的断。

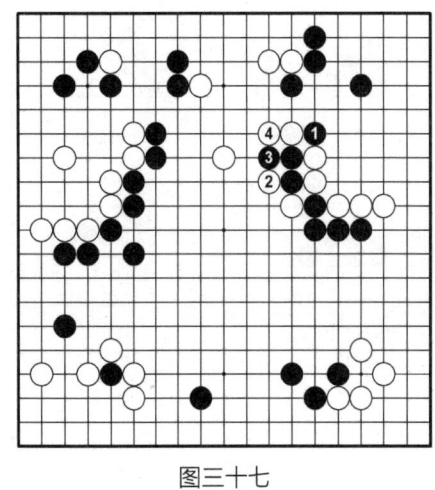

图三十七

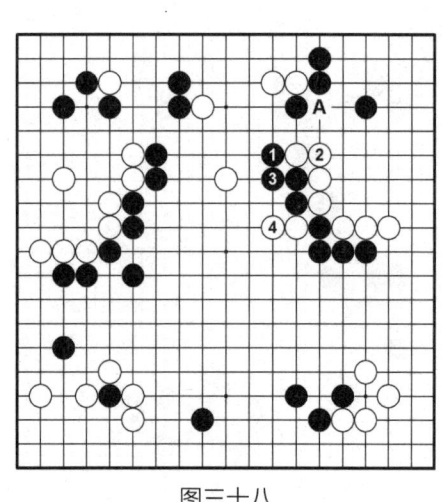

图三十八

第二十谱 68

李世石白68是相当稳健但又是相当有个性的一手。这手棋体现出了李世石一贯风格,"我的空是我的,你的空却不是你的"。阿尔法也没得选择,只得弃掉四子,转而大吃中腹白棋孤子。如果大转换成立的话,黑棋当然不错,问题是,李世石怎么会就此放弃?

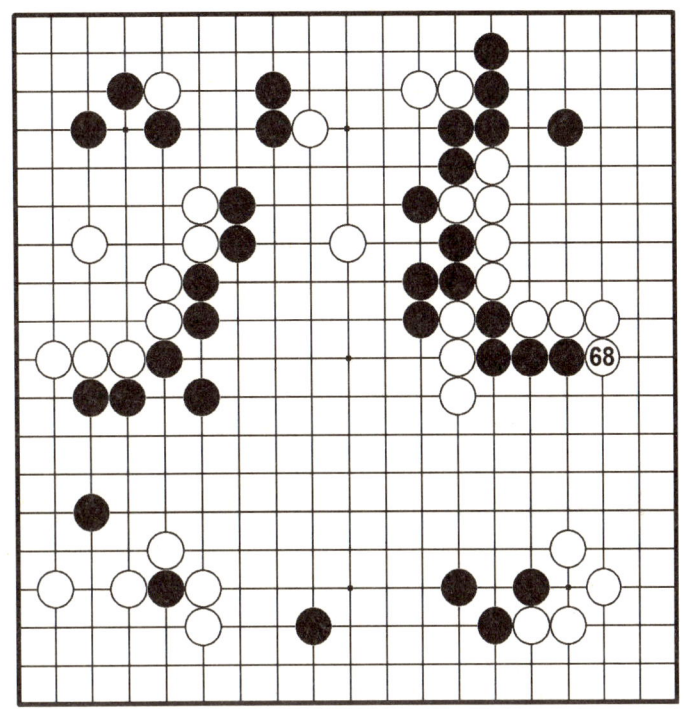

图三十九 如果实战谱中白62于本图白1挺头,则黑2拔掉,这样黑A使白棋形破碎,黑B使白棋整体变薄,C位的打入也顾及不上。此图白棋大恶。

图四十 如果实战谱中白64于本图白1拐,也是欲速则不达。以下至黑8,白不行。

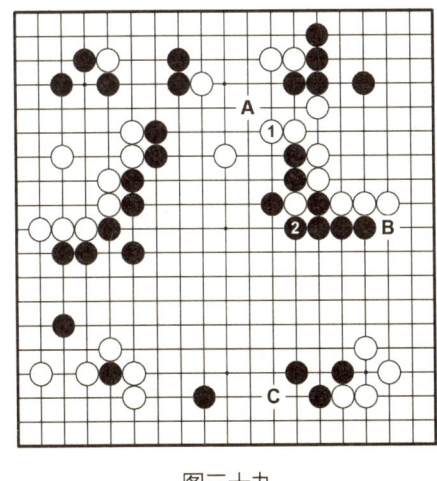

图三十九

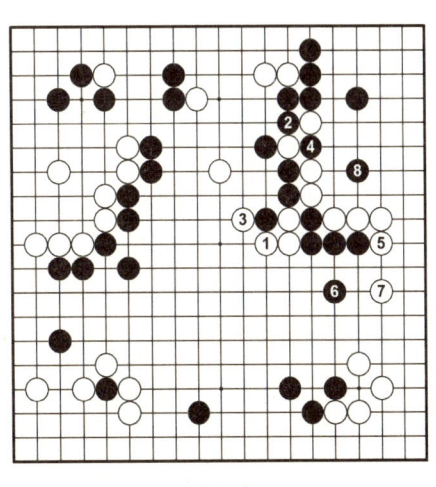

图四十

第二十一谱 69—77

黑69是双方形势消长的要点，白70侵消好点，白72断，生出很多味道。

鉴于中腹黑棋存有很多余味，如果黑77补中腹、放白棋冲下去的话，现实目数大损，全局形势不见得好。而阿尔法对此选择"不屑一顾"，它也铁了心要全部吃掉白孤子。

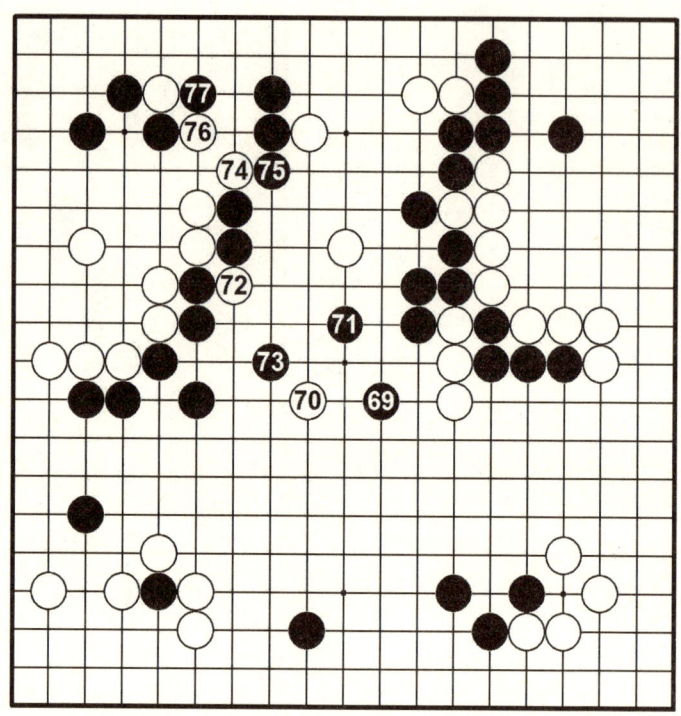

图四十一 谱中的白68也可考虑于本图白1追求效率，那么黑2至黑6定型后，白9断，转战中腹。

图四十二 回顾当初的白50，早就可以于本图白1试应手，以下黑2，白3，成另一局棋，中腹的白棋四个子显然不是死形。

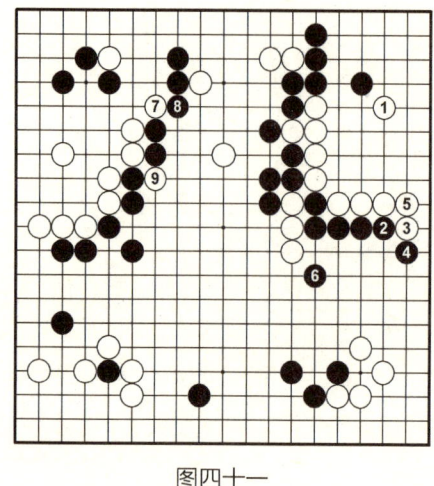

图四十一

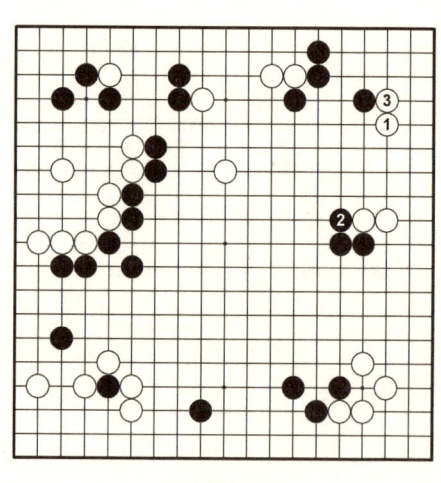

图四十二

第二十二谱　78

白78凌空一挖！石破天惊！是本局白棋的胜着。这也是让许多人感动的一着，被誉为是"神之一手"。有说法是，阿尔法的工程师有云：阿尔法判断过，白方弈出这手棋的概率仅有万分之一。这种说法是值得商榷的。

盘上目前仅有283个空格，棋子放在任何空格的概率，是怎样万分之一的，这可能是深层的问题。但这一带的味道之恶，不是手筋、妙手、鬼手的天然温床吗？

图四十三　想象中阿尔法已经熟读了李世石的所有棋谱，但是它没注意到本局吗？本图是2006年9月第六届春兰杯八强战李世石九段执白对谢赫九段之局，白1妙手。在黑棋子力的夹缝中，白1竟然出手了，从棋形上看，的确是不可理喻的一着。李世石对局部棋形的嗅觉到了本能般的地步。

图四十四　本图是上图的进程，结果白棋非常漂亮地削减了黑地。尽管这盘棋李世石最终还是输掉了，但就此局部而言，李世石弈出了"神技"。

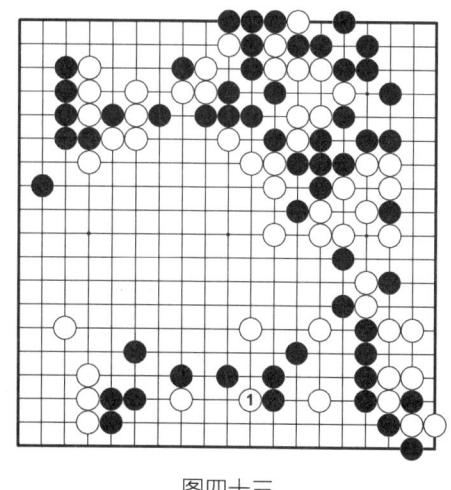

图四十三

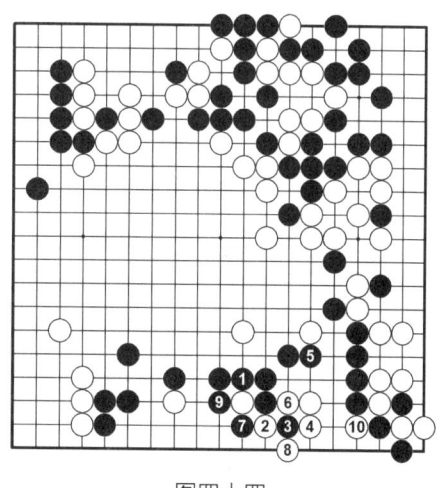

图四十四

第二十三谱　78（再现）

还是再着重地说说白78，先不管这手棋的内涵和变化，但它竟然意外地起到了让阿尔法"死机"的作用，电脑暴露出了其轻易不示人的巨大弱点，从此意义上说，白78就可以说是"神之一手"。

2004年第五届应氏杯半决赛第三局，常昊九段正是使出了"凌空一挖"的妙手，一举逆转胜韩国宋泰坤七段。后来有意见说，那手挖是不是妙手，还应探讨，但在当时，那手挖却实实在在地起到了扭转乾坤的作用。

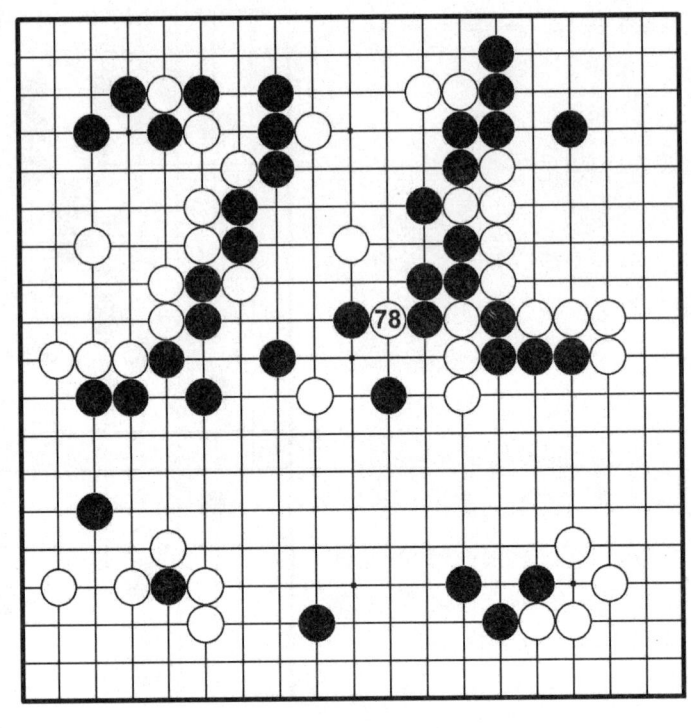

图四十五　黑1应，演变成本图，由于有黑5的妙手，局部白棋并不能出棋，但是……

图四十六　白棋的真正意图是，如果黑1顶应，白方已先手固定了黑棋的应招，并留下余味。然后于白2、白4转战。黑3必应，不然中腹将成大劫争（参考前图）。

白4时，由于上边黑空里劫材无数，下边黑5只能退让。至黑13，白得先手，再转向白14。这是白棋稍优的局面。

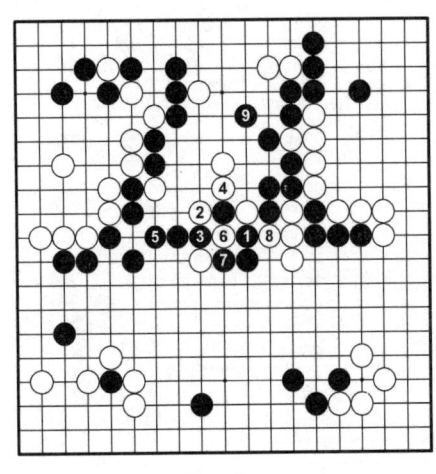

图四十五

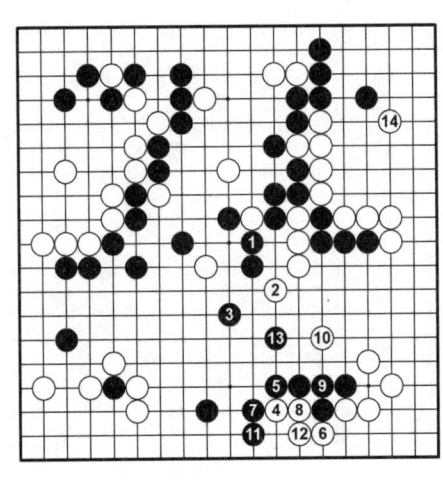

图四十六

第二十四谱　79—83

上一谱的白78挖亮剑后，阿尔法突然进入"死机"状态。黑79至黑83都出现失误，白80试应手，白82继续试应手。然后黑83及以下着法，阿尔法真的抓狂了！看到这一幕，多少人都被愉快地惊呆了——这还是3比0大败李世石九段的阿尔法吗？

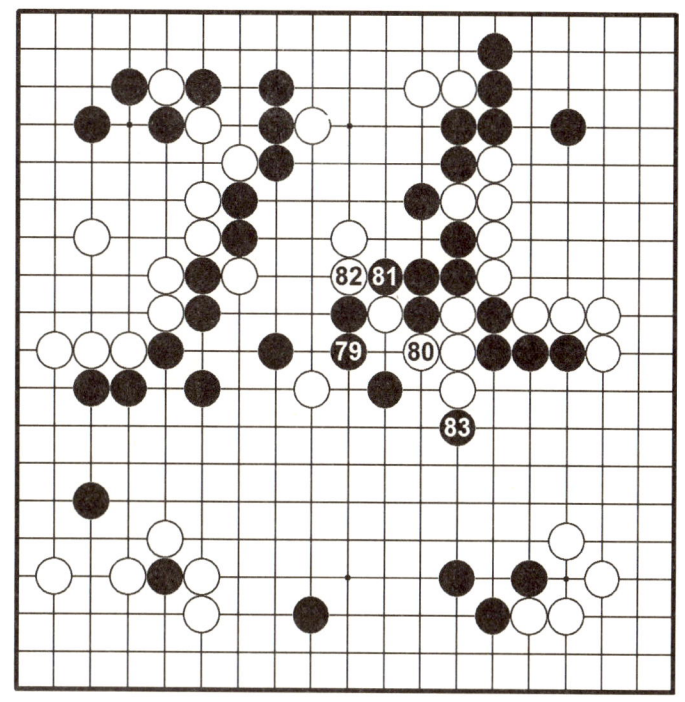

图四十七　白82试应手时，黑棋如果于本图黑1提掉，则白2以下至白6简单出棋。如此进行，黑棋断然不行。

图四十八　但是，也有黑1妙手的应对。非常困惑的是，印象中长于计算的阿尔法怎么连这么简单的一招都没算出来呢？白2扑的时候，黑3单提，结果白棋不成功。然而阿尔法就像突然断电了一般，出现了令人瞠目结舌的失误……

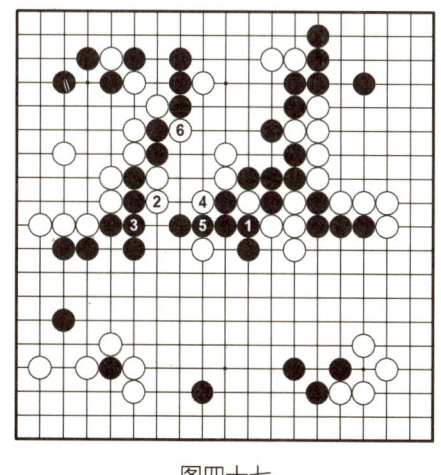

图四十七

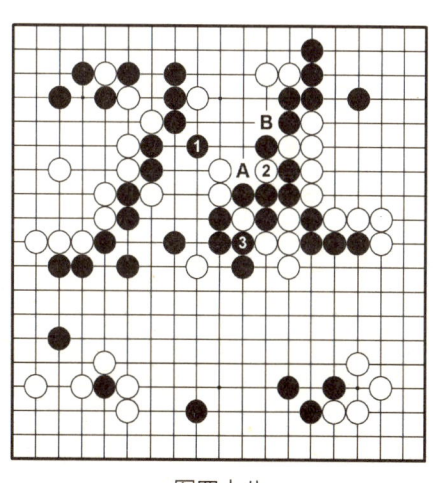

图四十八

第二十五谱 84—85

阿尔法这几步让人没法看懂，明摆着送吃，并非弃子取势。计算机突然这么下，是程序紊乱，还是别的什么原因？但真的太奇怪了，其水准瞬间即从超一流高手直线降落至初学菜鸟。

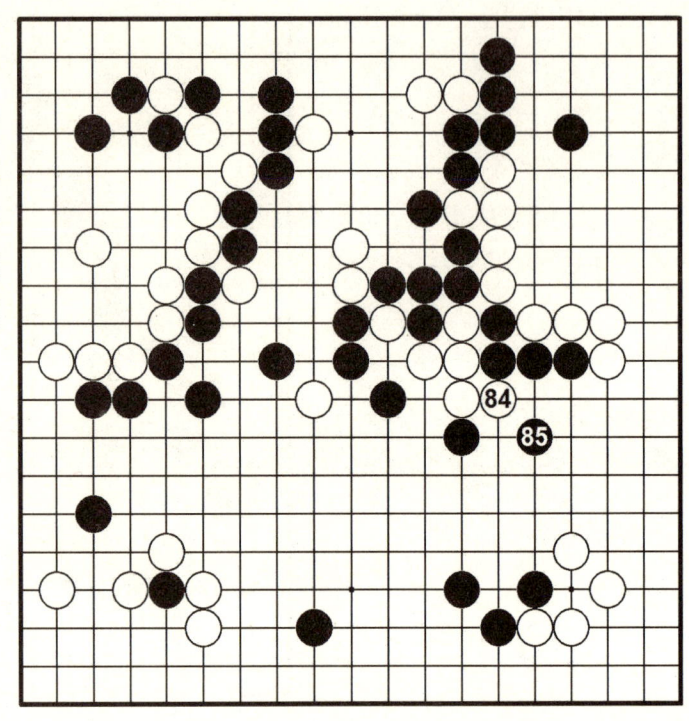

图四十九 黑1是妙手。白2以下是一种定型和权利，之后由于A位一带白棋味道不好，所以定型过早对白棋不利。

图五十 因此，在黑1之后，白棋会暂时放下，转向下边——

下边是从本局一开始白棋就应该做大文章的地方。黑3只好屈服，白4长，黑5只有阻渡，然后白6以下再定型。接着至白16，这是白棋占优的局面。

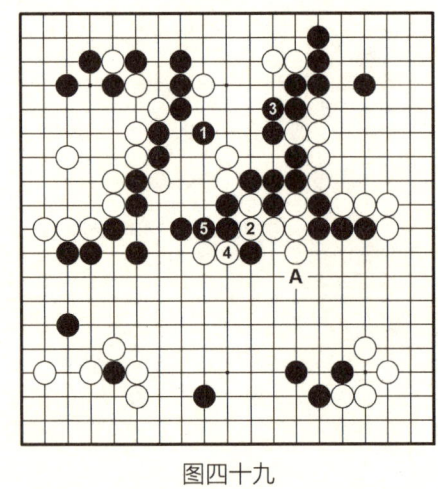

图四十九

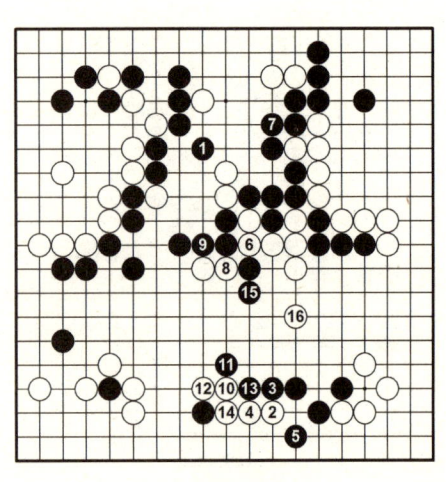

图五十

第二十六谱　86—90

抓狂的阿尔法。替它落子的谷歌 DeepMind 公司团队核心成员黄士杰也是一脸诧异，他是网上 9D，自然看得懂阿尔法的这几招是什么棋，他当时的心情，可想而知。

从当时的电视屏幕中看到，在阿尔法连着下出这样的棋时，连李世石也禁不住乐了。

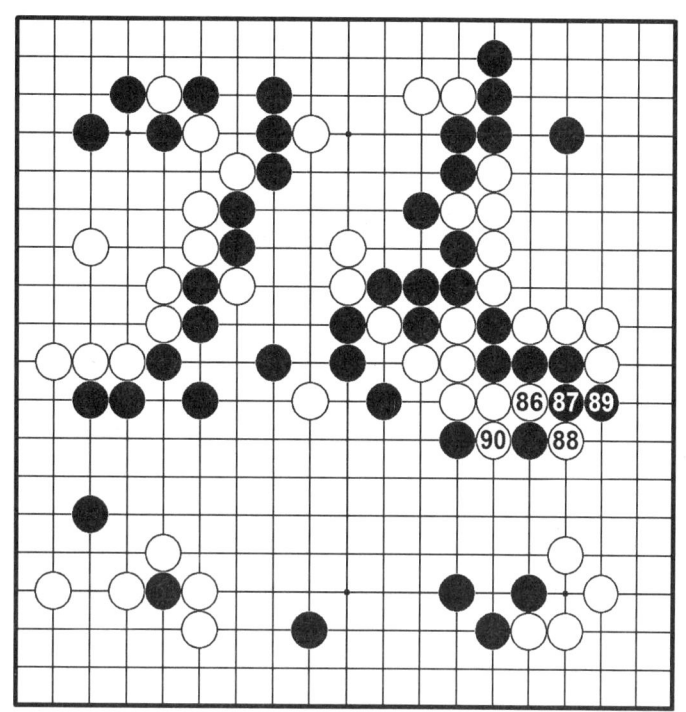

图五十一　遥想当初，黑A肩冲就算没有发现B位的刺，也应该于下边1位二路扳。对此，白2点时，黑3的反击是一种变化，但白4的断毕竟太实惠。

图五十二　所以还是黑3单接，白4粘卜时，黑5再去轻吊，这才是黑棋真正具有的人局观的下法，而不是人云亦云的阿尔法已表现的所谓出色大局观。

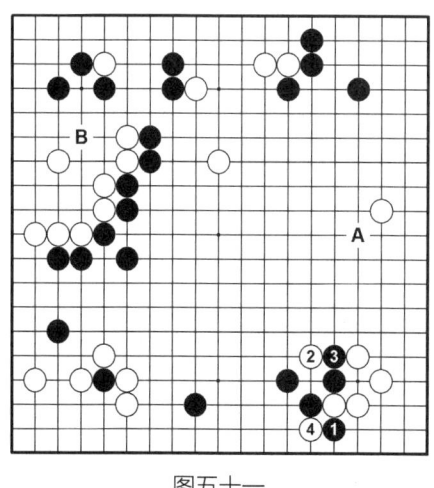

图五十一

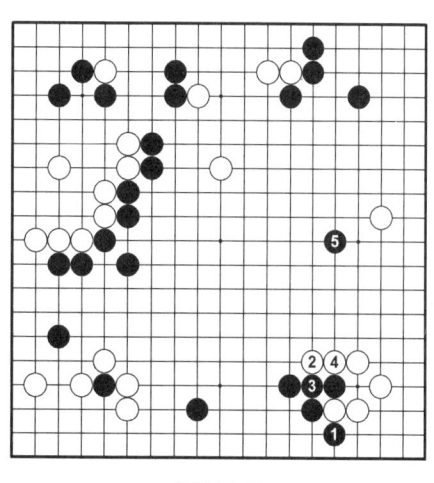

图五十二

第二十七谱 91—104

进入本谱，阿尔法似乎还未从"死机"状态中醒转过来。看到阿尔法黑97这手棋，据报道现场研究室当即爆出大笑，研究室里占主体的韩国媒体记者们都祈祷李世石能赢。在韩国围棋界，憋闷许久之后的这一笑，情能动人，声足绕梁。

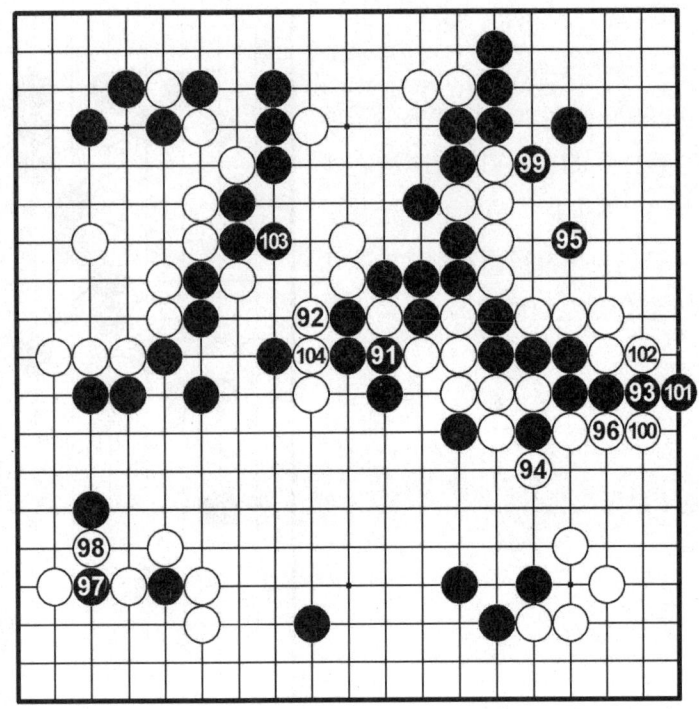

图五十三 为什么本局序盘仅寥寥数着就让人觉得白棋占优了呢？请看本图展示的布局次序。黑5正常的一着，但黑7格局过小。黑17方向明显偏了，黑19明显受损，所以该布局白棋占优。

图五十四 这是本局序盘实况再现。所以本局序盘至白22，就应该是白优。

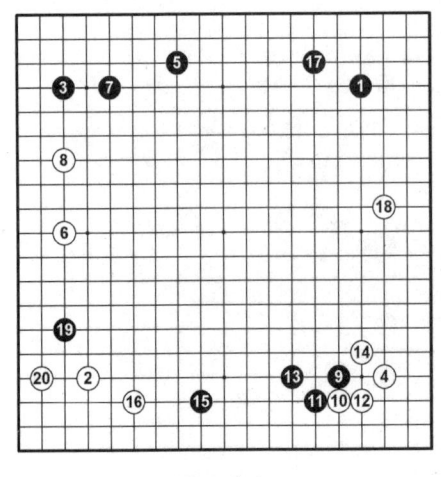

图五十三

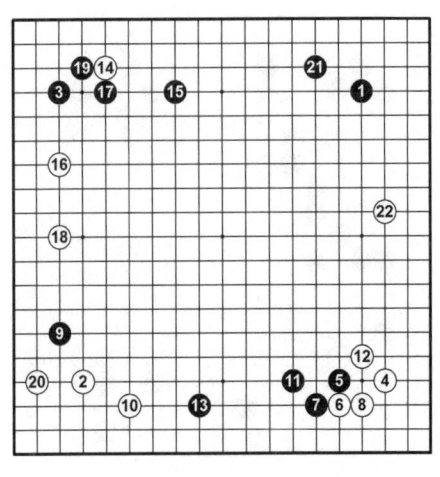

图五十四

第二十八谱
105—125

白棋已是胜势。现在阿尔法的最后机会在于全歼中腹白棋，但对于职业高手而言，因为有左下白棋的接应，还有中腹的黑棋尚不够厚壮，做活中腹白棋易如反掌。现在唯一的变数在于，李世石已经进入读秒，习惯于读到"9"才落子的他不是没有超时负的可能。

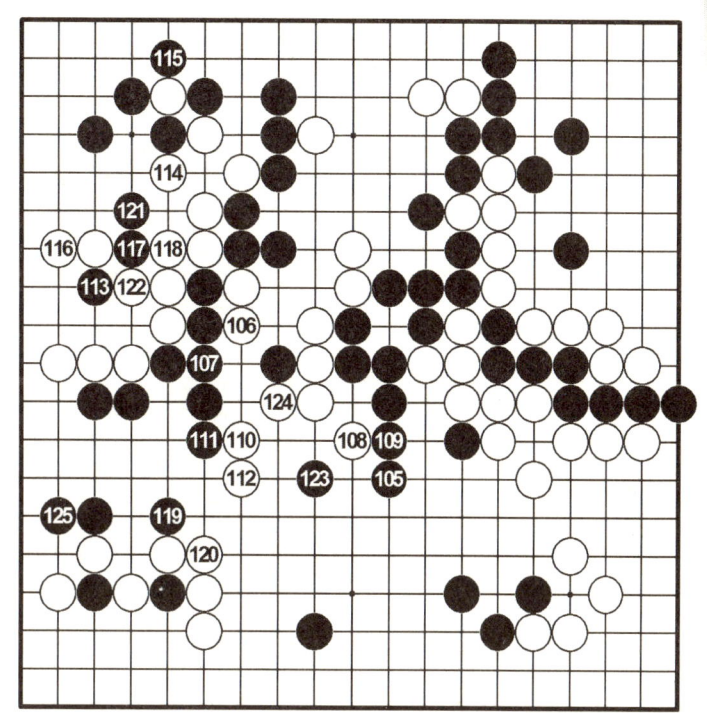

图五十五 谱中的黑105于本图黑1负隅顽抗是非常想下的一着，说起来如果阿尔法能这样进行的话，还能让人觉得它确实对胜负很敏锐。虽然如本图所示，白棋只要保证大龙无恙，即可胜定。

图五十六 现在回过头来看，左下角李世石自重加补、抱吃黑23的那手棋（白26）恰到好处。对于围棋盘上随时可见的好棋变坏棋、坏棋变好棋这种沧海桑田式的戏剧性变化，阿尔法真的理解吗？

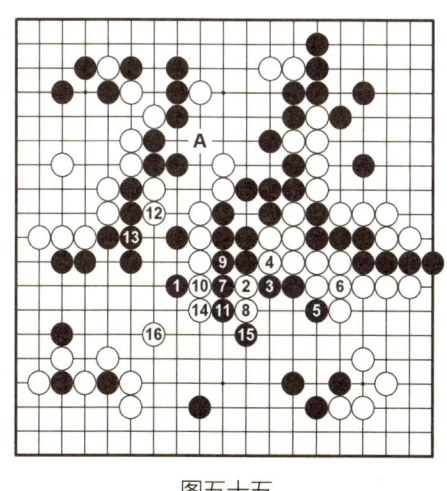

图五十五

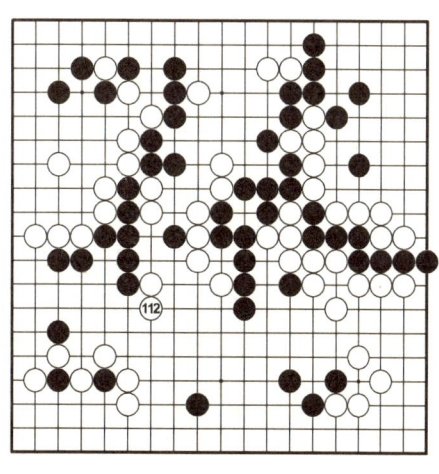

图五十六

第二十九谱
126—135

进入本谱，胜负已无悬念。当阿尔法的黑135终于扳到时，也算是就此局部白棋严厉的打入手段做了一个交待。只是时过境迁，不管黑白双方在这里还有什么续曲，都已经无关胜负了。

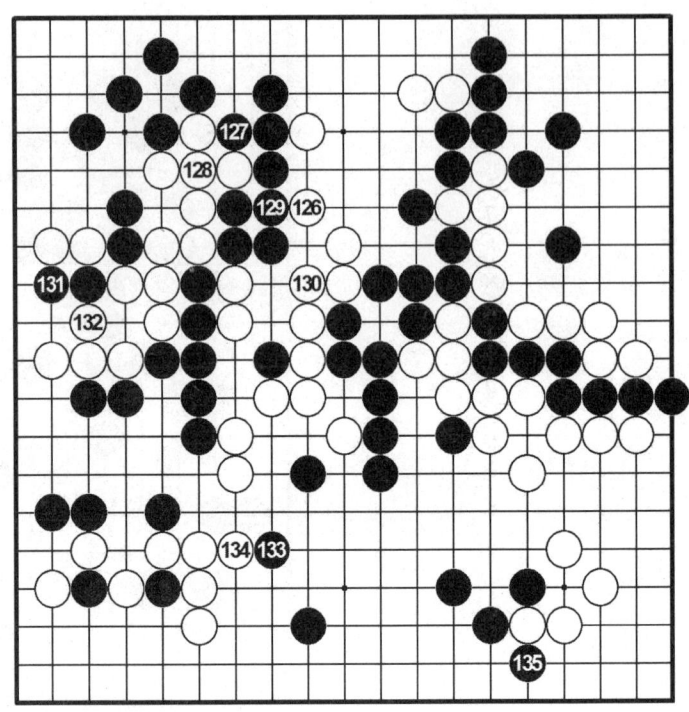

图五十七 黑135，此着是在一百手之前就应该下的棋，现在姗姗来迟，也是本局的一个幽默。

图五十八 想建议阿尔法在这盘棋后学会在本图此局面下，还有白14扳这一着。普通的白A补法固然见了很多，但毕竟将来留下黑B、C位的余味。而白14之后不仅让上边的棋形补好，而且还使D位的逼住升格为一个大场。

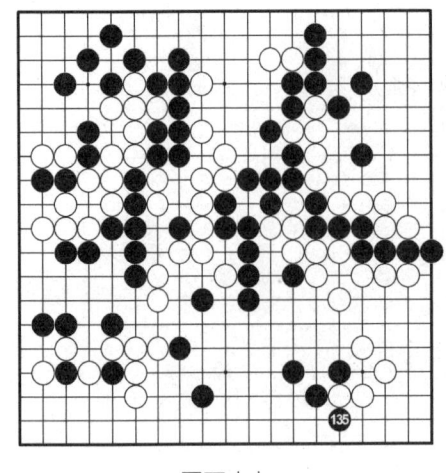

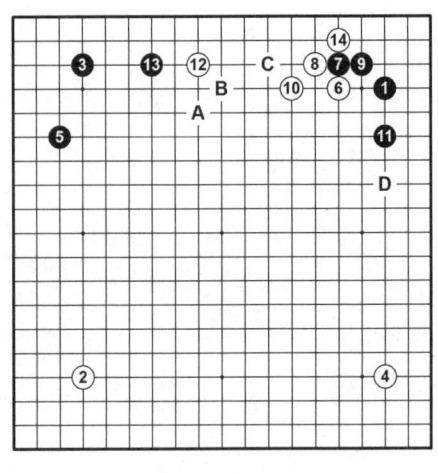

图五十七   图五十八

第三十谱 136—180

尽管胜负已没了悬念，但李世石展露了他的高手水准，白168不理睬黑167的觊断，而是在上边尖，让阿尔法很没"面子"；最后他的白180跳入黑空给了阿尔法致命一击，让人怀疑机器可能不会认输的阿尔法也终于投子认输了。

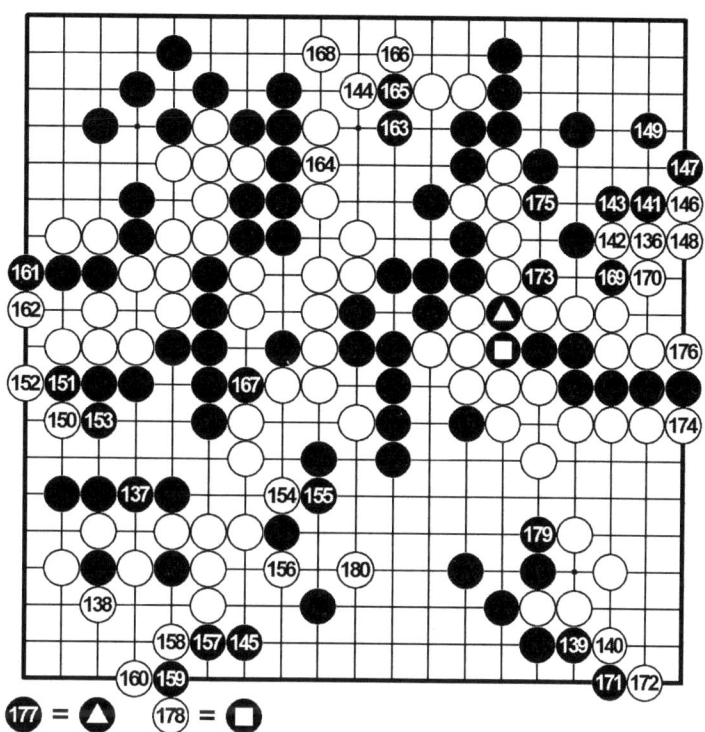

图五十九 让人感动的是，黑167试应手的时候，本来白A位接上也是赢定，但李世石偏要下白168，这表示"我心态正常，我计算正确"。

图六十 再一次重现白78"神之一手"！向李世石致敬！

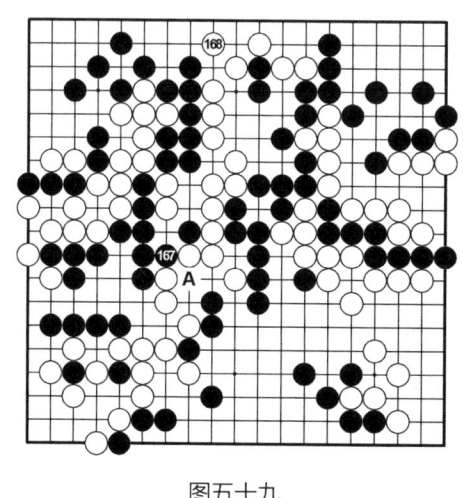
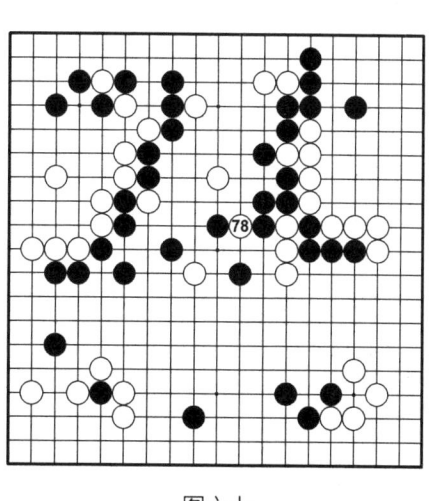

图五十九   图六十

总谱 1—180

李世石中盘胜！在连败三局后扳回一城，李世石不仅为他自己，也为人类高手挽回了一些颜面。在连败三局、几近崩溃的巨大压力下，李世石还能弈出"神之一手"，迫使电脑程序疑似崩溃，其抛开胜负、忘我一搏的斗志精神令人赞叹。过去他在各项世界大赛中获得14项世界冠军，已充分证明了他的棋才，今天在与无比强大的谷歌人工智能对战中依然展现出绝顶水准，屡败屡战，愈挫愈奋，赢得了全世界的尊重。

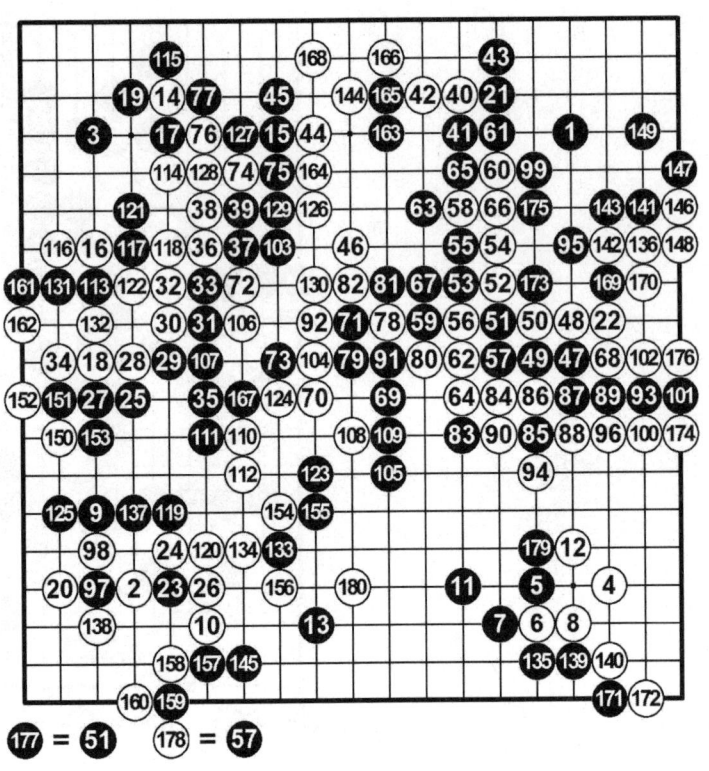

共180手　白中盘胜

阿尔法在这盘棋中突然出现失误的情况在前三局中还从未出现，现在还无法肯定究竟是什么原因促使它短时间内程序紊乱，这至少说明，阿尔法不是不可战胜，它的程序还不是完美无缺。

扳回一城后，迎来了最终局的较量，双方应该重新猜先，但李世石提出希望第五局由他执黑先行，因为一来有说法是阿尔法执黑时，不如执白更能发挥；二来，李世石自己如果能执黑胜的话，更有意义。谷歌方面对此欣然同意。

第五局　楼兰未破终有憾

●李世石九段　黑贴3又3/4子
○AlphaGo

2016.3.15 / 韩国首尔

上一局李世石弈出"神之一手"（白78），令阿尔法突然"死机"，连续出现不可理喻的失误，最终李世石赢得了无比宝贵的一胜。

赛后李世石激动不已："当时局面非常危险，我想了很久，感觉这是我唯一的选点。这一场胜利对我来说如此珍贵，我不会拿它跟任何东西交换，谢谢大家的支持，我第一次因为获胜受到如此祝贺，是你们的鼓励和支持让我赢得了比赛。"

谷歌团队的代表赛后第一时间称，对于电脑的突然失常，他们要回去研究分析，DeepMind创始人哈萨比斯赛后在个人网站上称："电脑的错误出现在李世石白棋第78手后，AlphaGo误以为胜率达到70%，直到第87手才反应过来，察觉自己在第79手就犯了错。""人机大战"直至第四局，电脑第一次出现形势判断错误，并由此产生了一系列崩溃反应。AlphaGo此前未被发现的缺陷终于暴露出来了。

当被问及AlphaGo的失误时，哈萨比斯表示："AlphaGo有的棋从职业棋手角度来看可能并非瞬间直观的选点，感觉是恶手，但事后看反而可能是好手，当然也有可能是失误。因为AlphaGo是通过计算胜率来选择落点，处理方式和人不一样。我们举办比赛，就是希望通过李世石帮助寻找AlphaGo的缺陷和测试极限。AlphaGo并不是针对李世石来训练的，也不会根据对手来下棋，只是通过计算来确定每步棋胜率是多少，选择最有可能获胜的落点。如果胜率低于一定程度就会弹出提示认输。"

不管怎样，李世石终于在先输三局之后在第四局顽强逼出机器的失误，取得艰难的一胜。虽然这场迟来的胜利已不影响"人机大战"机器获胜的结局，但李世石的取胜也让人们对比赛双方都有了新的认识。

第一谱　1—12

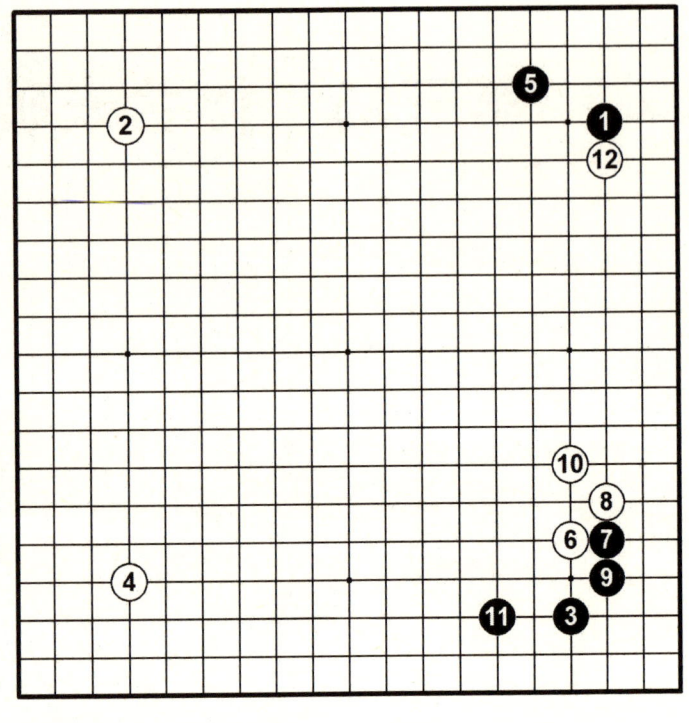

白12是近些年职业棋手常用的招式。职业棋手在某个局部定式中，每隔一段时间都有一个流行变化选择。在那段时间里，大家着了迷似的重复那个变化，比如十年前的"迷你中国流"、五年前的"中国流"，现在则是针对"无忧角"的碰。

哪种布局或者定式的流行程度取决于常用它们的顶尖棋手胜率，当年"小林流"、"宇宙流"流行一时，现在很难觅其踪迹。倒是直接碰在"无忧角"这种着法流行开来。

图一　2016年2月29日韩国麦馨杯第二轮，李世石九段执黑对白洪淅九段之局，白12碰就是这样下的，有意思的是，白20打吃的时候，李世石的黑21隐忍了。

图二　针对无忧角，有四个选择。右上角"吴清源流"的肩冲；右下角的二路托很常见，除了白1托还有A位托；左下角除了白1碰还有A位的碰；左上角除了白1的碰还是A位的靠。

随着现代职业棋手喜欢的实战谱中白12碰，其他碰的余味已烟消云散了。

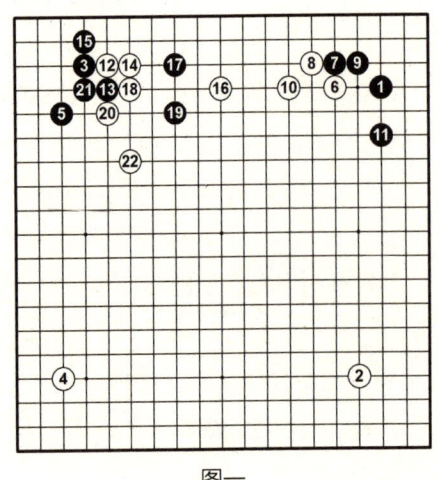

图一

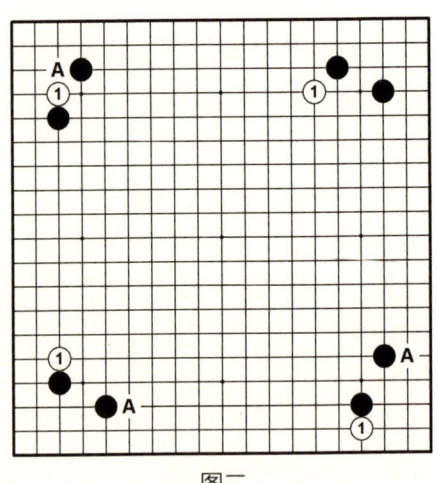

图二

第二谱　13—16

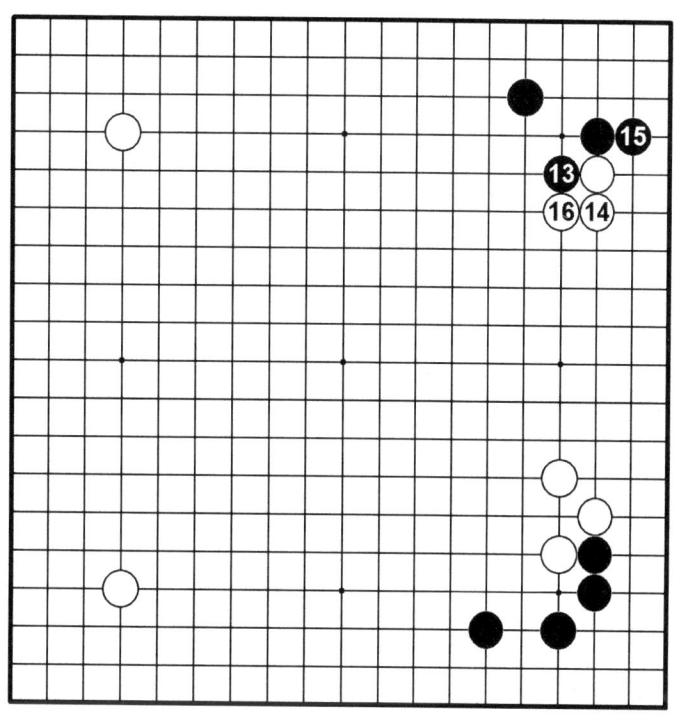

作为拥有最强搜索引擎的阿尔法来说，它对时下最流行的各种定式、变化了如指掌，因此要想遏制阿尔法这样的超强搜索者和最强记忆的"大脑"，必须在求变上做足功夫。这个时候，我们多渴望当年棋风自由自在、无拘无束的吴清源再世，与阿尔法大战几局，再来评判阿尔法与人类高手的技术高下。

白16拐，考验李世石。

图三　黑1长，白2是常见的选择，这手棋第一时间看起来效率高，以后却不一定了。这涉及时空感。黑3、黑5使上边成为配合很好的阵势。今后A位是黑棋的绝好点，却不是白棋的好点。比如白A，黑B打入，白C，黑D，白E，黑F下立，白G必补，黑H一路渡过。这样白棋的外围需要补一手，但无论怎样补，刚才很潇洒的白A变成愚形。

图四　如果白1贴着黑棋墙壁强行，千辛万苦想要扩张的模样因为黑A的漏风而大打折扣。如本图，白1贴时，黑2吊是绝好点。白3若不应，则黑B，白C，黑D，白难受。白3若应，黑4至黑10一气呵成。这样从方向上说，白棋是逆的。所以，图三中的黑1长，自有道理。

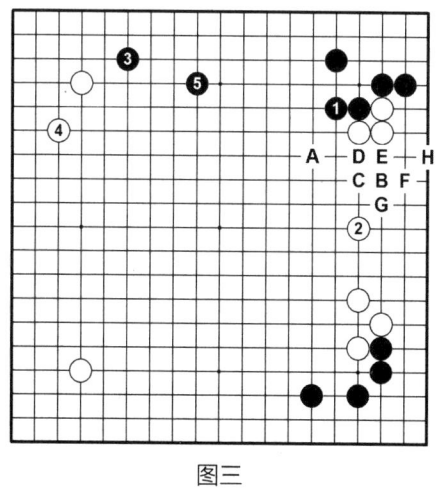

图三

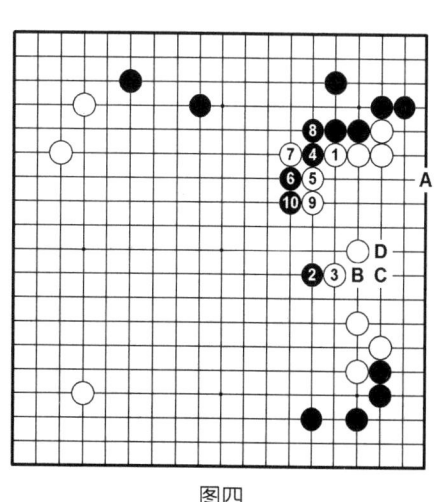

图四

第三谱 17—18

黑17是李世石的气合。白18，极大！

黑17是对白棋脱先不理的一种追究手段，有意思的是，阿尔法在右上见黑棋脱先后，似有愤怒地要予以追究的心情。也许，在其看来，白棋拐头后，黑棋就必须回应，否则就是无理，必须进行惩罚。至少，这一瞬间，阿尔法"有灵性"，是为印象。

图五 在白棋叫吃的时候，如果李世石没有那么气合的话，黑1接先忍耐一下更好。这一忍耐还有试探白棋应手的含义，退一步海阔天空。

如果黑1粘了，白2要补，留有白A、B位的大场。但是此时，黑3再贴起，整个右边的战斗黑无后顾之忧。

图六 白棋在A位打吃的价值到底有多大？是我们人类难以明确回答的问题，因为太难精确量化了。只是感觉上，A位价值20目。这恐怕是阿尔法今后可以帮我们人类解决的问题。

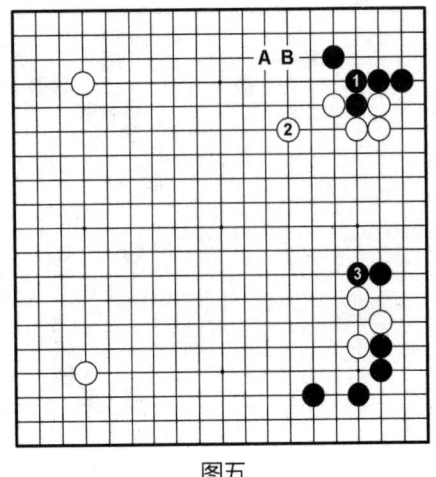

图五

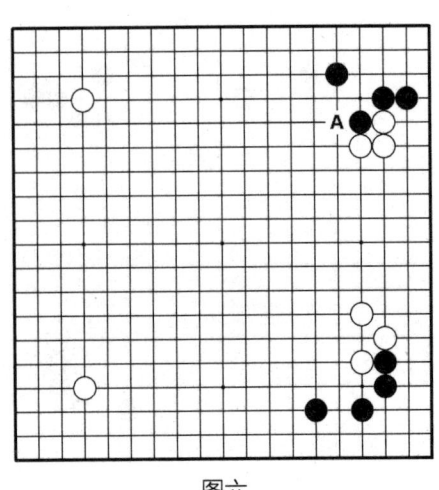

图六

第四谱 19

黑19贴是李世石的气合，但实际上，与机器动感情没有任何意义，而李世石在本次"人机大战"中屡屡气合，可能用错了对象，还是应该当忍则忍。

如前所述，人类比机器优在智慧，而不应该被机器带着走。阿尔法不会真的有"气合"，那人类就更应该珍视"忍耐"的价值和意义。

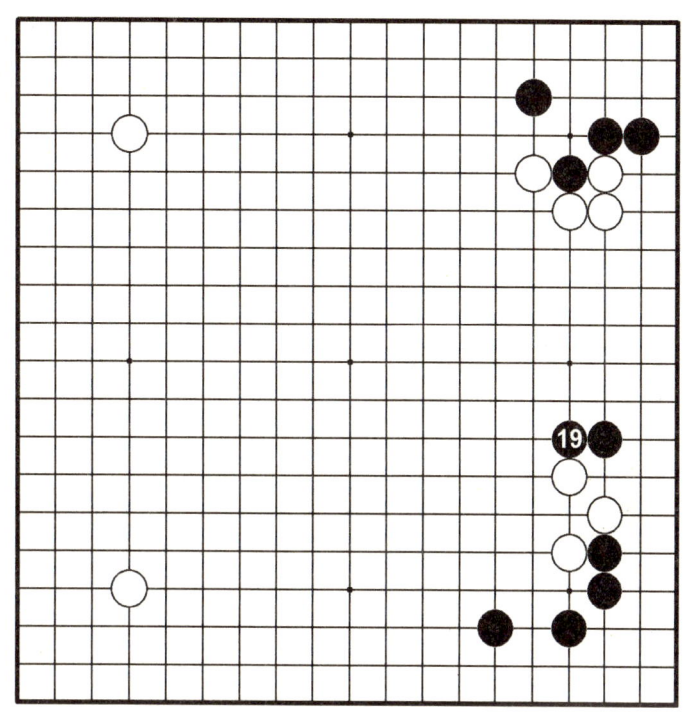

图七 黑1还是接上忍耐简明。对此白棋如果不在A位补，其实在棋盘右下角，白棋也没有好棋可下。比如本图白2压，黑3就长，白4必阻渡（如果不阻渡，发动机就运转不起来），黑5拐出，从宏观上看，仍然是黑棋一块攻击白棋两块。

图八 如果白2单尖，黑3便飞起，还是黑棋一块进攻白棋两块。如上图和本图这样，不能说黑棋占优势，但黑棋富有内涵和符合棋理。

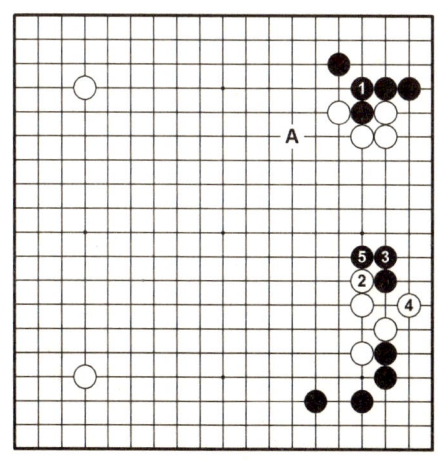

图七

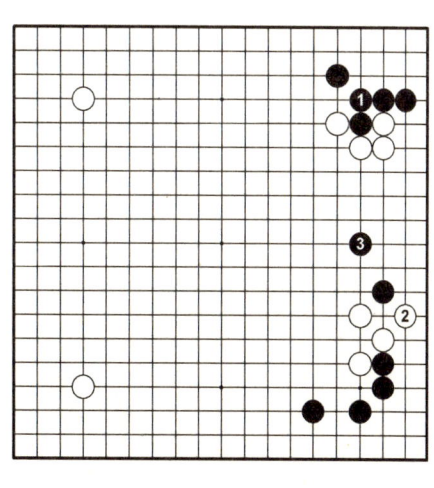

图八

第五谱　20—21

白20扳是阿尔法所好或者说是其思维定式（它也有思维定式），黑21一断，是李世石赋予情感的一手。

迄今为止，李世石仍然没有意识到：与机器对决，情感其实是没有任何意义的。

图九　实战谱中的黑19贴起时，很明显白棋已经不具备与黑棋作战的条件，同时黑棋一着吃不净白棋三子，所以，右下角显然暂时属于垃圾地带。

右上角白棋在黑棋脱先之后，如果有情感的话，显然应该气合接着下，那么就是白1靠（所以，机器的没有情感有好处也有坏处）。

图十　黑21断为什么不照本图黑1扳这样进行呢？这个图，李世石知道阿尔法非常熟悉和喜欢（"扳了连扳"），是不是不想让阿尔法得偿所愿，所以李世石才像实战那样进行的呢？

其实如本图，黑3之后白A必接，黑B再渡过，白棋是一堆破铜烂铁。而在右上角，错过了第一时间后，今后白C再靠的时候，黑棋可能在D位接上，以下白E，黑F断。这说明，白棋第一时间在C位靠是符合逻辑的。

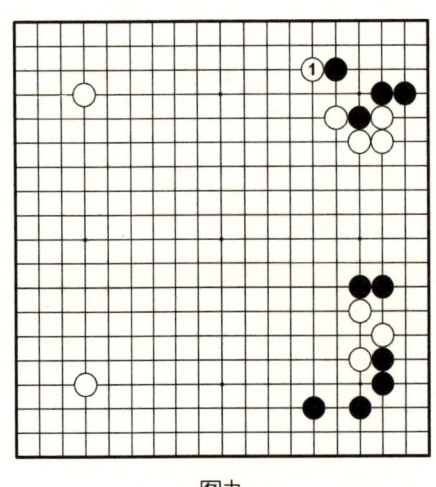

图九

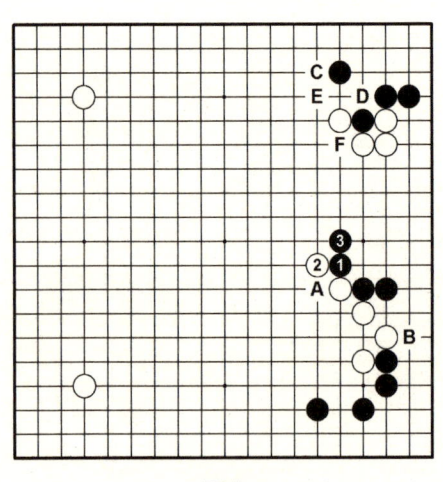

图十

第六谱 22—25

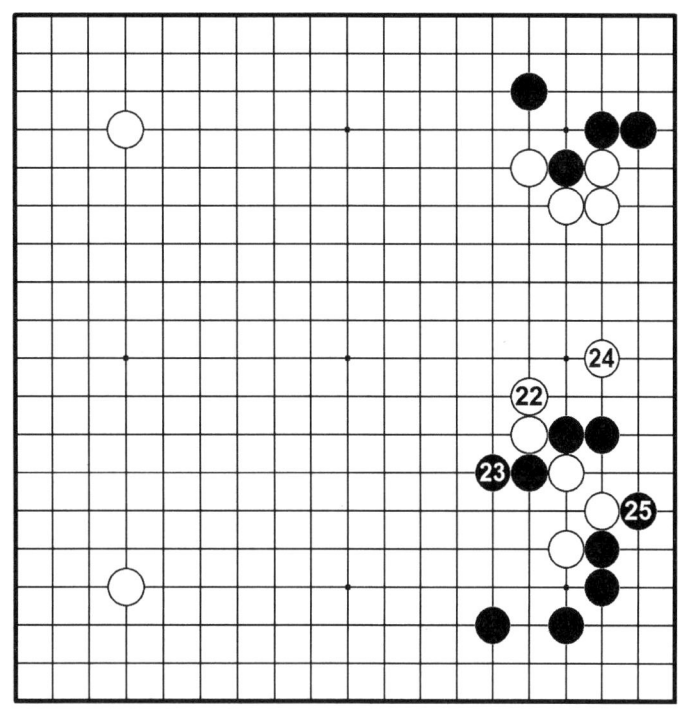

右下角是对局直播过程中争议较大的地方。当时，一些偏爱实地的高手认为黑棋便宜，但实际上并非如此，如果说黑棋的败因由此发端有点夸张的话，那么说黑棋在这里近乎亏了一手棋，有人会信吗？

白22挺头好棋，是被黑棋逼出来的"只此一手"。黑23亦挺头必然，白24飞下好棋，黑25扳过必然。那么这个结果究竟怎样呢？

图十一　我们来看看布局的手割。如果本局是本图这样的行棋顺序的话，我们可以看出，黑13大场，同时也是严重的缓手，明显应该在14位长。然后黑15大官子，但明显是更严重的缓手。接着白16飞，黑17应，黑棋被大占便宜。白18跨，白20断，白棋稍亏。本图将黑3变到A位，再加上白B、黑C、白D、黑E即为实战图。当然，白B、白D，也损。综合评估，黑棋损了接近一手棋。

图十二　这是李世石对阿尔法第四局中的一个场面。可以看出，阿尔法对中腹左边和右边"扳了连扳"的手法是何等熟悉和偏爱。李世石为了不让阿尔法称心如愿，实战百般回避，不惜自耗钱粮。遗憾的是，这却矫枉过正。

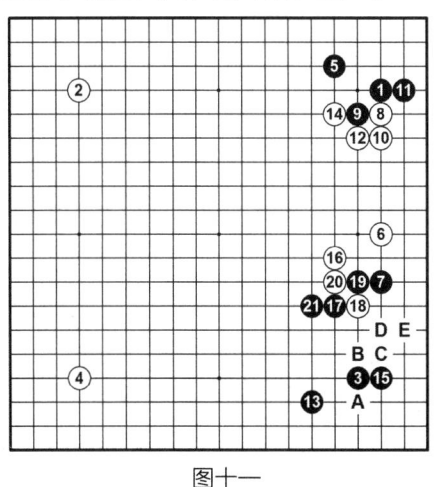

图十一

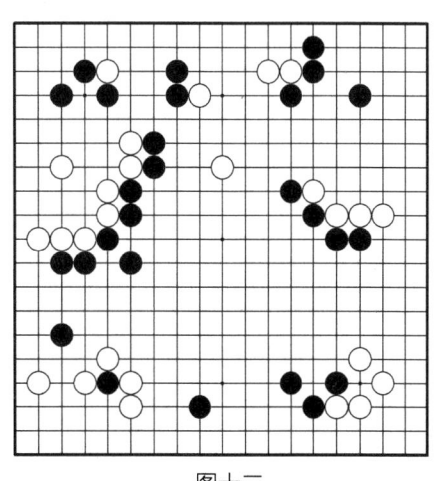

图十二

第七谱　25（重现）

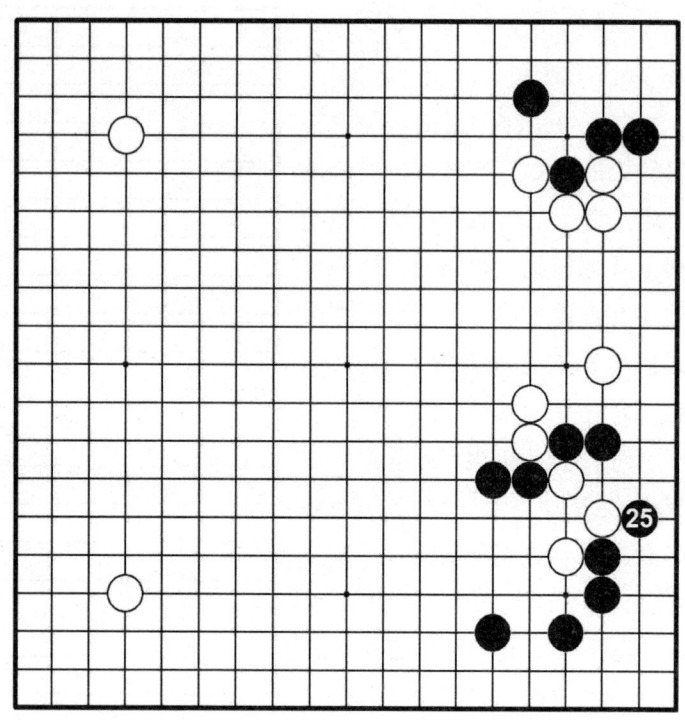

上图说到的阿尔法熟悉和喜好的"扳了再扳"是有原因的，在人类高手的历史上，"扳了连扳"是常用和有效的接触战手段，扳后再粘、扳后再长，棋子的张力都不如扳了连扳。施襄夏专门提及："飞愈挺而头畅，且避连扳"。阿尔法"熟读唐诗三百首，不会写诗也会吟"。

图十三　这是《当湖十局》范西屏执黑对施襄夏的对局场面，黑3、5扳了连扳，漂亮之极！阿尔法看过《当湖十局》，毋庸置疑。

图十四　吴清源对雁金准一十番棋之一，年轻的吴清源黑1扳后黑3连扳，志在中腹，气势如虹。只是，吴清源先生后来说，黑3应于A位先断再立，然后黑3再连扳。这个，阿尔法便不知了吧？

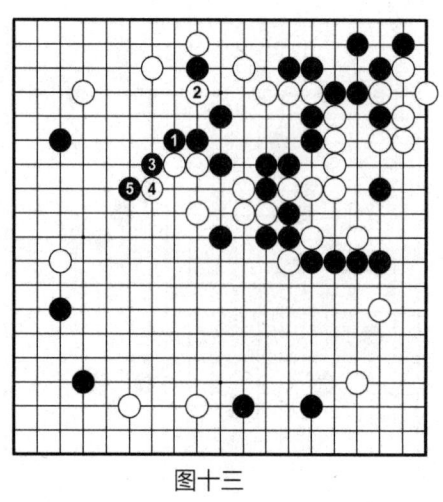

图十三

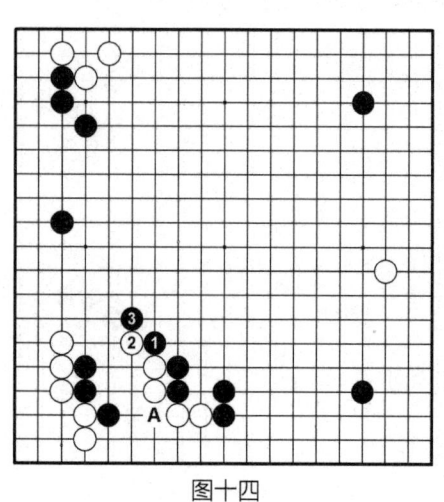

图十四

第八谱 26

白26与第三局的大飞守角一样，也是疑问手。中国古谱中，大飞守角是星位守角的唯一方式。施襄夏还专门论及"小飞窄逊大飞宽"。然而，施襄夏此论专门针对的是座子棋的自然环境。

图十五 白棋仍然应该1位靠。背后的棋理是，白1靠时，黑棋可能有几种选择，白棋希望在第一时间固定黑棋的应法，不让其有随机应变的余地。

图十六 本图为变化之一，黑2扳，白3扭断，如果黑4叫吃，白5吃，至黑8接上，白9长，黑10拐，白11于12位提掉，先手局部得利，然后想下哪就下哪。但是，白11也可以扩大事态。以下至白27，白棋吃掉角上黑棋六子，黑外围因A位有断点还不得不加补一手，白优势。

图十七 前图黑6若于本图黑1，以下形成转换，白获先手后有很多下法，比如说本图白8。

图十八 图十六中的白5也可于白1叫吃，至白5，白上边至左边广阔天地，大有作为。总之，都在逻辑性上，胜过阿尔法实战目的模糊、没有思想的白26大飞守角。

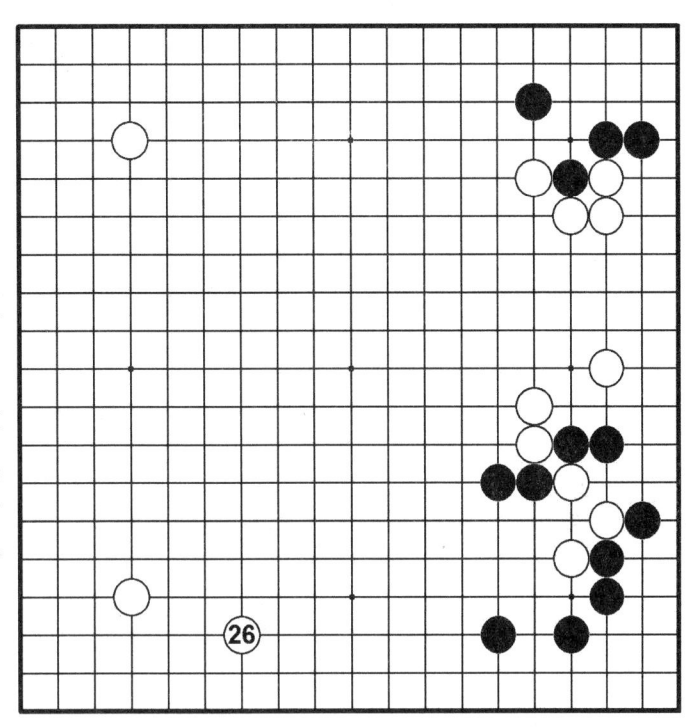

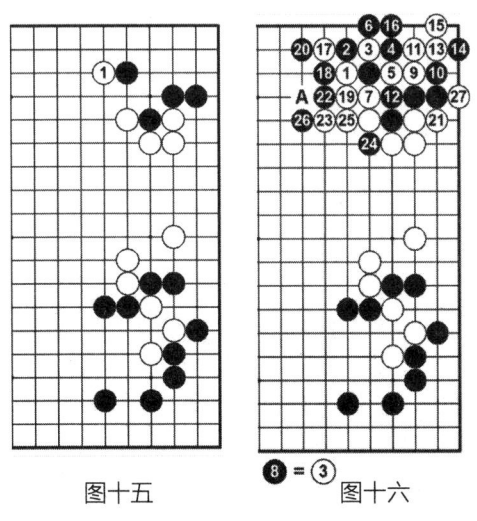

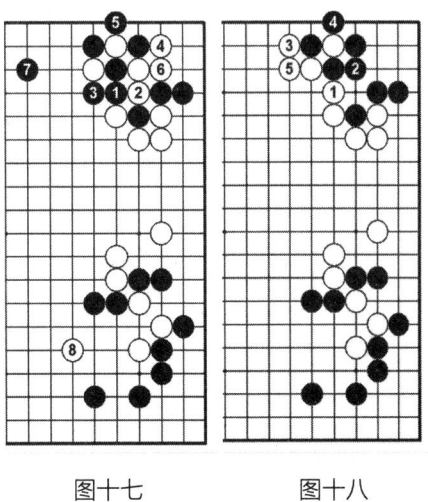

图十五　图十六　图十七　图十八

第九谱　27—39

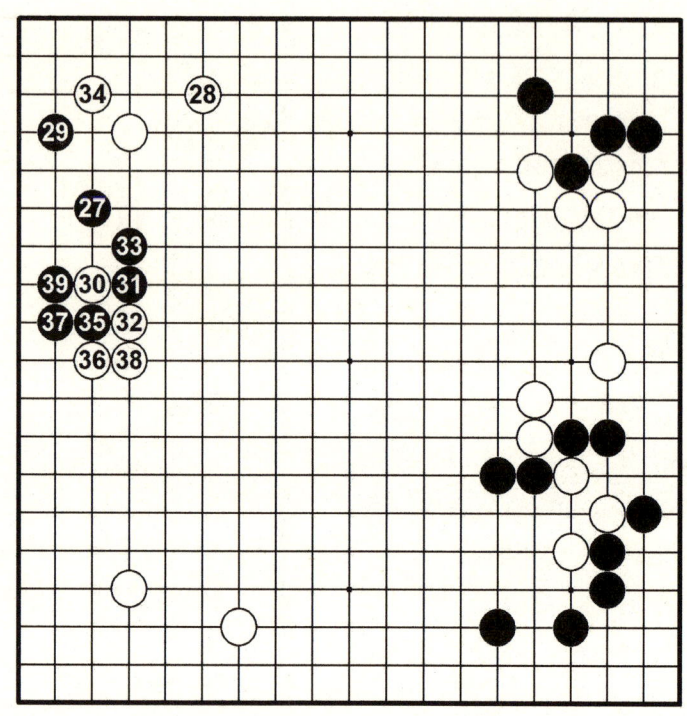

黑27脱先占据大场，白28小飞应正常，黑29飞进角稳健，白30夹攻看似紧凑，其实是人类棋手最普通的一种下法。黑31、黑33继续求稳，看得出李世石认为形势不错。虽然这是一个误判。

但是，阿尔法看了很多人类高手的棋谱，却也难免"不读圣贤书"……

图十九　本图是吴清源大师在"布局思路"中专门提及的一个棋例。要点是，在右上白棋靠退后，根据情况黑棋的脱先是最佳选择。如本例所示，黑1至黑5后，满盘的子力非常生动，可谓全民皆兵。

图二十　如果阿尔法熟读"圣贤书"的话，实战中的白34应如本图，仍然于白1靠下，对此黑2至白11几乎必然（合理）。然后黑12拆边，这时白13再尖三·3，白棋的行棋才所谓行云流水一般。

之后白19先手吊绝好，然后白21再跳，或者白21改于A位碰。这才是白棋漂亮的局面。图中黑12如果于B位拆，那么左上角的白13可以保留，改于左边15位虎，以下黑13，白拆二。

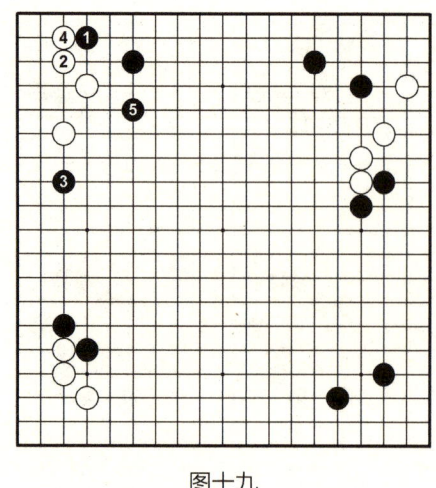

图十九

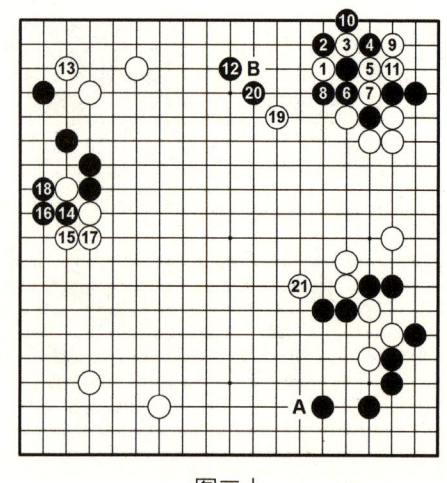

图二十

第十谱　39（重现）

上边所说，意犹未尽，本谱再聊。刚才，在白26茫然不知所措地大飞守角后，黑27抢左上角，虽是超级大场，却非唯一的一手。北京一位业余5段张先生用短信（致信王元）说——

图二十一　"黑1先跨断，试应手，不行吗？如果白4征吃，黑便于左上角二间高挂处引征，岂非有的放矢？"

图二十二　"如果白1拐吃，留下作战火种，再黑2补角，这样不好吗？"张5段的此见

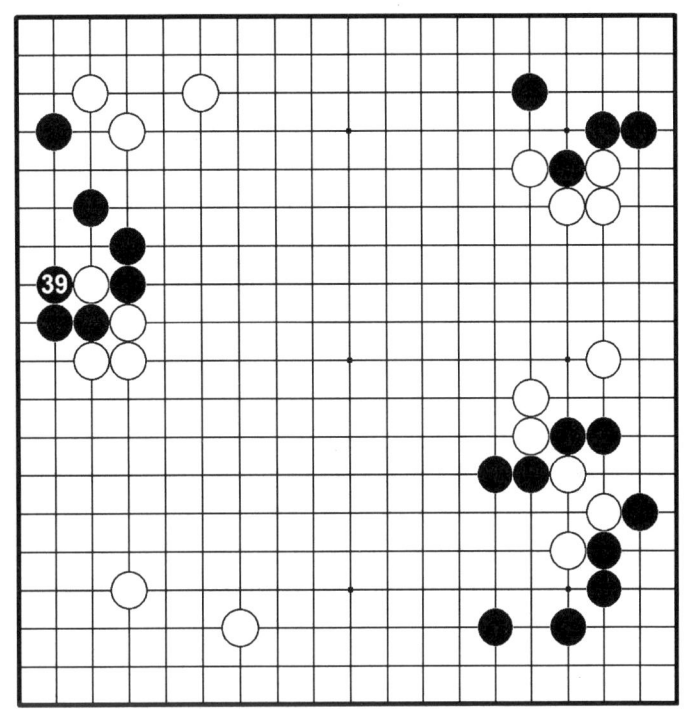

解，精彩！征子问题，常常具有战略意义，是使棋局立体化的重要元素。一个局部的线索，可以影响到千里之外的行棋的性质，这本来是李世石九段许多次用着法诠释的棋理。但这次"五番棋"，面对冷若冰霜的对手，李世石的表现，确实太反常了。

图二十三　右上角白1靠时，本图是另一个变化。白3断必然，黑4可以上顶，至白11，本图的定型感觉上黑棋实地稍有损失，但白棋的外围略有薄味，是非曲直人类很难计算清楚。

图二十四　上一图的黑6于本图黑1长，稍好。至白6，总体仍是白有利。

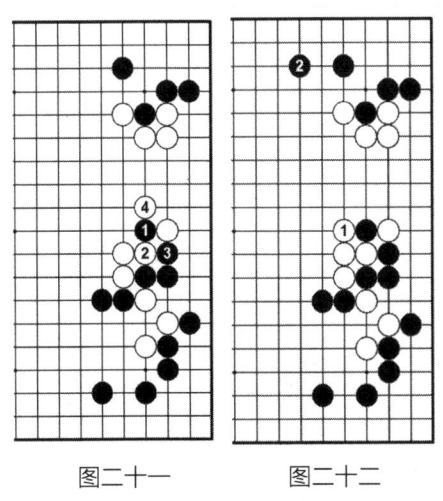
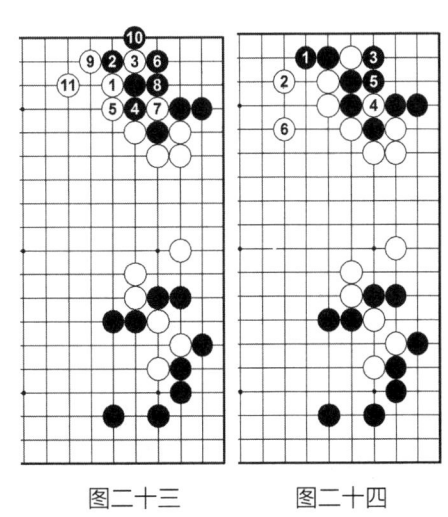

图二十一　　　图二十二　　　　　图二十三　　　图二十四

第十一谱 40—41

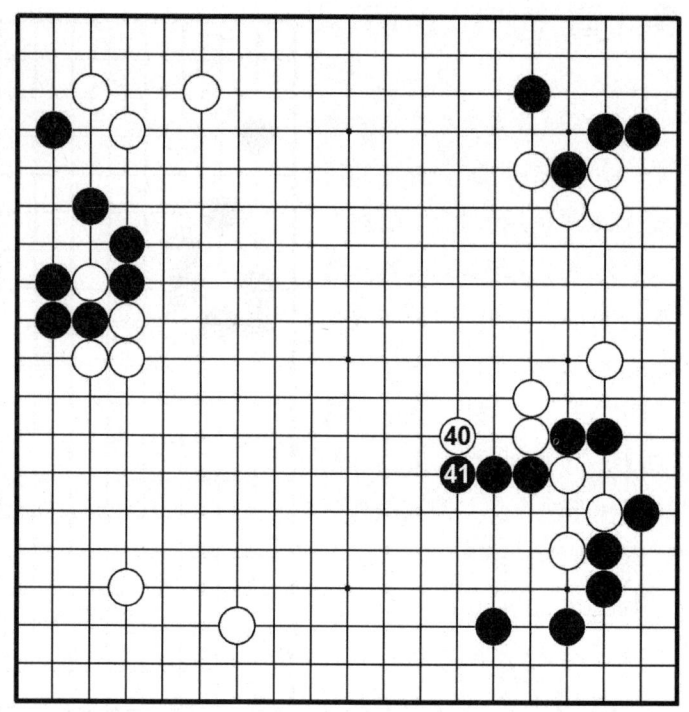

白40，恶手。白40当然应该在右上角靠下。白40之过在于没有逻辑性，虽然围棋盘确实是一个自由天地，没有逻辑性的着法也有生存的权利。

黑41气合。李世石看上去过于情感投入了……

图二十五 实战谱中李世石的黑41为什么不考虑如本图这样调控转换时间、空间而就事论事呢？本图黑1先于左上角一带试应手，对此，如果阿尔法照本宣科，那么将是白2至白4，此时黑5隐忍待发，白6应该如此，但天大的压力顶不住一个黑方说"我都不要了"。

黑7切断转换战场。如此感觉上好像黑棋已经逆转了序盘阶段白白损一手棋的恶劣形势。

图二十六 就算是想要就事论事，黑1跨断以攻为守，不是一目了然的吗？白4征子有利，似乎必然，这时黑5再贴起，这样不是很好吗？

总的来说，本次"人机大战"给人的印象，第一是李世石用情太多，第二是，在气象完全不同于现实流行棋的这五局中，李世石的已有"围棋系统"，信号、波长、频率，均有失常。

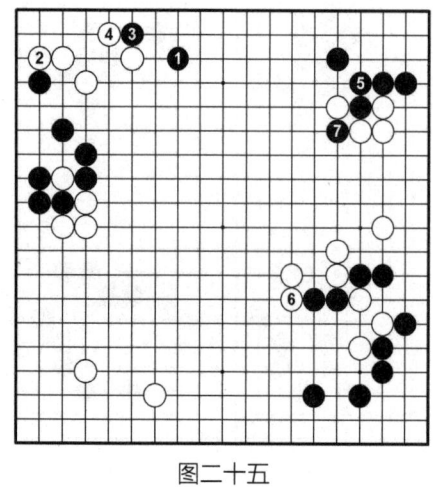

图二十五

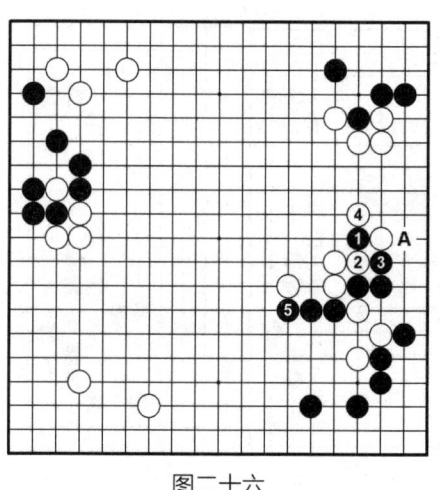

图二十六

第十二谱　42—51

白42扳头，阿尔法似乎又迎来了它最喜欢的"扳了连扳"；黑43顾虑重重，不惜自撞一气，偏偏不让阿尔法称心如愿。

黑47挺头。棋挺一头，势壮如牛。白48恶手，白50恶手，李世石的黑51妙手。但是这一切都十分简单。阿尔法连这么简单的计算都不会吗？

图二十七　本来黑1应该单扳，对此，白2连扳，李世石和阿尔法均心知肚明，但是，这又怎样呢？不得不重复一下，李世石为了不让阿尔法如愿，真的是煞费苦心（请以本图对照图十二）。

图二十八　就像吴清源大师说过的那样"我从不研究对手，我只是针对一局棋的本身"。如本图，黑1单冲，白2必打，黑3破土而出，至白6必然形成转换，这样白棋一定好吗？

接着黑7占到上边超级大场，白8无棋可下，只能自己经营大模样，但这样一来，实战白26大飞守角就变得尴尬（若是小飞守角，白8便不急）。黑9再伞兵空降，白棋的空，没有看上去那么大。全局形势因右边白棋变弱的缘故，白棋并不见得好。

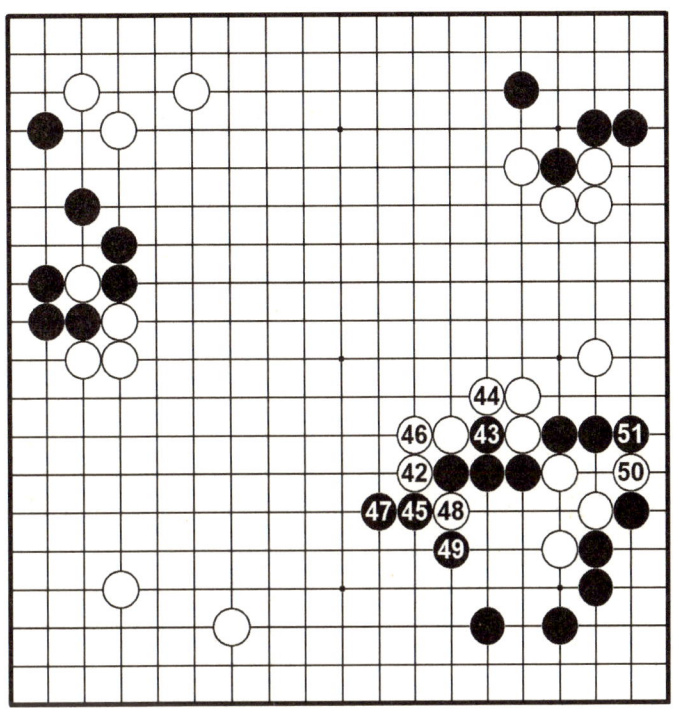

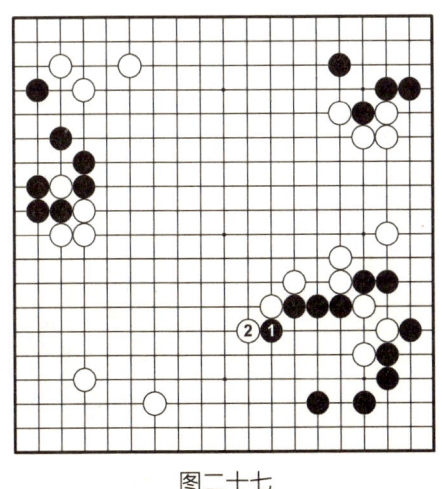

图二十七

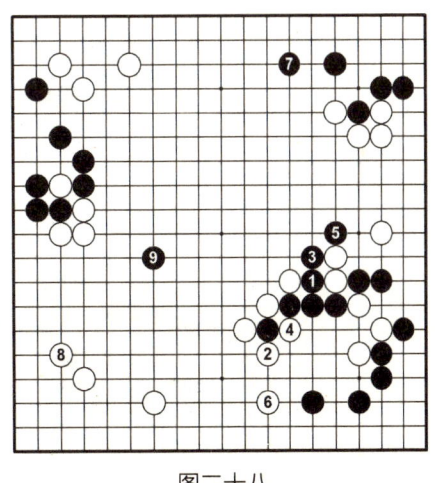

图二十八

第十三谱 52—68

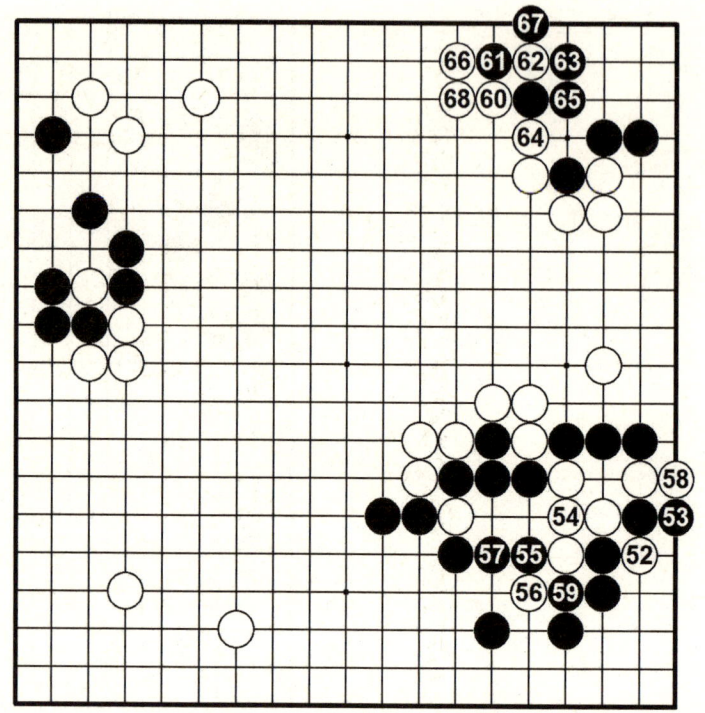

白52至白58，一堆恶手。从我们已看到的阿尔法前四盘着法中得知，它经常无端地浪费劫材。我们知道，劫的学问，几乎是围棋学问的半边天。而劫材，不仅是劫中半边天的问题，许多时候，一枚劫材，就是一切。如此浪费劫材，能够说明阿尔法真的很懂劫争吗？

白60终于又回到了右上角，难免给人以刻舟求剑之感。

图二十九 实战谱中的白64如果如本图白1搂吃的话，也可能演变成本图的结果。然而，如果是这样的话，实战谱中的白40等等变成大恶手，白52等显得无聊之极。

图三十 谱中的黑63，李世石还是养尊处优了。本图的黑1翻打才是胸有全局的应有态度。有趣的是，此变化很简单地就转变为阿尔法原先不情愿选择的变化。至白8，为防白A位的胜负手，黑B是本手，如果进取心足够、危机感足够的话，黑9紧碰更像平素的李世石……

本次"人机大战"，李世石给人以"不那么像李世石"的强烈印象。

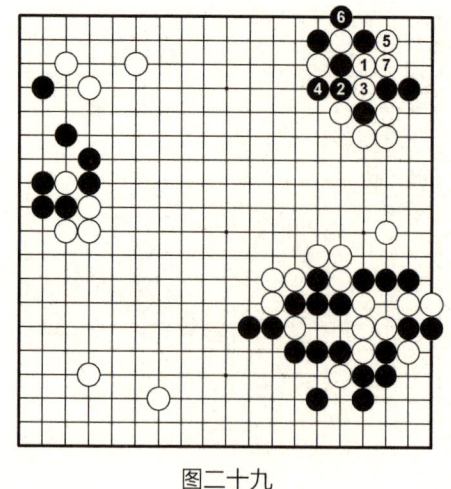

图二十九

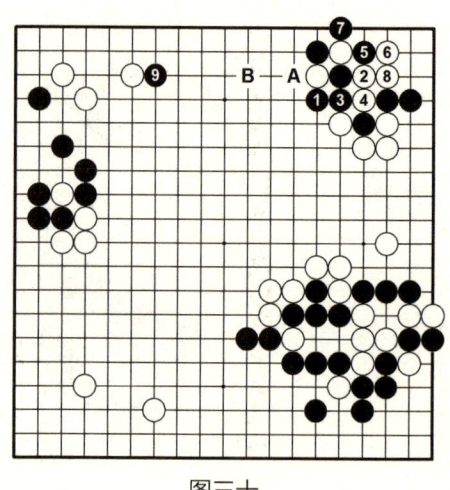

图三十

第十四谱 69

黑69肩冲，是不是李世石觉得阿尔法用肩冲甚多，也想要调侃一下阿尔法？当然，此着无可无不可。

而且，李世石在落下这颗子那一刻，肯定没想到会招致阿尔法的激烈反击。对此，他缺乏应有的心理准备。

图三十一 考虑到白势已广阔，黑1挺进中原是从容不迫、有理有节的一手。当然，这样的下法不符合平时的李世石胃口。

图三十二 但是更有穿透力的下法是黑棋根本不理，而于左下角黑1直捣黄龙。至于中腹，"大也有大的难处"。在黑棋不知道怎么侵消为最佳的同时，根本不理往往就是最佳。如果在黑棋脱先以后，白A大围，黑B若离若即地浅消，以下白C，黑D，白棋壮大了上边模样，必然伤害右边。同理，白棋想要围右边，自然会损害上边。而黑1本身就是既有力又实惠的绝好点。

如本图，似乎黑棋已经逆转了形势，居于优势。

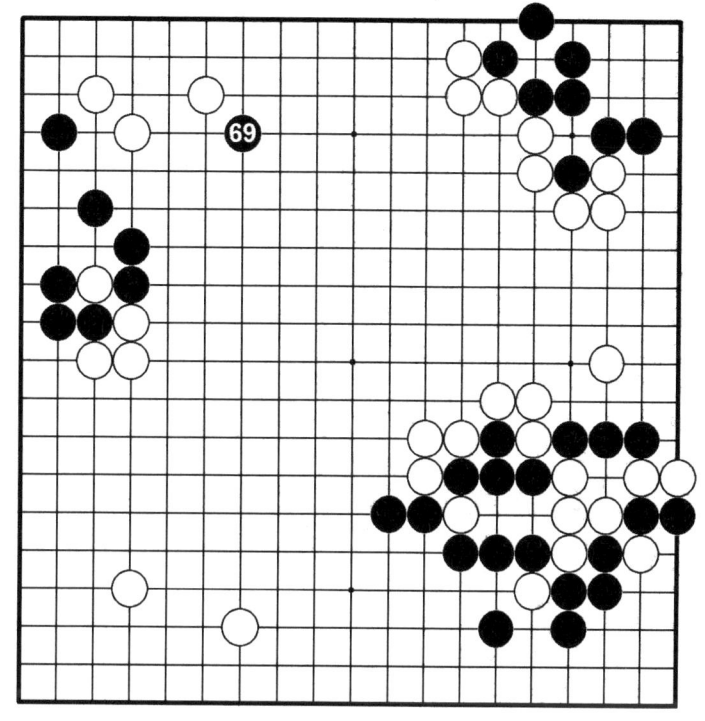

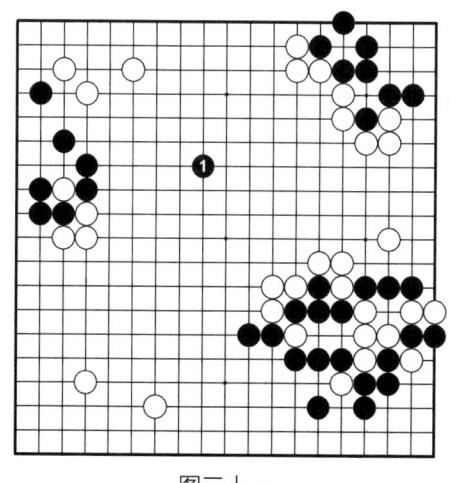

图三十一

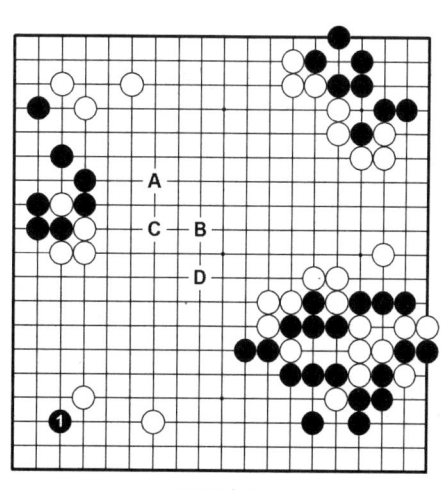

图三十二

第十五谱 69（再现）

之所以要着重地再说说黑69，是因为这手棋是本局一大重要节点，决定了本局胜负走向。李世石当时想得有些简单，白棋按常形跟着应一手，黑棋得以先手压缩白阵。如是，的确是黑棋的理想图。

问题是，饱读经书的阿尔法哪会轻易地亦步亦趋、入其彀中呢？

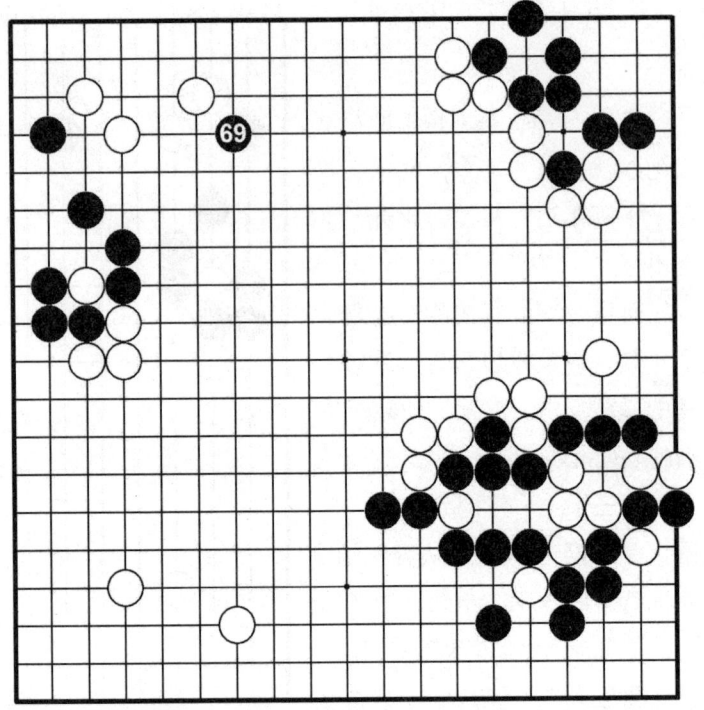

图三十三 对黑1的点入，其实白棋的脱先很难想象。于是，白2是选项之一，至白14"定式"结果，黑先手掏角后黑15再挥师中原，顺风满帆。考虑到左下角一带白势已厚，黑15可以比图三十一退后一路。

图三十四 黑1点角的时候，如果白2用本图"定式"，黑13飞出，白14不得不逃，黑15再尾随而来，顺势进入中腹。如本图，黑棋几乎是完胜的节奏。从本图亦可看出，当初阿尔法左下大飞守角是如何不当。

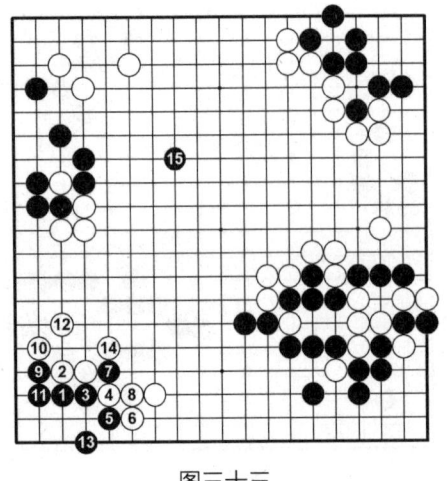

图三十三

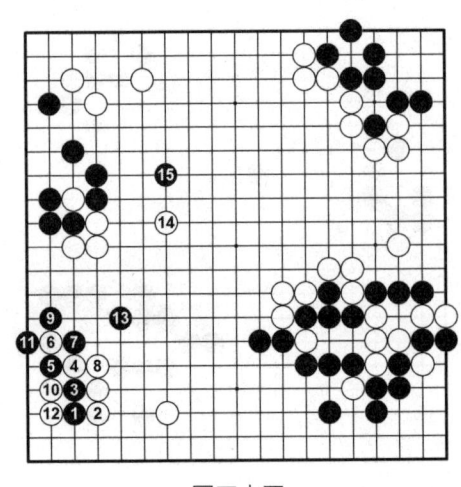

图三十四

第十六谱　70—71

白70镇头可谓好手，但其来历其实非常简单。黑71必然。

看到白70镇头，不知李世石内心是不是为之一惊？如果他考虑到阿尔法会选择镇头攻击的话，他还会于69位肩冲，从而将自己置于白棋的攻击射程内吗？

右边白势如此之厚，以李世石身经百战的实战经验而言，他当能想到白70镇头这一招。是明知故为、从而气合吗？

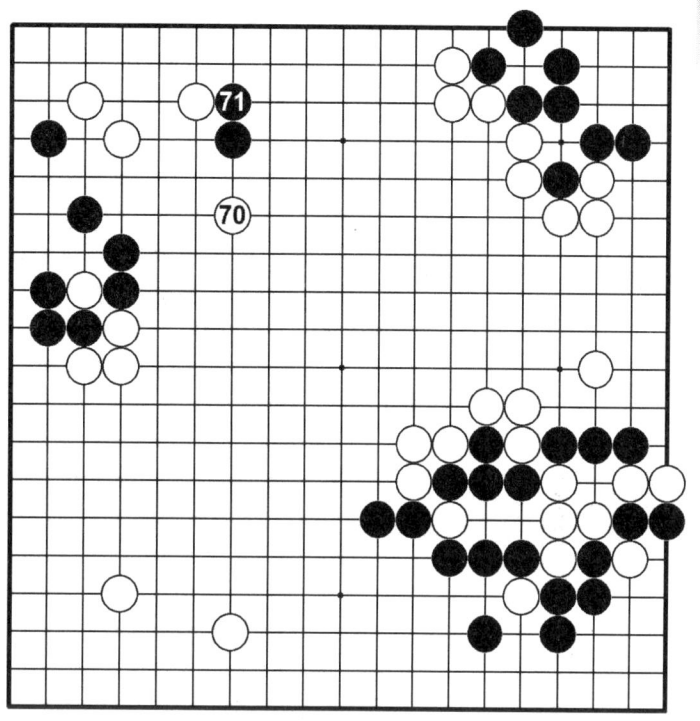

图三十五　对付肩冲，一般是横长竖贴，在本局局面下，白棋横长显然被黑棋占便宜，这一点阿尔法容易判断，而白棋的竖贴如本图白1，被黑2轻跳，白棋有劲使不上。黑2"敌之要点即我之要点"，阿尔法还是读过几本兵书的。

图三十六　虽说实战李世石的黑71有力感，但黑棋其实也另有选择。如本图，似是而非、若离若即的黑1应为轻灵的好手。对此，白方何去何从，颇为困惑。

如果白2占据局部要点，黑3、黑5、黑7明显扬长而去，如此，黑左上右下两处硬头大放光彩。所以，吴清源大师说的左上角黑棋在靠退之后，白棋应该保留定型的余地，确实有理。

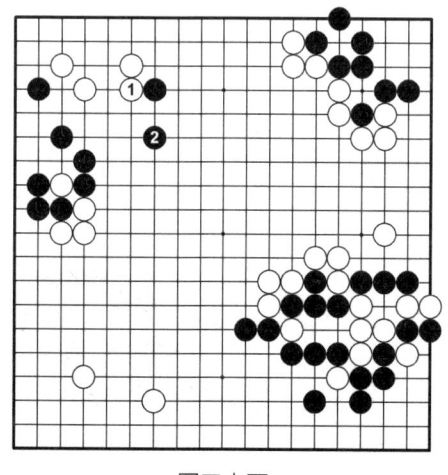

图三十五

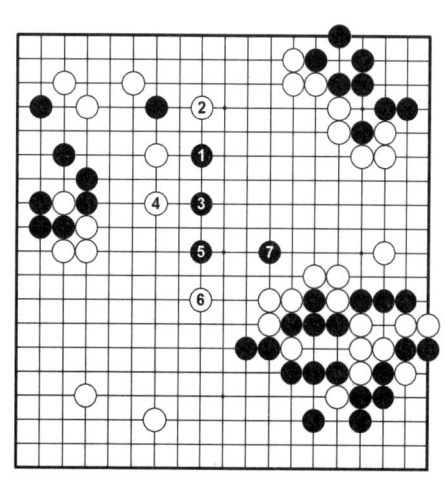

图三十六

第十七谱　72—80

白78时，阿尔法肯定有所犹豫，上千台电脑在帮它搜索前人高手对局谱中，一定曾经有所发现，但最终形成至白80的结果，双方一时相安无事，只是这个结果白棋并不满意。

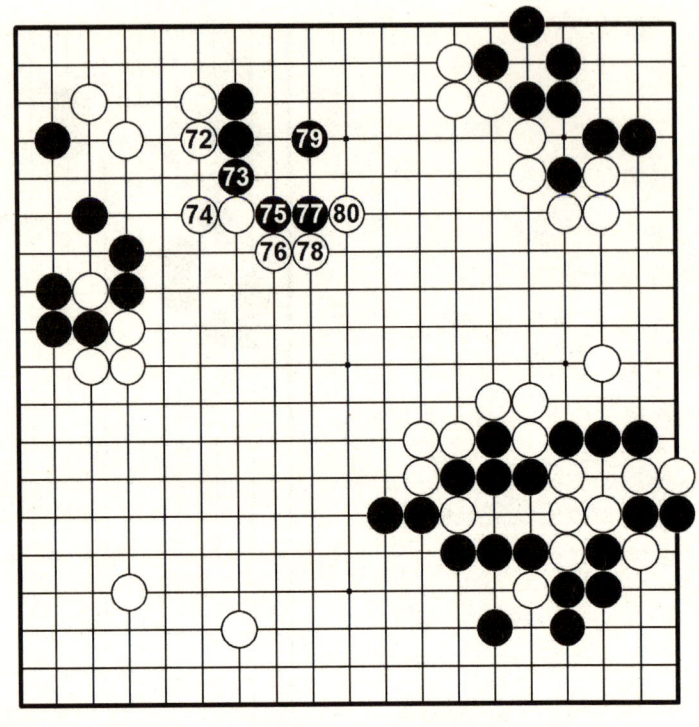

图三十七　1972年11月，日本第十六期首相杯围棋赛决战，小林光一六段执黑对赵治勋五段，小林光一的黑1"点"是急所。这盘棋最终结果是20岁的小林光一胜，这也是本年度赵治勋在新锐淘汰赛决赛中负于小林光一后再度败北。不过，16岁的赵治勋本年度战绩为30胜6败，获第六届棋道奖"特殊功勋奖"。

图三十八　阿尔法肯定想过这个"点方"，但因与日本首相杯决赛小林光一对赵治勋那盘棋不同，少紧一气，环境不同，阿尔法的程序不允许它借用？然而，本图白1其实还是相当有力的一手。最重要的是，白方若不如此，则近似于割地赔款。

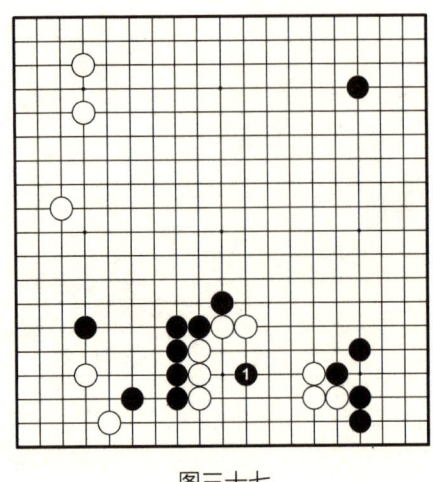

图三十七　　　　　　　　　图三十八

第十八谱　81

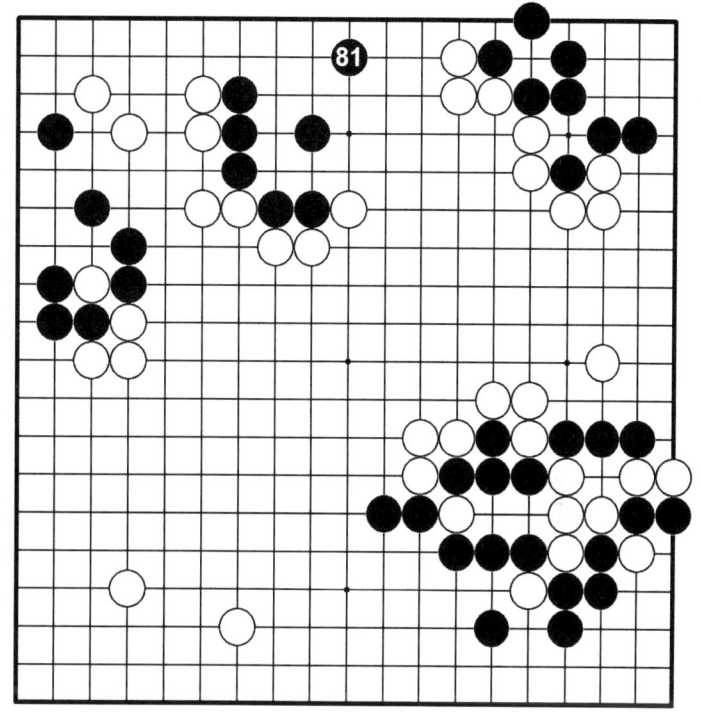

黑81是李世石本次"人机大战"当中若干次用错感情的又一个例子。因为在第一局中他弈出了一手与之相类似的二路飞,那手棋被公认为是局部好手。但在这盘棋中,时势相异了。

至于为何对黑81这手棋评价不高,请看——

图三十九　这是"人机大战"第一局的片段,黑1飞恰到好处,难道这个局部良好感觉在李世石的脑子里挥之不去吗?

图四十　本图的黑1、黑3,是围棋初级手筋,这对于手筋大师的李世石来说,实在太简单。至黑7,黑棋活得干干净净,目数又大,何乐而不为?

图中黑3断的时候,如果白4于A位断吃,则黑B冲吃,白棋极度无趣——黑5打吃时,白6如果于A位断吃,则黑6、白7、黑C、白D、黑E,这样白棋外围可以拔两子,但黑B一冲,左上角悉数成为黑地,白棋大损。

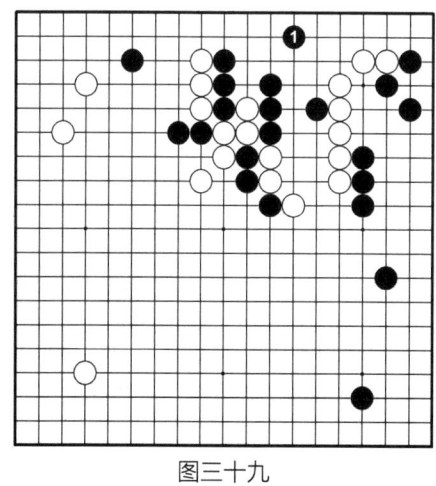

图三十九

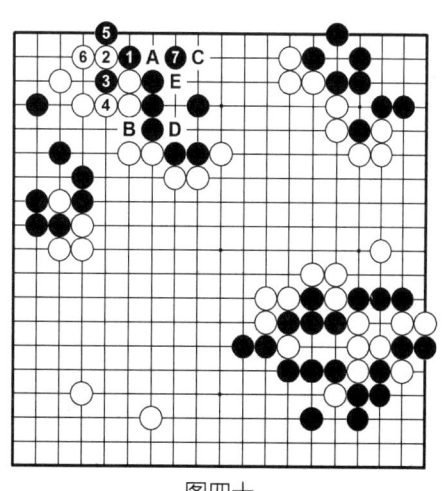

图四十

第十九谱 82—100

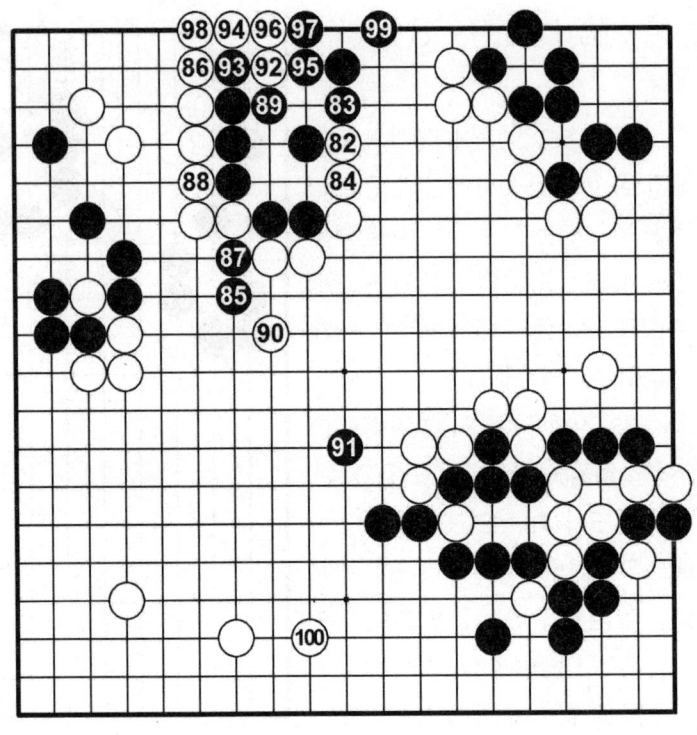

李世石有些奇怪地错过最佳做活方案，而选择了实战略显委屈地求活。阿尔法白82、白84继续挤压，亦顺势夺实外围，但不幸，本来应该是后手。白86下立，又一次模仿"道策流"（请参照"人机大战"第一局。序号都一样：白86！）。黑97打吃显然应该保留，当直接于99位尖。

图四十一 这是"人机大战"第一局序盘，当时阿尔法选择了白1下立，但我们给予的评价是"模仿失败"（详见第一局棋评）。

在本因坊道策的对局中，类似本图白1下立的着法有很多，但此处下立几乎可以定为恶手。

图四十二 实战谱中的黑85气合，是一种不甘被欺负的气合。然而，如本图，由于上方黑棋一块棋已经是活棋，为什么不清清爽爽地脱先呢？本图的黑1不是一目了然、光芒四射的超级大场吗？

本局李世石心情很好，豪情万丈，但即便如此，他的状态，确实不好。

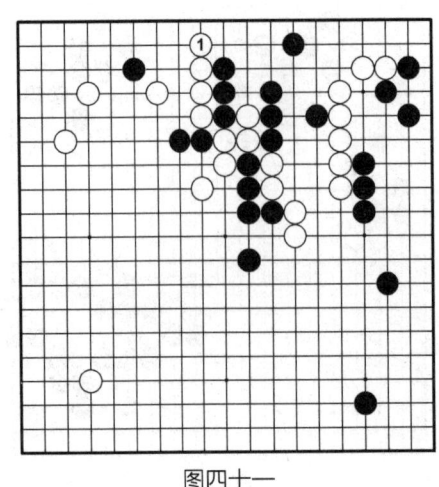

图四十一

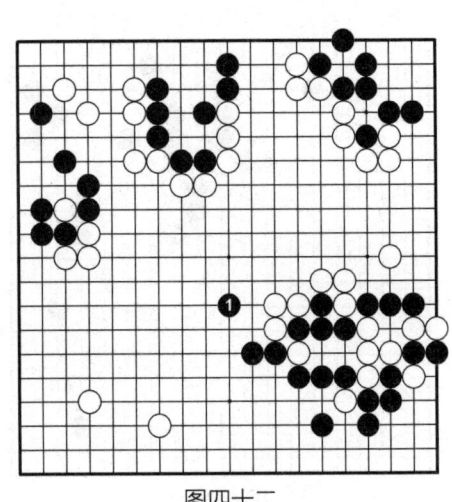

图四十二

第二十谱　101—106

黑101靠，"双单形见必敲单"（施襄夏所言），李世石此招似乎符合此理，亦符合"敌之急所乃我之急所"之理。

但是，由于没有形成借力，这手棋的作用大打折扣，对白棋施加的影响力有限。可以看出，李世石的对局情绪此时是焦躁的。

图四十三　所谓借力，应如本图，黑1先试应手，待白2还击时，黑3再"双单形见必敲单"。白4单接时，黑5再退，以下至黑9，白棋之围空两边难以兼顾，且余味不少。

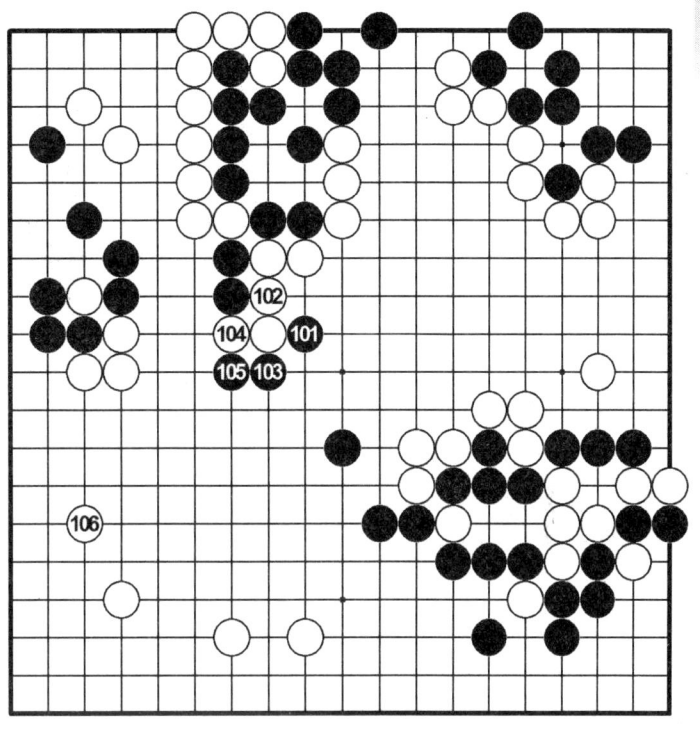

其中，白4如果于5位扳，则黑A反扳。黑5长时，白6如果于B位冲，则黑C反贴。

无论如何，白方摆脱不了被黑棋借力而治的处境。

图四十四　实战谱中的白106守角，应如本图，"凡义当争一着净"（施襄夏语），这才恰当。如此，下边白棋拆一这手棋恰到好处。另外，白1如果贪一点于A位尖守角，也是可行的。

实战白棋小飞守角看似更具效率，实则不然。阿尔法，不上档次的棋，很多。

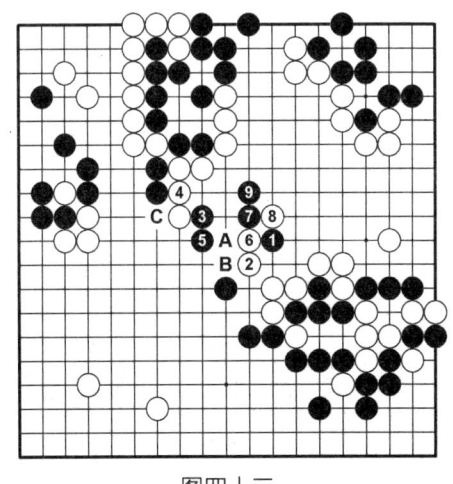

图四十三

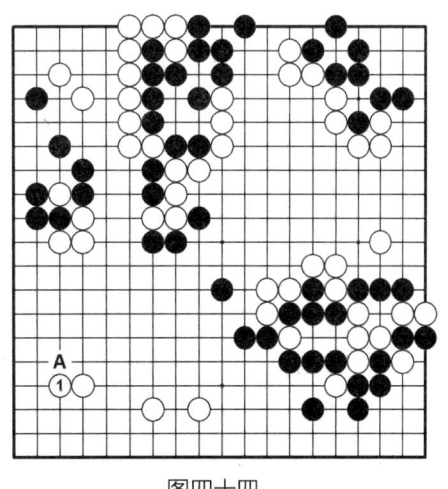

图四十四

第二十一谱 107

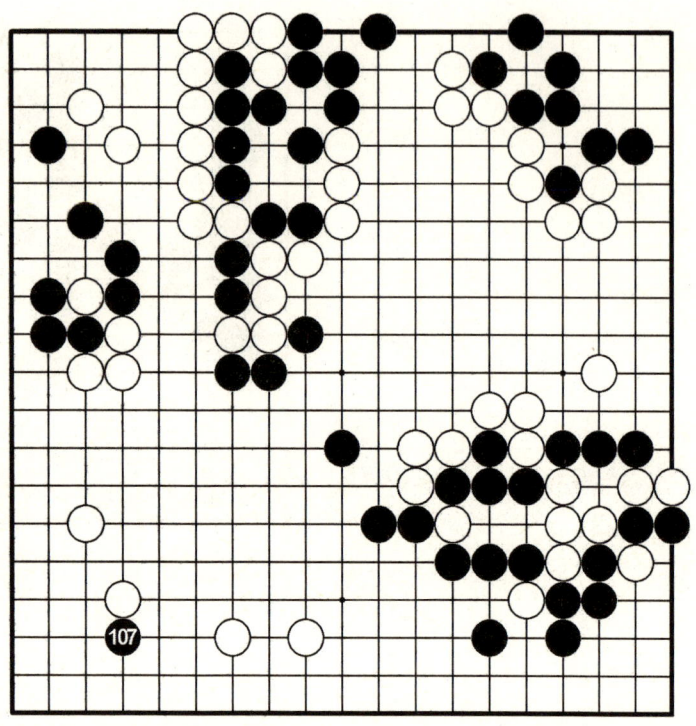

黑107掏空必然,不能坐视这块白棋完全变成实地。回看刚才左下角白小飞守角那手棋。阿尔法肯定在其记忆库里搜索到了类似局部棋形,从而在其着法中再现出来。然而,这样的再现总是难免生搬硬套、生吞活剥。

图四十五 这是1987年第三届NEC杯中日围棋擂台赛马晓春九段执白对山城宏九段之局片段。黑55托角至黑61粘,双方各得其所,作为黑棋而言,成功打穿白棋右下成大空潜力,白棋拔花后也加强了自身。而其作战处,正是"大飞小飞组合形"。

图四十六 1986年日本第十一期名人战七番棋决战第四局,小林光一九段执黑对加藤正夫九段。加藤白64托角至白66靠腾挪,与本局实战进程相似。战场,也是"大飞小飞组合形"。

此次"人机大战"借助于阿尔法超强的检索能力,俨然电影回放式地在我们面前呈现出了如此丰富和美妙的前辈大师们的棋谱,这里蕴藏着无尽的宝藏,阿尔法仅仅是打开那个宝库一角,却已足够撼动人类最强棋手。从此意义上说,人类高手们不是更应该博古通今吗?

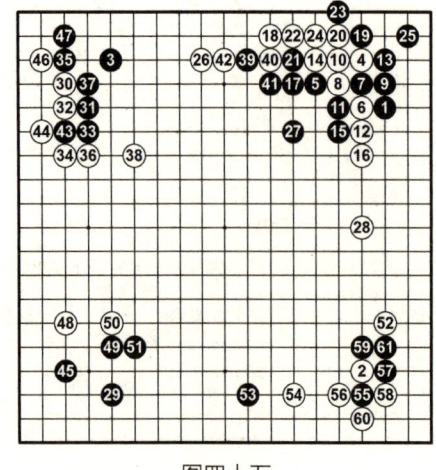

图四十五

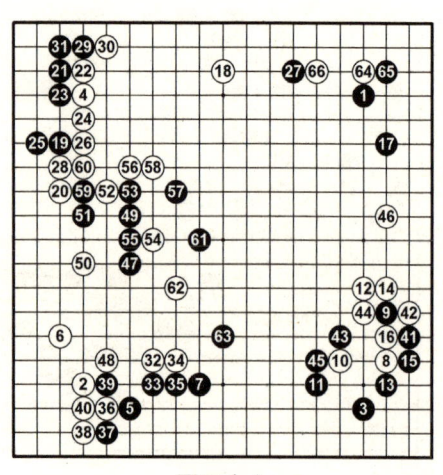

图四十六

第二十二谱
108—112

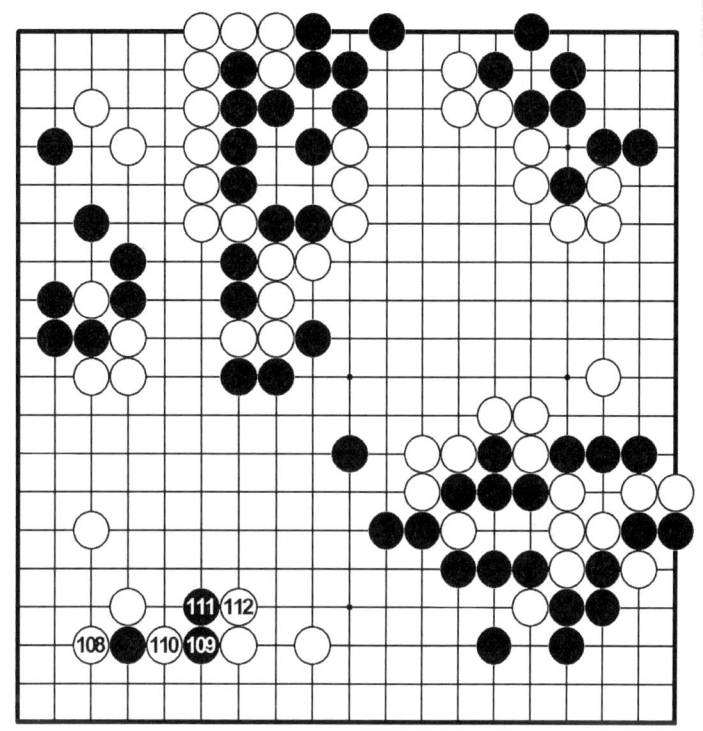

阿尔法选择了内扳,李世石横碰,接着白110抠吃黑一子,这手棋比较特别,在过去的棋谱中搜索不到,但却在前述小林对加藤一局的局后讨论中,曾被提及,并认为"可下"。

白112紧贴是强手!同时也是无奈之余的一招。

图四十七 如本图,白1外扳,以下演变结果,将成劫争。但此劫白方甚重,本图中连白21都不是劫材。至黑24,大转换的结果黑棋得利。其中,黑18寻劫的时候,白19如果在A位接,则本身已经大亏。之后的劫争,黑B寻找劫材就够了(在劫争当中寻找劫材的得失,这样的学问,阿尔法真的具备吗?)。

图四十八 实战中阿尔法的白110其实是一种屈服行为,如本图白1长,不是简单可行吗?黑2以下明显不能净活。白13跟踪追击的时候,黑棋其实很苦。其中,黑2如果于A位鼓,则白3,黑B,这样虽然也是劫争,但此劫对白棋来说,尚非紧劫,这样的话,白棋右下角的一堆劫材正好可以物尽其用。这里的逻辑,阿尔法不懂吧?

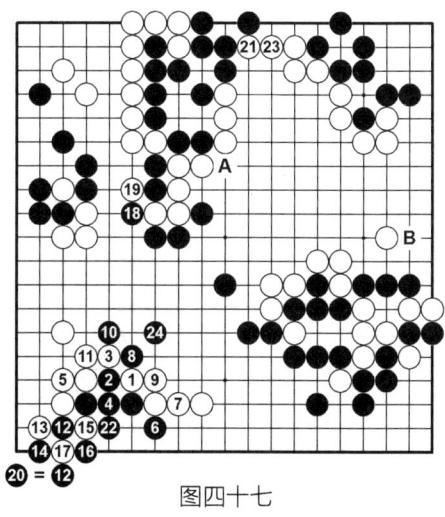

图四十七

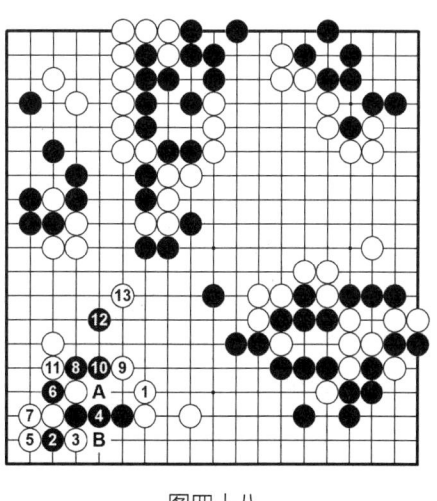

图四十八

第二十三谱
113—119

黑棋就像楔子一样扎进白棋空里，显示出了李世石的功力。但是考虑到序盘阶段，在黑25手之前，李世石近乎净损了一手棋，约等于他在让先的对局格下与阿尔法对局，弈至现在这个结果，真的是想要神化阿尔法，都无法自圆其说啊。

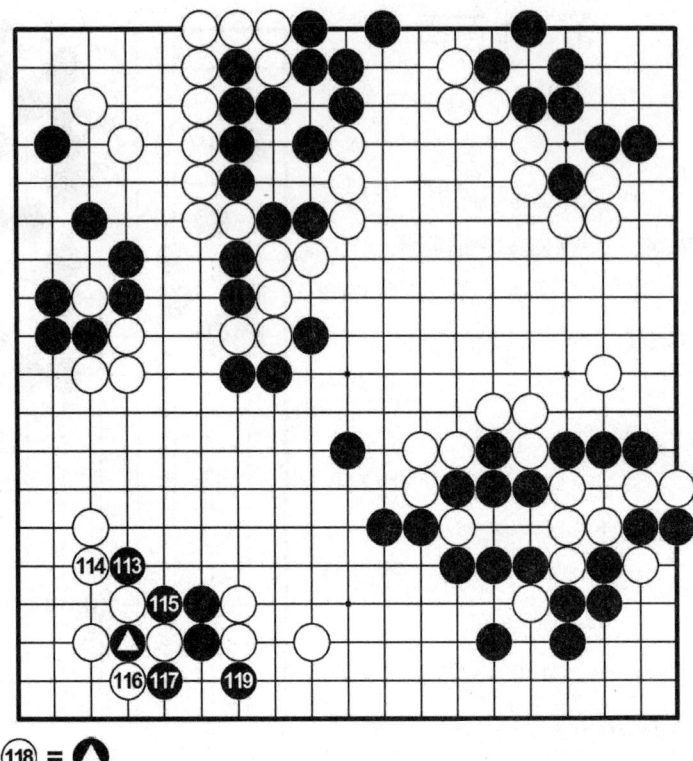

图四十九 最初白112若如本图1位扳过，至白7打吃，看上去是有利的一手，但此时黑棋就结成"梅花六"，白棋已然受损，自讨无趣。

图五十 前图的白3不在二路打吃，而是如本图在另一边粘上，则黑4以下打出转换，至黑10，形势微妙，但黑棋此战成功，印象强烈。

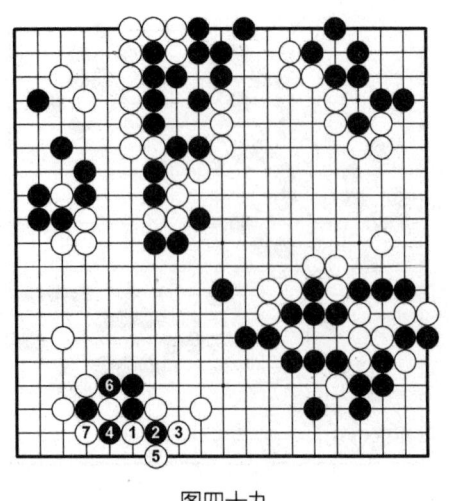

图四十九

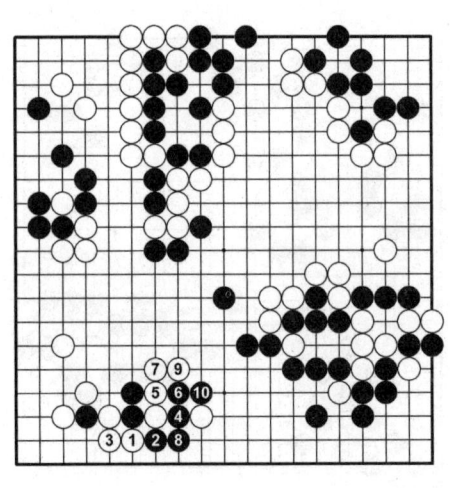

图五十

第二十四谱
120—136

本谱白120扳强手。这是本局中阿尔法唯一让人为之惊叹的一手。白124攻守兼备,好手!然而,此形其实也非常简单。

黑125养尊处优,错失良机,而且,这可能是本局的败着。李世石的锐气确实不如以往。

白136穿象眼,好手。至此,白棋似乎已掌控全局主动。虽然,白128、白132、白134又是连环恶手。

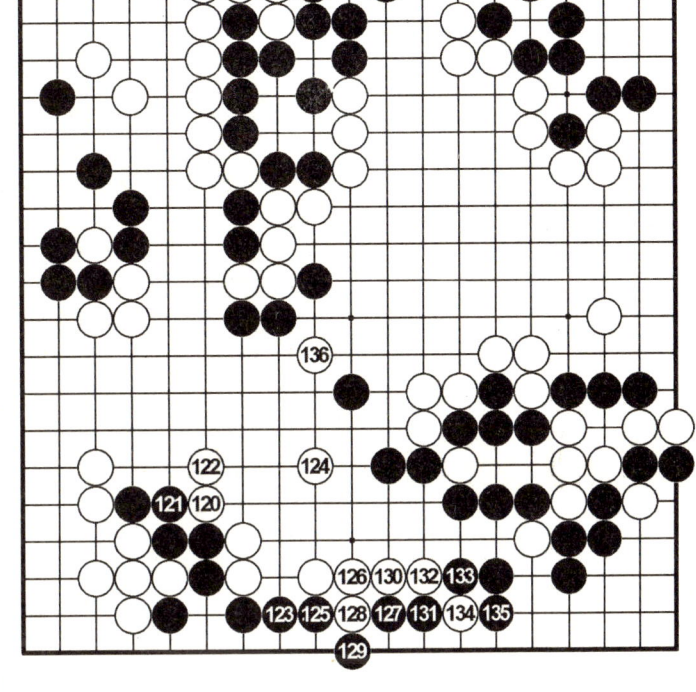

图五十一 实战谱中的白120扳本来应如本图白1关:凡关无恶手,也是本手。以下至白3,正常。实战阿尔法的着法更为直截了当,而且还取得了出其不意的效果。

图五十二 实战谱中的白120是令人吃惊的一手的话,那黑125同样令人吃惊。如本图,黑1穿象眼不是很简单吗?白2必挡,如此黑3是绝对先手,这样将使中腹黑A、B成为黑方的权利,中腹黑棋的处境大大改善。

如本图,似乎不能认为黑棋已胜,但比实战优越太多了。

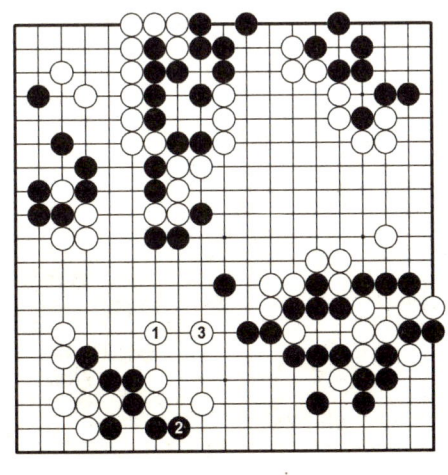

图五十一

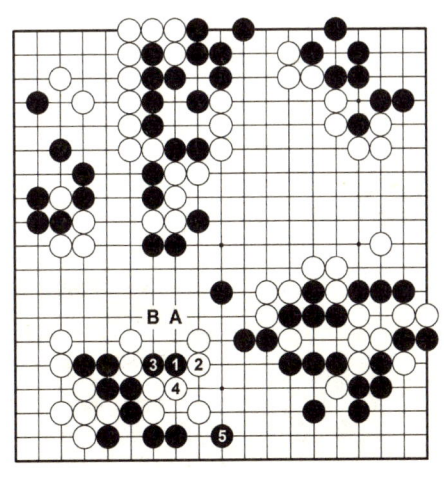

图五十二

第二十五谱
137—154

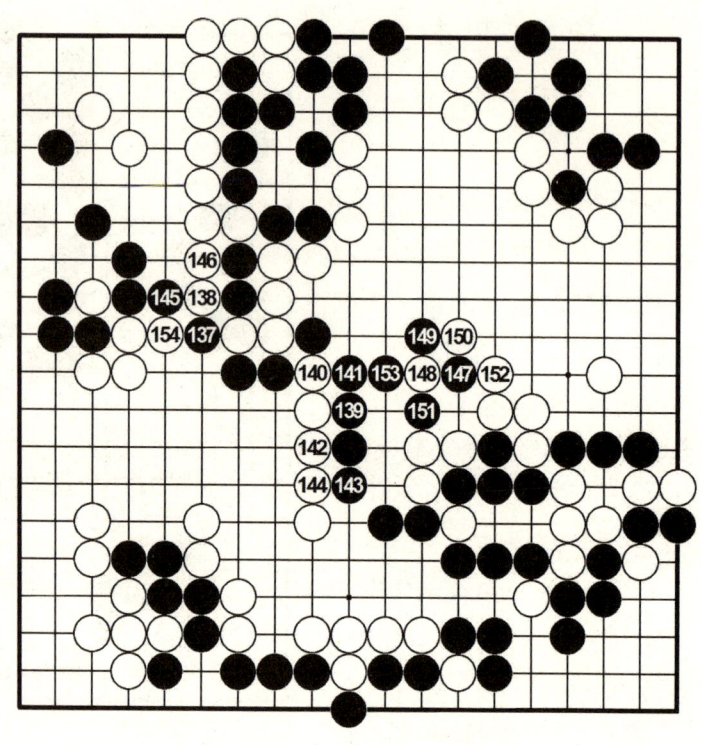

前谱中的白136穿象眼击中黑棋要害，黑棋顿有如鲠在喉之感。

黑139、黑141必然，白142回贴好手，在这个地方，阿尔法看上去计算准确。黑147点刺时，白148、白150以攻为守，好棋。

图五十三 实战谱中的黑143很想如本图黑1挖，但白2、白4是最强的两手。虽然白棋味道不好，但确实黑棋不能兼顾。

图五十四 实战白148、白150是好手。如果像本图这样，白1平庸地单接的话，那么黑2后，白棋将完败。

至白154，"细棋白胜"的印象已十分强烈。而若回看前谱的图五十二，可谓"穿象眼与否，决定了胜负"（小李未穿，阿尔法穿了）。

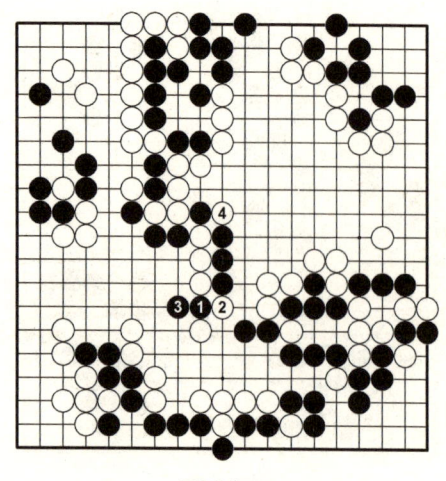

图五十三

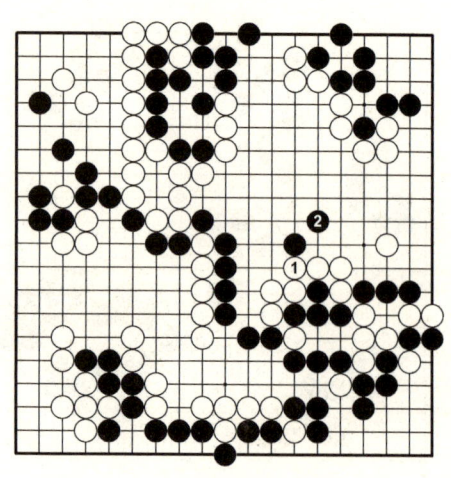

图五十四

第二十六谱
155—181

白158扑，损一枚劫材，有可能损1目棋。这样的着法阿尔法有许多许多。无疑，这些都是恶手。白164与白158同理。黑167令人吃惊，却是李世石拼搏精神和胜负嗅觉的体现。

黑169导致了巨大的转换，其得失很难计算。

图五十五 本图是实战的聚焦。黑1的棋形本身已经损了，因为此形的正着应该是黑A。但黑3，确实锐利。

图五十六 一般说来，还是黑1、黑3从长计议较好。黑1、黑3本身价值巨大。至于左边，如果黑A有一些味道的话，白棋是没有办法回补的，留在那里总是黑棋的。如果白棋要回补，白A挡时，以后还有黑B一扳。

或许，李世石九段判断，普通地定型，形势已非。

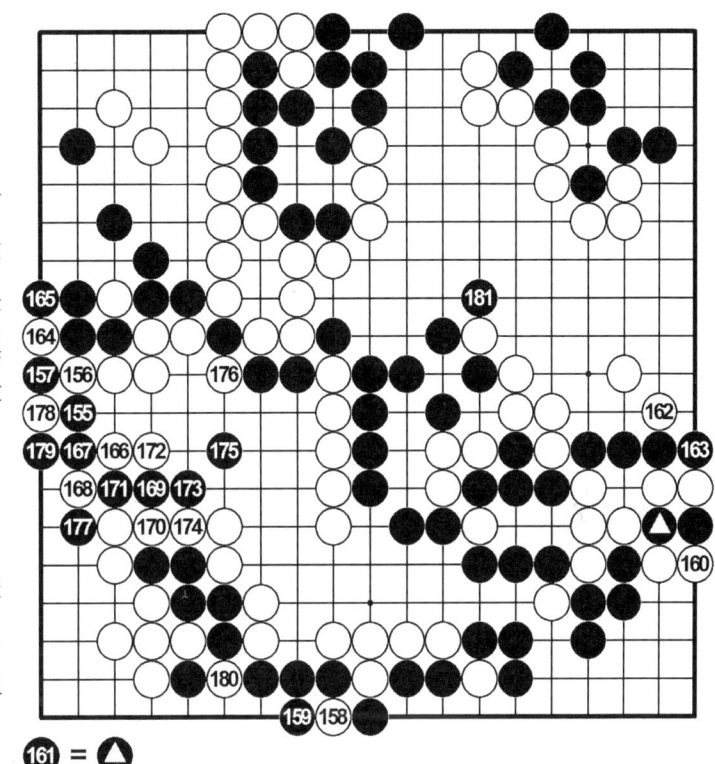

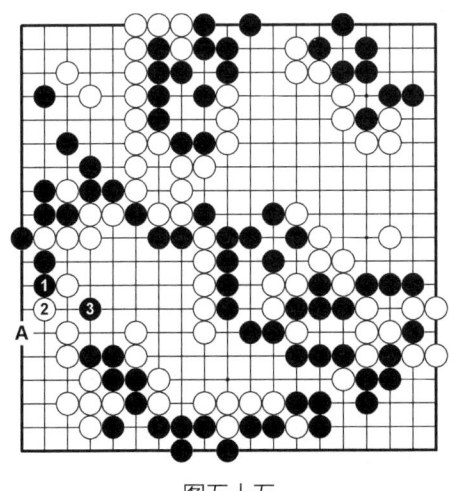

图五十五

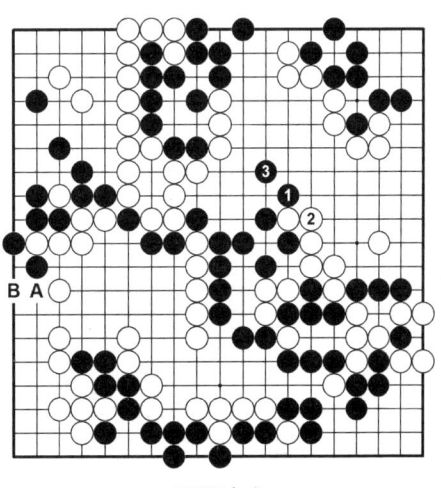

图五十六

第二十七谱
182—204

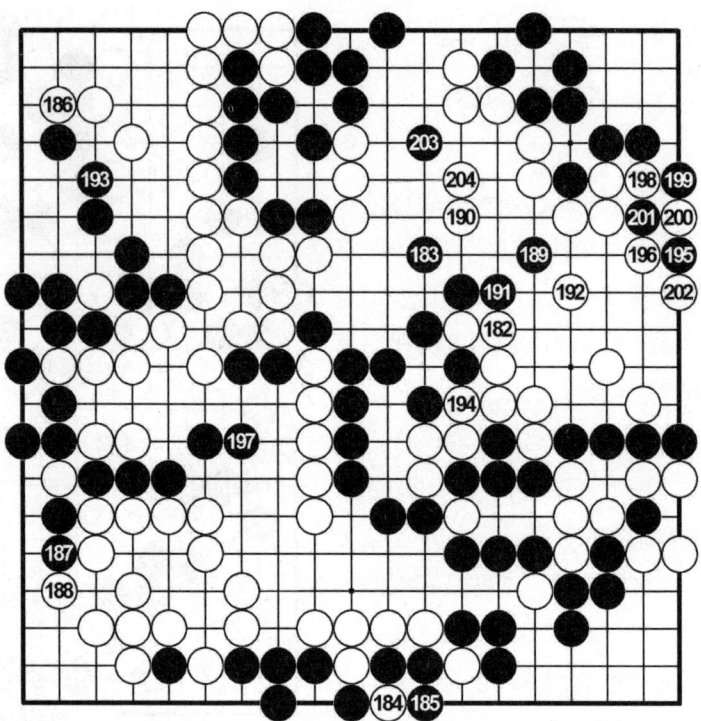

进入本谱，胜负已无悬念，黑棋难以贴目的局面无法改变，李世石1比4输掉此次"人机大战"已成定局。

不过，阿尔法的官子功夫被誉为"百分百正确"，而我们在本局中却还是发现了阿尔法盛名之下，其实难副。还是以棋谱来说话吧。

图五十七 实战黑189飞的时候，白190应该如本图白1、白3，先手收7目官子，而不是如实战那样白A补。此处问题是，阿尔法从棋理上说，根本下错了。然而，也有棋友的意见是，阿尔法总是从胜负的角度来确定其着法，换言之，它只求"取胜"，不求"完美"。

但显而易见的是，不合理就是不合理。如果神化了阿尔法，仅以结果而论一盘棋过程中的道与理，便一如日本围棋古人井上幻庵因硕所言："以胜负定高下，愚不可及。"

图五十八 实战李世石黑203的急躁暴露无遗，即本图黑A，此着欲速则不达，明显受损，应于本图黑1正常合理地收官。如是，虽然也可能黑棋要输一星半点，但棋理就是棋理。

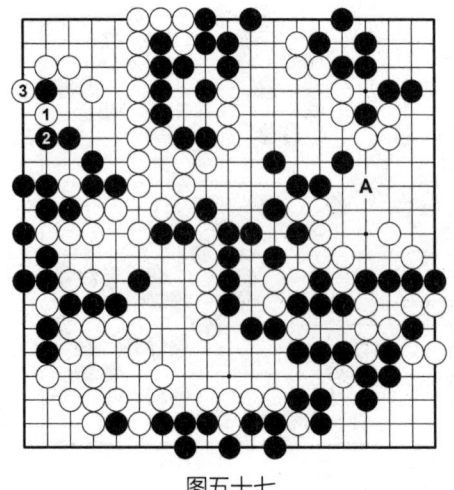

图五十七

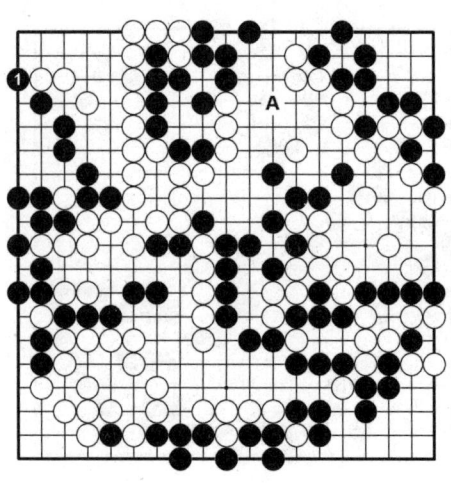

图五十八

第二十八谱
205—280

本谱已是垃圾时间。局部官子也许稍有出入，已与胜负无关。作为职业棋手而言，本谱的官子，应该是研究阿尔法官子功夫的好例子。

李世石输掉"人机大战"其实很有价值，最起码给人类提供了千载难逢的突破自身局限的契机。李世石作为对抗机器的先驱者，这次应该不会白白"牺牲"。

271 = ▲   275 = Ⓐ   276 = ▢

图五十九　请再回看实战中李世石黑167、黑169拼搏的话题。如本图，最朴实的收官方式是黑1至白6。

图六十　这是实战收官进程（假如白1合理地打吃定型）。与上图比较，一般的计算与评估结果是，黑棋大致"不损"。但是如前所述，这个"不损"的结果，黑棋只要想得到，随时可以得到，所以，黑棋如果保留的话，可能会带来更大的变化甚至利益。

这里涉及一个"时间差"概念。总之，李世石的实战定型，使本局后半盘变得对阿尔法来说，突然简单许多。

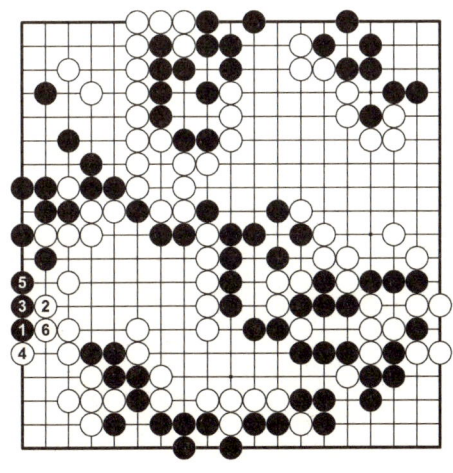

图五十九

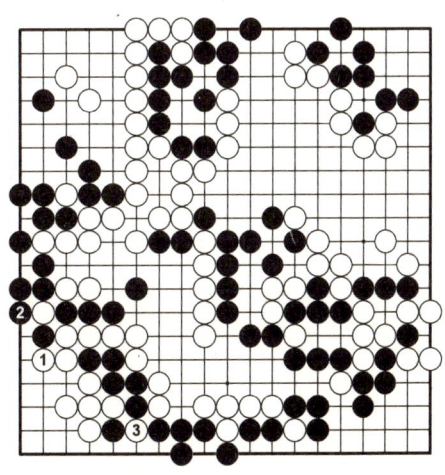

图六十

总谱 1—280

李世石1比4输掉了围棋历史上首次真正意义上的"人机大战"。

第五局最后的亮点在于阿尔法似乎故意给李世石留下一个破绽,李世石强手出击,逆转良机似乎豁现,但双方形成大转换后,细算下来居然是黑棋亏损,败势更是不可逆转。阿尔法在此埋下的地雷不可谓不深,在局部演算中,它的算路优势充分展现。

不过,与前四局相比,这盘棋可说是双方发挥最为接近、对战最为激烈的一局。人类高手和人工智能都充分发挥

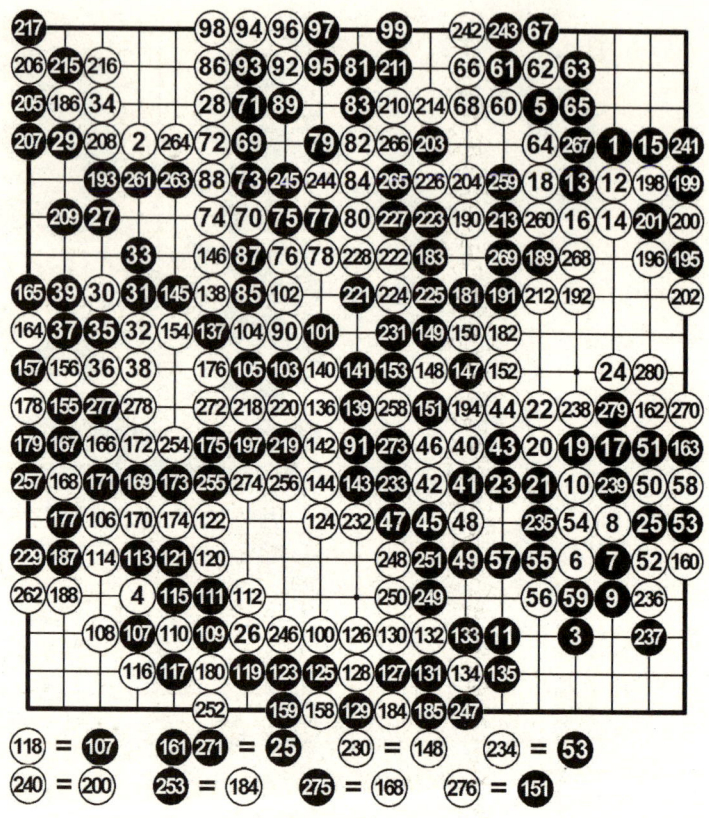

共280手 白中盘胜

出了水平,过程中没有一方出现突破崩盘的情况,一如鼎盛期的李世石九段与李昌镐九段之战。结果虽然是李世石落败,但阿尔法在第一至第三局表现出来的优势不再突出,相反还一如《天龙八部》段誉"六脉神剑"一样起伏不定、时灵时不灵。如果李世石在此次五番棋前与阿尔法有过接触,那他前三局不至于败得如此之惨。说到底,还是前两局阿尔法的怪力将他完全打蒙,在心理上将其拿住,导致其一败再败。

人工智能阿尔法在围棋技术上的进步突飞猛进,超过之前任何人工智能,将人工智能围棋水平拔高了N个层次。然而,即便是李世石九段在"人机大战"中1比4落败,此次五盘棋的进程折射出人工智能远未对人类高手有压倒性优势那一步,双方胜负仍有一争,人类高手如果能找到阿尔法的弱点所在,藉此还能将人类围棋水准提高一大截,距"围棋之神"的差距将会大幅缩小。这大概是此次"人机大战"的最大价值所在。

时 空 感

王 元

在难以数计的围棋评论和解说中，我不时用到"时空"这个词。但若以此词专门做文章，便不由得自问，时空，究竟是什么意思？怎样确切一点地解释？有没有词义的标准版？

查了家里不太新的《辞海》，里面没有"时空"！只有分开的"空间"和"时间"条目。再查网，网上有！而且有数量很多的文字解释。只是，请原谅我的浅陋：这些解释，我似懂非懂啊……只有两条，对我有用：一、时空，就是时间空间；二、时空，是物理学、天文学、哲学的基本概念。

其实，对世间万物，对人的思想意识感觉感情，欲以文字语言准确描述和表达，在很大程度上，是不可能的。所以，在人类的历史中，文化、艺术、音乐——包括围棋——等等可以传神的事业，才应运而生。准确与模糊，同时存在，同为需求。即使在遣词造句上，也是如此。一句话，一个词，因时间地点人物事件的不同，可以有不同的意思。比如"同情"，一见此词，总觉得"怜悯"之意较重，但施襄夏用之于棋，"两打同情不打"（某种棋形，如果两个方式都可打吃，而对方又不会花一着棋去补的话，就应该保留变化，不打吃）别有意趣。另外，记不清是哪位大儒说过：看待历史，应首先对历史人物或事件，抱有"同情"。此同情，显然绝非怜悯。

那么，围棋上的时空，有没有呢？如果有，是怎样存在的呢？

在清代，一位围棋高手在与同伴议棋时说："君等于弈只一面，余尚有两局，若是西屏先生，则四面受敌也。"此语，是戏言同时又是真意："您几位的棋啊，只是平面的。我呢，稍有立体感。但如果要说范西屏先生，那就是四维空间的棋了。"在没有"时空"等等新词的过去，古人早有"时空"的意识和表达了。

更早一点，清初，徐星友评黄龙士的棋，"寄纤秾于淡泊之中，寓神俊于形骸之外，所谓形人而我无形，庶几空诸所有，故能无所不有也"。看似着法普通，其实富于神韵；尽量让对手显像而自己更无形多变；正因为空无，方能大有。这不也有时空感了吗？难得的是，创作者（黄）无声而著，观赏者（徐）慧眼识珠，高山流水遇知音啊。

近代，处于棋艺巅峰时的王立诚九段，在谈及吴清源大师时说："先生的棋，似乎身在另一空间，这是我辈永远也赶不上的。"

日本著名作家江崎诚致论及三百多年前的本因坊道策时说："现代棋手的棋是二次元的，道策的棋是三次元的。"

从高手的棋中看到精彩，我们习以为常。但欲将或许读懂一点点的"时空感"，用棋图和文字试作表达，却相当困难。分明是只能意会不能言传的内容，偏要形象化数字化，南辕北辙啊……

众所周知，吴清源大师，"新手"很多。但是，仅仅从"新手"的字面意义去认知，浪费很大啊！如果"同情"足够，联想到过去的社会和思想环境、当事人的创作欲望和能力、对已知规律（定式）的透视和突破以及时至今天的影响力，再加上这些"新手"的时空信号，如此这般，围棋之于我们，才有更多的意义。

我之"不相信电脑在围棋上能够战胜人脑"，一是基于"不是血肉之躯不能产生思想"，再则，即使电脑可以搜索、识别、选择、组合出一些好棋，而这些好棋貌似出自于"思想"，但这终究只是借花献佛，只能最多达到"形似"。而创作、创新、艺术感、时空感，不要说这其中的绝大部分并没有反映在棋谱中和解说里，即使有所反映，就连人都难以清晰读懂，何况电脑呢？

高手的棋中，内涵十分丰富。但反映在着法上，可能仅仅是没有下"星"而下了"小目"，而高手本人，不可能也没有机会把"因为所以过程结果"全部付之于语言文字，他能说的，可能仅仅是："现在，应下这里"。比如，打上印记的"吴清源流"的"无忧角之肩冲"，此一着的内容，既有"改变了无忧角周边的环境"，还有"无忧角，本身结构存疑"（吴自身于布局初期下无忧角的实例，甚少），更有"无忧角，不是不好，而是要看时机"等等，这样的"如此这般"，作为社会环境中的人，不可能明示，还是心照不宣、愿者上钩吧。我曾在讲棋中说过"李昌镐的一颗星，跟我的一颗星，是不同的"，此言也戏也真。阿尔法下了不少肩冲，但跟吴大师、本因坊道策的肩冲，确实不是一回事啊！

这事，真的说不太清。还是看几个图，再试试能否触及围棋上的"时空感"吧……

参考图一 右上角。过去（上世纪50年代），吴清源先生的白2二间高挂下得不少。对此，如果对手黑3应，白便暂时放下不理，脱先他投（这一点至关重要）。

右下角。后来，演进至白1肩冲无忧角。在吴先生的许多讲解讲座中，此着被屡屡提及。

左下角。作为基本变化，如果黑1贴，则白2长，之后，若黑A，以后（不是"立即"）白B

碰,是好形,黑方若欲护角地,则无论如何都将被白方得利;而黑若出头,则角上被白先手扳(单纯算目,约"先手10目")。本图中,黑1白2后,若黑C再贴,白D亦长,如此,角上变成立三拆一,黑因质变而重复了。另外,黑1若黑E横长,则白F,今后,白B仍让黑不便反击。

左上角。在此形态,最初觉得"黑无忧角,两边应有足够的发展性"的印象,立即改变,两边的价值,显然都变低了。当然,黑方也不是不好。白方今后对于肩冲这一子的运用,技术难度或曰对"时空感"的要求,均较高。

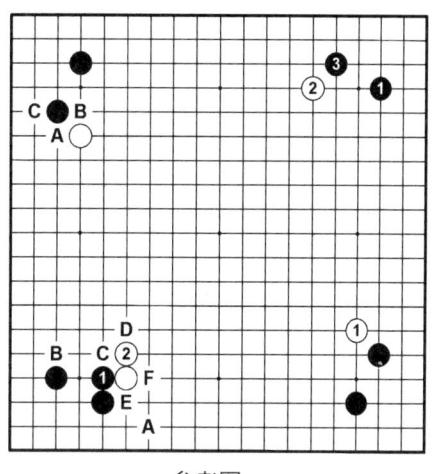

参考图一

本图左上角棋形,白方的要领,是保留或白A或白B的可能性,文章总在全局或此角的周边去做。特别是有需要时,白A、黑B、白C的定型,也成立。

总之,白方第一时间改变环境,抑制了黑方的发展;第二时间可因动而动;第三时间,以周边状况之处理呼应肩冲这一着的价值。这不,时间空间的元素,都有了吗?

再抽象一点,或许,这一肩冲没有明说的,还有"无忧角,暴露目标是否过早、利于对方有的放矢——如果一开局就如此守角的话"?

本图的肩冲,如果对方不应,己方也在相当长的时间内不应,这非常耐人寻味,时间、空间的感觉,已然就在其中了。

参考图二 右上角。黑2小飞应,即星位小飞角,这是吴清源先生最先下出的形。

右下角。中国古代座子棋,还有取消座子的日本古谱中的让子棋,都是黑2大飞的。施襄夏所谓"小飞窄逊大飞宽",是就座子棋的环境而言的,我们不要误读。

左下角。约二百年前,日本的本因坊秀荣,下星位许多次,被挂角后,总是黑2单关。

左上角。再看此形,有趣的是,白A以下的"诸定式",流行了几十年。近十多年来,白A并非绝对先手,又渐为共识。更有意思的是,黑A守角(因李昌镐用得早用得多,几可谓"李昌镐流"),成为"星"位得实地的最佳结构,而星,本不守地,因为再花两手总共三手的星位角,其地也不"实",但因有白棋与黑棋的交换,加上黑A,黑实际上仅花两手,就守牢了角地。这其中,白棋在左上角挂了

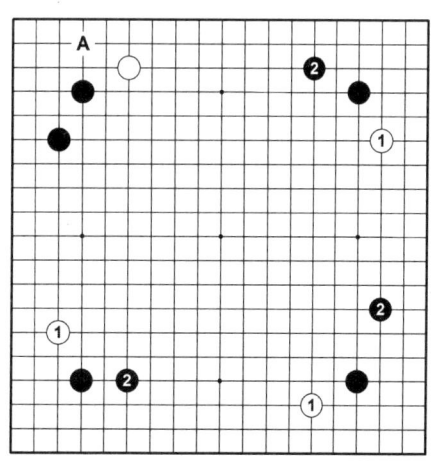

参考图二

后脱先，有时间元素，而黑相对高效地得角，不也勉勉强强有空间元素了吗？

参考图三 右上角。对黑1的脱先，始于吴先生。顺便提一句：脱先意识，要紧。许多疑难问题，只要想到脱先，就迎刃而解。同时，多用脱先活用脱先，也是认识感悟"时空"的捷径。

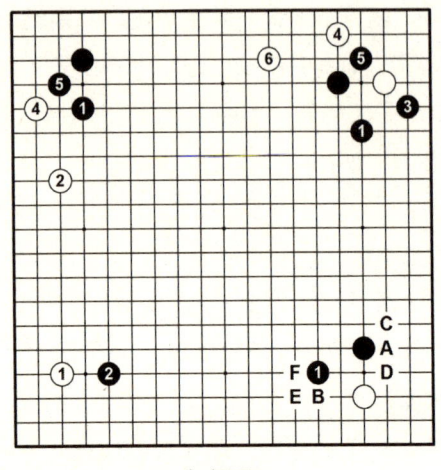

参考图三

右下角。黑1时，在吴先生之前，白方要么白A（以下有黑C或黑D），要么白B（以下黑E或黑F）。总之，不论黑1与当时全局的配合状况究竟是好还是不好，反正黑1可以牵着白方的鼻子走，而白方并不了解若白A黑是C还是D，或若白B黑究竟是E还是F（当然，不愿品味者，可永远高举"虽千万人吾往矣"之大旗，对这些内容，不屑一顾）。但吴先生说，我根本不理你，你的主导权何在呢？

左下角。请再看此形，受吴先生的无声引领，或可这样认知：白1黑2后，此角，已有基本状态之确定，即：白实黑虚。下一步，白方当然可以用任何方式继续纠缠，但同时，放弃纠缠而先占其他大场，再让此角因动而动，显然也是充分可行的方案。要紧的是，正因为白实，近于成活且近于取地；正因为黑虚，不利于攻击却利于相持。更要紧的是，如果黑接着花一手再花一手，白又可将"近于活近于地"的一子，干脆弃掉，换来另外两手棋的时间，用于经营周边又一天地的空间。

左上角。此形与右上角的形，价值雷同形式有异，意在说明，吴先生之弃子"新手"，本身确实不损。本形中，黑1单关角与白2占边的交换，属"有条件的黑有利"，而白4与黑5的交换，则为"无条件的白有利"。综合评估，黑1白2，属第一时间，黑之得利，应大于第二时间的白4与黑5。另外，周边的子力配合情况，也将左右"评估"的正确性。但总体而言，吴先生的"新手"，显现了盘上和他本人的"时空感"，这一点是一目了然的。本例中，下在盘上的价值很高的一着棋（白方的小目），根据情况和需要，先是不动，后是不要，这也是非常有意义的。如果仅仅把这一变化看作一个"定式"，那就是资源浪费了。

参考图四 右上角。黑3的托，在一个局部继续挖掘，吴先生下得很少。当然，这不是说黑3"不好"。

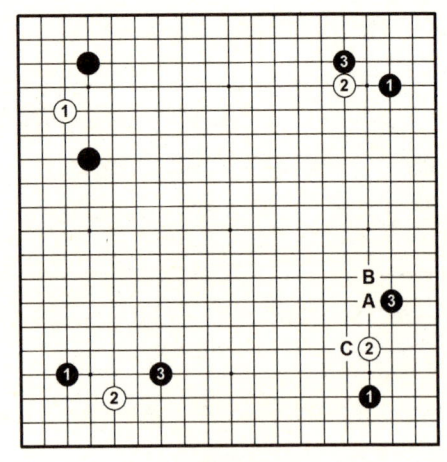

参考图四

右下角。黑3或黑A黑B这类夹击，吴先生也下得很少。对于黑C上靠，先生时而用之。这些，能说明什么吗？反正说明不了"好与不好"。但或许，这里面有先生对黑1白2的形之本质的独特认知。

左下角。为话题之随意延伸：小飞挂的一间高夹，许多年至今，一直为较热门甚至时髦过的形。但，吴先生鲜少涉及，也未对此有一言半句的评论讲解……

左上角。也许，黑之高拆三，棋形本非最佳，而白1的打入，如果应该打入的话，这是最佳的选点。何况，下一着，还该白棋下……

以上参考图的内容，涉及"时空感"。但确实，这与一局棋的胜负，几乎无关。或者说，没有直接的关系。技术水平高的棋手，无需"时空"也照样赢棋。只是，没有时空感，便下不出下面棋例中的棋，留不下更多启迪后人回味隽永的棋谱，甚至，赢不了如果自己真的努力学习本可赢得更多的棋。当然，也不能在与阿尔法们的切磋中，真正地体现人脑的优越。

参考图五 这是吴清源九段与藤泽库之助九段十番棋的第一局，弈于1951年。这是世界围棋的第一位九段与第二位九段（当时九段仅这二位）的对决。此次对决仅赛前协调，主要是"用时谈判"，就费时近两年。吴希望每方10小时，藤泽坚持每方13小时。最后，吴妥协了。此对决之隆重，至今也可想而知……

白30、黑31后，下一着，白怎么下？（吴执白对藤泽）

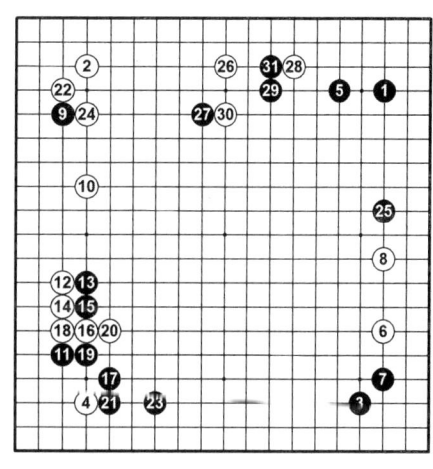

参考图五

参考图六 实战中，吴先生下的是白1尖。

此着，感觉奇特。但是，内涵丰富。然而，吴先生在自战解说中只是淡淡地说："此着，让人意外吧？一般应白A或白B。"

如果仅有这一点信息，让阿尔法们可怎么了解、学习和消化呢？下一次，当阿尔法模仿出类似的小尖时，多半又是画虎不成反类犬。我虽不信人工智能可在围棋上超过人，却真心希望它（们）不断进步。

白1尖，使白方大模样规模过大、黑方施展手段的余地更大，这未必白方有利。但是，由于白C明显的次一好点，这便远远地呼应了较弱的右边拆二。对于右边拆二，黑D、白E、黑F，或黑D、白E、黑

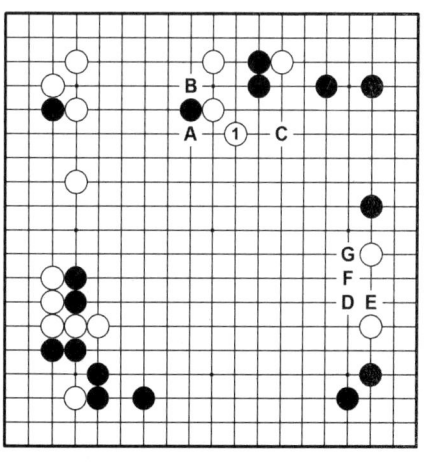

参考图六

G，均为有效的攻击手段，但因有白1和白C，黑D之攻击的"利润空间"提前成疑。另外，白1"贪"了一些，这对于不贴目时代的白方来说，不是理所当然的吗？

参考图七 白1，自然是本手。但黑2、黑4发动攻击，严厉。在这里，不是说如本图白方"就是不好"，而是如本图，黑方有明显的行棋目标，而如实战那样，黑方虽然进入左方白模样时，处境宽松一点，但从全局来看，黑方的"行棋目标"，没有那么明确。徐星友之"所谓形人而我无形，庶几空诸所有，故能无所不有也"，恰恰也是此意。

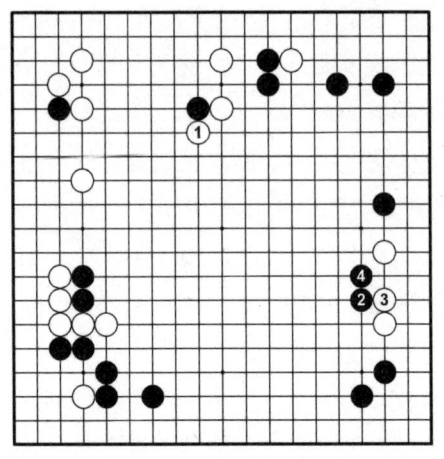

参考图七

时空之中，虚实有无的运作变化，是在重胜负、结果论的观念里，很容易忽略不计的。

参考图八 本图是前图的变化。黑2、4后来因李昌镐九段多用于特别的布局，可称彼为"李昌镐流布局"。不过，黑2、4的手段存在久矣，在三百年前的古谱中就有。在右边，白方不会太苦，问题是，白13的步幅，不得不谨慎，效率自然有折扣。这是与实战中"吴清源流"的小尖，完全不同的。

另外，对于拆二这个形态，今天的认知，已与过去不同。今天认为，孤立的拆二，立即就是攻击的目标；而过去的"共识"却是，拆二在第一时间是安全的。所以，在坂田先生（与高川先生）的棋谱中，甚至有棋都下完了，孤苦伶仃的拆二，还没有被攻击的例子。

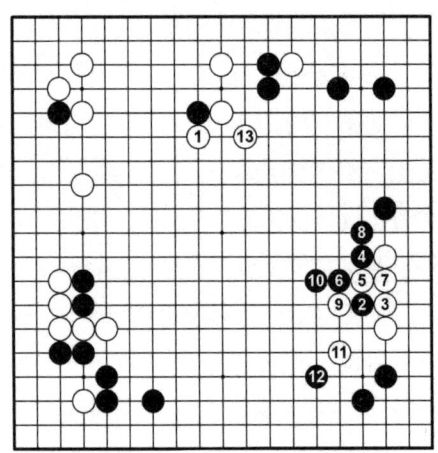

参考图八

而吴先生，早就对拆二另有看法：不然，在本局中，为何要"改变身姿"而兼顾拆二呢？

参考图九 本例，还有另外的信息。如本图，黑27，耗时1小时1分。对于历史上第一位九段、当时还是唯一九段的藤泽朋斋（原名"藤泽库之助"）先生煞费苦心的此着，若觉得有疑问，怎好明说？手谈，只能以着法切磋，这或许也是实战白方白32的内容？

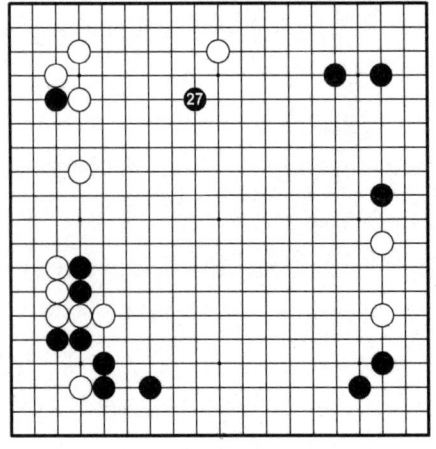

参考图九

在围棋文化中，指出对方或他人的"错着"是可以的，因为那差不多是你我他心知肚明的事（当然，前提是"某一水平级"）。但指出"疑问手"，失礼或没有必要的嫌疑甚大，除非主客关系很好或应对方询问而答。不过，在本书中，我指出了阿尔法的许多"恶手"、"疑问手"。涉嫌失礼吗？是的！毕竟，在这件事情上，如果没有一点点——哪怕一点点——不同声音的话，可能就连谷歌阿尔法们，也会在心中觉得好笑吧？

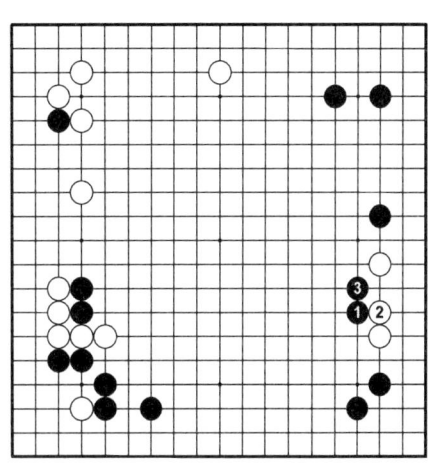

参考图十

参考图十 黑方可能还是直接先攻击较好吧？左边有白方大模样，右边有黑可攻击的目标，这不似乎是一个"借力"的平台、为杠杆所寻找的支点吗？

本例中，时空感，好像更接近于"全局观"。确实，综合感知和运用时间与空间，在棋盘上，也几乎可以用全局观、大局观来写意表达。而作为其"论辩"的对立面——结果论，在某种条件下，也是强而有力的存在。还是那句话：一切，看你想从围棋中得到什么。此事上，是非对错，可谓没有。阿尔法的粉丝们，因它的胜利惊叹而兴奋；而我，因李世石输掉而难过，又因他胜了一局（！）而释然，推敲完总共五局后，我笑了……

参考图十一 这是1950年"吴清源八段与高段者对抗赛"中的一局。此赛，可谓特别的升段赛：九段，只有藤泽朋斋一位。而吴八段，九段之实虽至，却仍需名正言顺。于是，便有此次一人分别对多人的对抗赛。此赛（此局）之后，吴先生升为九段。

本局，吴先生让先对坂田荣男七段。吴时年36岁，坂田31岁。

白1，模样合围的好点。同时，此着又威胁着中腹黑棋。

黑2，锐利的一手！

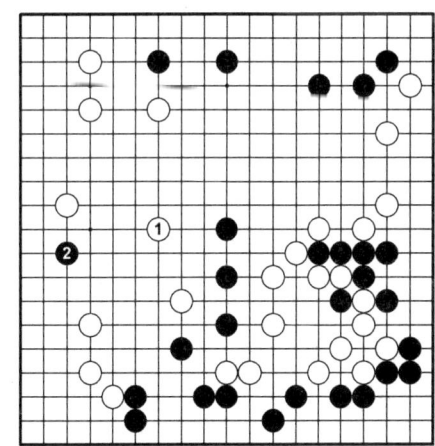

参考图十一

坂田荣男先生，自此时始至以后，终成为吴清源先生的伟大对手，并再成日本棋坛的一代霸主。那么，黑2打入后，白方该怎么办呢？

请回忆、联想一番：李世石对阿尔法的第二局，白80打入时，黑方的应对策略，请看看那黄龙士的招和武宫的招，然后再往下看……

参考图十二 其实，施襄夏也早有教导："攻虚宜紧紧宜宽"。本图中，吴大师根本不理睬黑方的打入（阿尔法，明显也学过本谱），而是从白1去旁通、去借力。至黑12，白先手强化了外围，待回手左边时，仍是"紧宜宽"的白13自补，不给黑方借力。

这样的着法和其内在的思想，或许当时日本棋院的"评委"们，据此已经认可"该发九段证书"了。

但是，战斗正未有穷期——

参考图十三 黑1至黑9，撒豆成兵、无中生有、非常有力、令人感动。坂田先生，在此局之后，更致炉火纯青，但棋风一直未变，犀利深刻。后来，日本有人形容："有距离的调控，吴是天下第一；零距离的摩擦，坂田是天下第一。"此说，有趣也有一定的道理。而另一说，也有一点道理：本书中的主角之一、李世石九段，真的与坂田先生，有点像。

参考图十四 本图是实战。黑1以下至黑13，死活得失，均不清楚，白若用强，客观上也有风险。于是，白14，又一次借力、找支点。

赵治勋先生曾说，吴先生的棋谱，他是要永远打下去的。他还说："我发现，先生似乎总是在侦察着……"不愧为知音啊！吴大师，一是善于因动而动，故常用"试应手"、"形人而我无形"；二是，吴大师一生，一直在侦察围棋的奥秘……

对白14，若黑A，则白B黑C，多出白D的先手；若黑B，则白提子后，多出D的断点。

参考图十五 本图，白顺水推舟，自然解决左边的难题。

坂田荣男先生在他的著作中，有这么一段涉及吴清源先生的文字："同道中的前辈吴清源先生，从20岁开始就立志献身棋道，从围棋当中，探索宇宙，完成下棋要'阴阳调和'这个哲学性的结论。他是拥有某种神秘气质、令人尊敬的棋士。吴氏的大家风范，也表现于他不会强迫别人接受他的看法。不入自以为

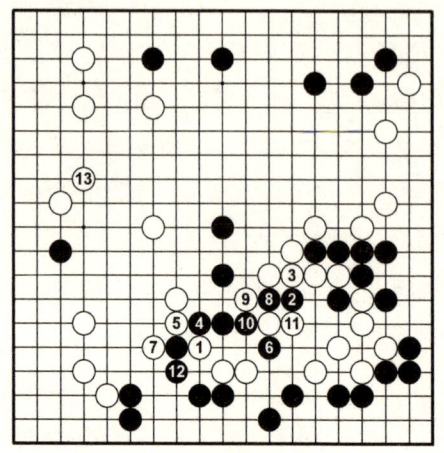

参考图十二

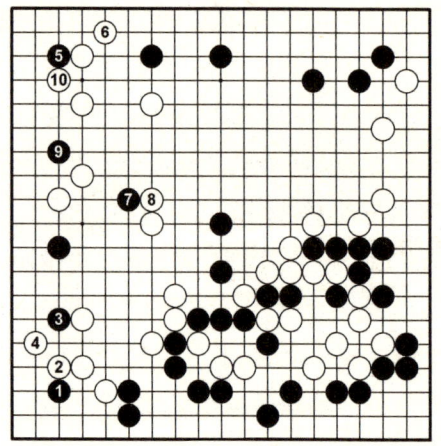

参考图十三

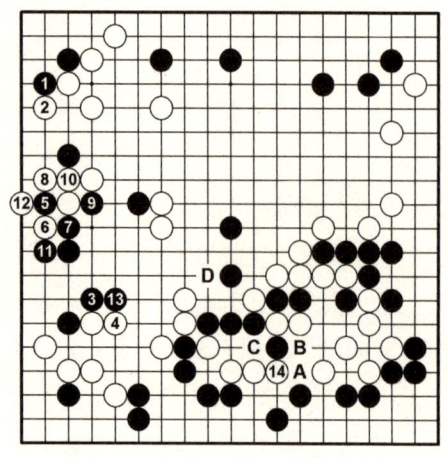

参考图十四

是的泥潭，使吴氏更显超然。职业棋士当中，不是没有那种只认为自己对，别人都不对的人。我认为，这完全像不懂事的小孩子般的任性。围棋不是这么简单就能得到结论的竞技，不兼听则不明，一意孤行，怎么能够探究围棋的奥妙呢？"

参考图十六 本图，即为本书前面已介绍过的李世石对阿尔法的第一局的序盘。

第一局，至关重要。从后面的几局中，看得出本局对小李的心理之起伏无序，起到了最大的作用。可以说，4比1的比分，第一局结束时，基本上已经确定。

如前所述，3月9日的下午近3点，我们的飞机刚降落。邻座的谢锐，打开他的手机，给我看到了此局中盘时的情形（黑123时），快速地看了过程图后，我有两个印象：第一，此时是黑优势；第二，右上角的白方下法，出自加藤正夫（对林海峰）。

本图白1至白5，不能说加藤"流"，因为在我的记忆里，此形在高手对局中，只此一例。但这究竟是哪一局（林与加藤，对局太多），实在想不起了。后来，我连翻十几年的日本围棋年鉴，才找到！也可以说，找得到此局，成为我约谢锐共著此书之动力的十分之一。

参考图十七 对小李刻意摆出的此怪异布局，阿尔法抄袭加藤先生的着，抄得并不好。阿尔法，并没有"思想"。若如本图（前面评注中，提及另一图），着法虽无法证明其"好"，却能证明"有思想"。白5后，A有打入B有长，白生动。若先有白5，如果再下白1，黑C必爬。

思想，与时空是最近的。阿尔法机械化或智能化但毕竟是模仿的种种着法，竟引发近于神话般的评价，人们，竟不知这只是它从我们曾经或正在做的事情中所提取的，甚至还不到提纯的程度，余，很想去向隅而泣。

参考图十八 本图，同样"说不上白好，但白有思想"。

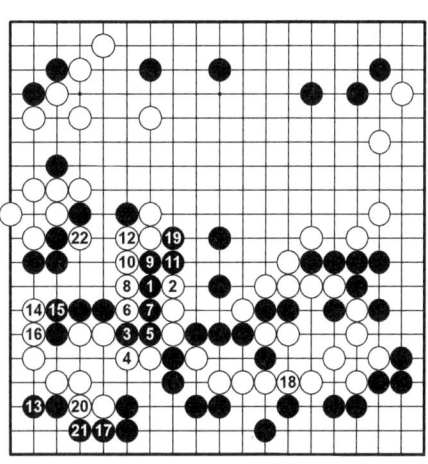

参考图十五

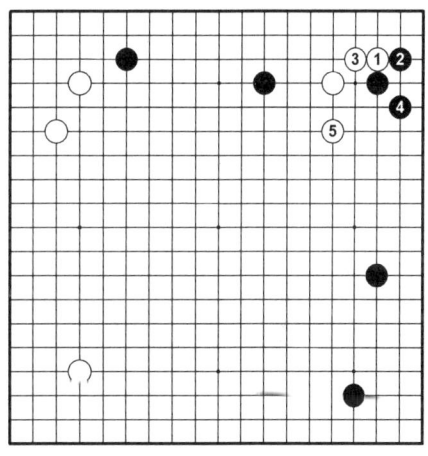

参考图十六

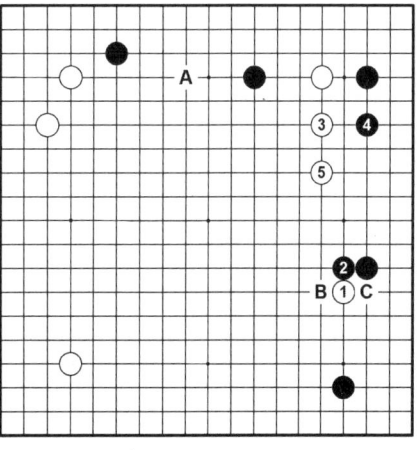

参考图十七

参考图十九 本图也一样。白2后，黑A有白B到D；黑E则白F到白H。

但愿，阿尔法（们）在看过本书以后（我断定它一定会看。我先说"谢谢"，再说"不客气"，还说"过奖了"），能得到某种启发，希望它以后能够更好。我认为，人工智能的围棋项目，能够成为围棋文化的新枝，能够成为职业棋手百尺竿头更进一步的有力推手。

最后，向所有赏光看本书的读者朋友致谢！愿各位心情愉快！棋艺进步！

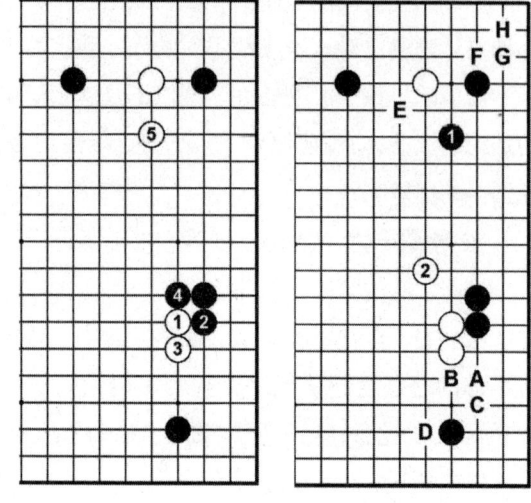

参考图十八　　　　参考图十九

复吴图

王 元

"记录",是一件说起来简单其实很难的事。因见而记,随时随地都行。但欲完整客观,那可真是高标准严要求了。不过,围棋的棋谱,我想应该在诸多记录方式中,离"完整客观"比较近吧?一纸方格和数字,几乎就记下了历史。再经由打谱者对棋谱的解读(必然包括能力、态度),无法形容的乐趣,将由此产生。

阿尔法,以另外的方式,相当成功地对所有棋谱进行了解读——或如路径不一的登山——故有大胜。但也正因为这无情无趣的解读方式,启发了有思想有智慧的我们进一步认识到"学习加创新",才是我们真正应该去做的事,才是我们真正的永不可替代的优越之所在。

在"人机大战"的五局棋中,阿尔法"以人制人"的着法很多,哦,应该说"所有的着法,均出自于我们的过去和现在"。幸好,未来,属于我们。很希望我们那"学习加创新"的未来,会被阿尔法们即时追上(新之一出,便为历史,便为阿尔法们所用),其时间差,正是闪光处,或如焰火之一瞬,或如春花之一季。再说,彼此竞争,本为生生不息的基因,围棋的黑白关系,相争互证,祖宗想借此说明和演绎的,原来就是自然界这一最本质最深奥最简单的道理。所以,几乎让我"伤不起"的阿尔法,来得,还真是时候啊!

下面,兹列出前文有所涉及的名谱有十,请一赏——

一、林海峰(黑)对加藤正夫 二、安井算哲(黑)对本因坊道策
三、汪汉年(白先)对盛大有 四、吴清源(黑)对雁金准一
五、林海峰(黑)对藤泽秀行 六、小林光一(黑)对加藤正夫
七、谢赫(黑)对李世石   八、黄龙士(白先)对周东侯
九、施襄夏(白先)对范西屏 十、范西屏(白先)对施襄夏

第一局

日本第三十四期本因坊战
七番棋第四局　弈于1979年

● 林海峰　○ 加藤正夫

本来就是话题丰富的一局，加上阿尔法借用了加藤先生白12至18这一特别且高手棋谱中唯一的定型，此局在棋史中的印记，更深了。

图一　对于谱中的黑35，藤泽秀行先生在《我想这样下》中指出，应如本图黑1无棋自补，不让白方借力，静观白方的下一手。黑1的境界，当年让许多后辈折服。

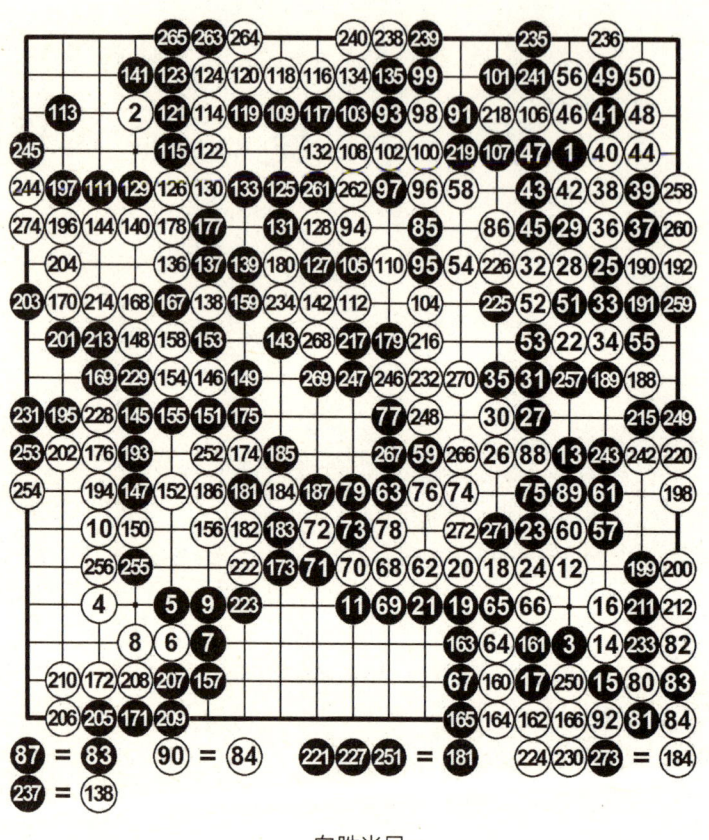

白胜半目

图二　然而，加藤正夫先生在自战解说中，先是表示自己别出心裁的白14至白18，并不好，然后替林先生作了辩护，他说不是实战的黑35欠妥，而是黑41不力，林先生有误算。黑41若如本图黑1及以下，给白做成大头鬼后，黑A白B再黑C，"我将大苦战"。

这些故事，望工程师们也以阿尔法能懂的语言，讲给它听听（一笑）。

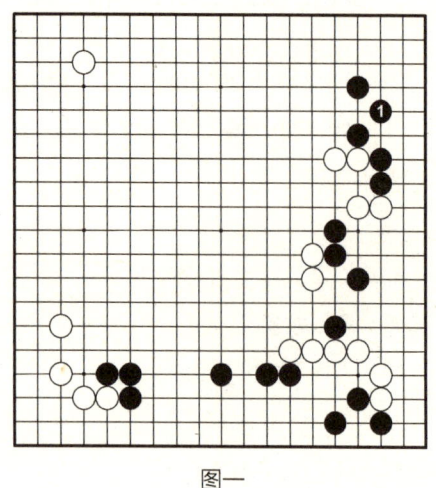

图一

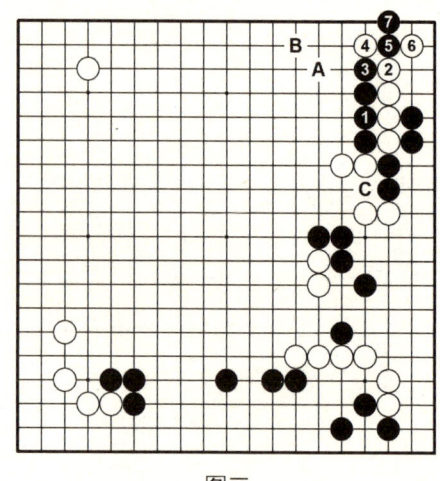

图二

第二局

● 安井算哲 ○ 本因坊道策

安井算哲，除了是当时（三百多年前）的围棋高手，还是天文学家。他的布局，常常以天元开始。据说，他坚信，此为天地之正中，先居必然应该有利。无独有偶，在几乎同时期，中国清初的高手们，也曾屡试天元（次局介绍），似为应和千年前的班固论棋"骈罗列布，效天文也"。

道策的棋，由吴清源大师讲评，简直是天作之合。人所

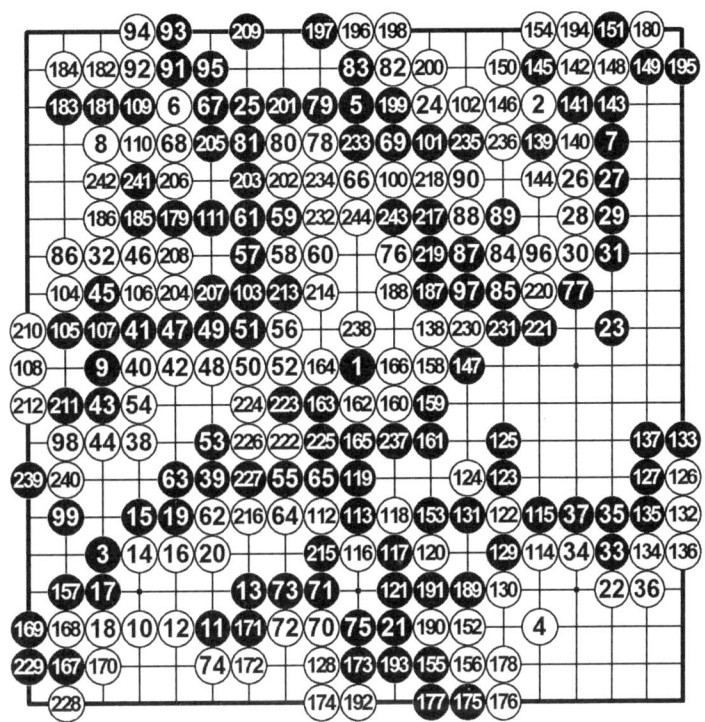

白胜8目

共知，吴大师还说过："黄月天（即龙士）的棋力，相当于日本名人级（即道策诸位）。"

图三 实战中的白86下立，被阿尔法模仿，但却是"本局唯一的疑问手"（吴清源语）。谱中黑91，应如本图黑1、黑3。黑6，好手。

图四 续上图，双方必然骑虎难下，刺刀见红。至黑19，道策的白大龙，原来也有英雄气短的时候……

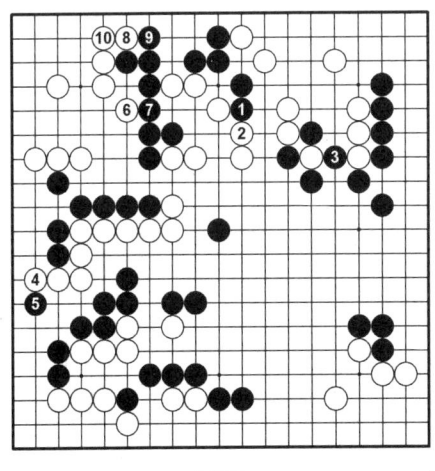

图三

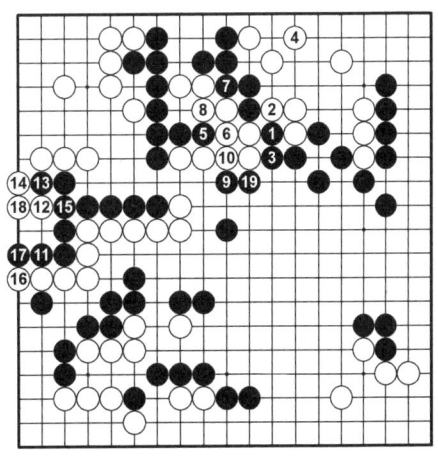

图四

第三局

● 盛大有　○ 汪汉年

有了阿尔法这个对手，真的是好事。在三百多年前，中日围棋高手水平相当，座子与非座子均能演绎精彩，惜乎天高路远，无缘手谈。

本局，即为天元局。只是，彼时称天元为"太极图"或"倚盖"，为又一传神之名。徐星友大师评此局曰："太极图起手务虚声而无实际，不足取也。"然而，这是定论，还是该讨论的呢？

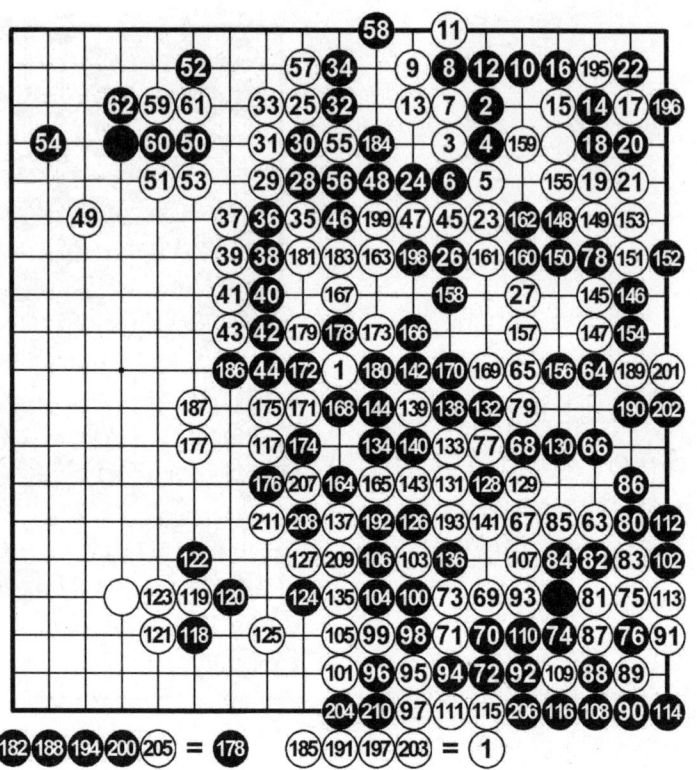

白先　白胜

图五　本图是另一话题。施襄夏说："小飞窄逊大飞宽"，指的是座子棋时。如果白1、白3古今混搭，最后白17再"天地合韵"，难道没有"白方大胜"的感觉吗？施言，有理啊！座子棋的其中三昧，不是以为的那么简单……

图六　本局的白117即为本图白1，精彩的一着啊！看完本谱，请思考为什么黑方一上来就在上边吃一块，后来又在右下再吃一块，最终怎么会输那么多？

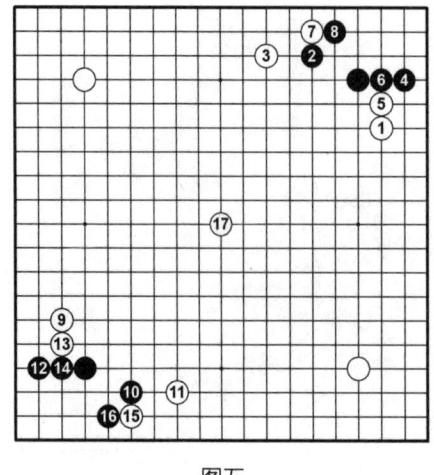

图五

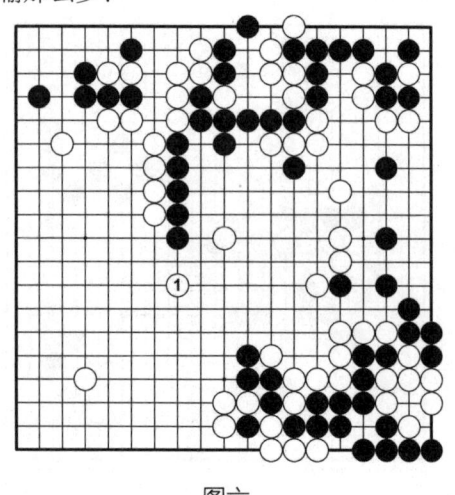

图六

第四局

吴清源—雁金升降十番棋第二局
弈于1941年

●吴清源　○雁金准一

这次，阿尔法仅在第二局的后盘，表演一次漂亮的手筋组合。吾视之，似曾相识，好像在围甲联赛的棋谱里，就有类似的。围甲联赛每年四百多盘棋，我无准确记忆，便无法挨着去找。再说，人老了，过去的，记得住；眼前的，看过就忘啊……待今后想起，再报告吧。

本局，精彩的名局。连获胜的吴清源，都对手筋不断的雁金前辈最终未胜，表示可惜。

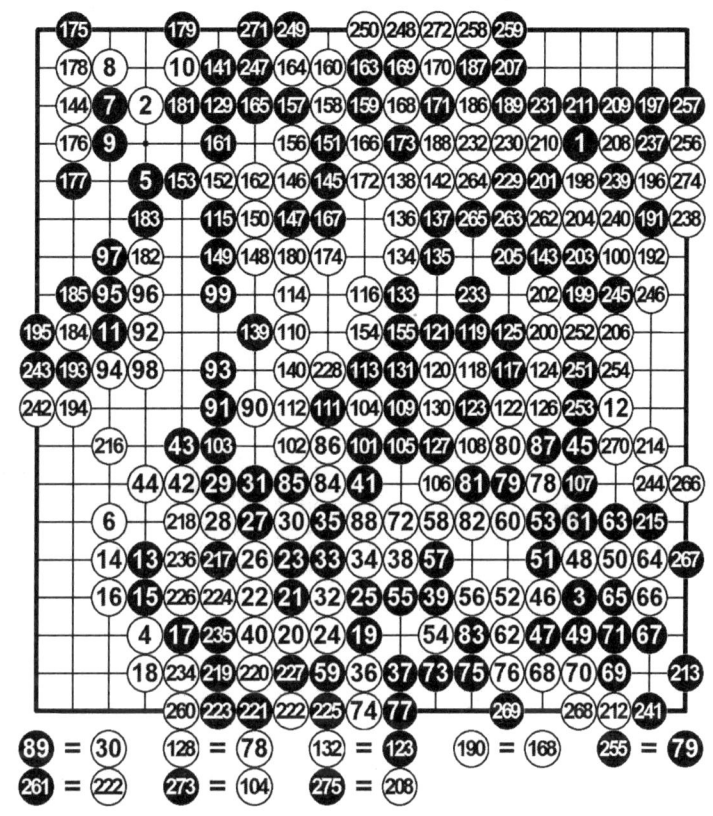

黑胜6目

图七　白1、白3，好腾挪。以下，黑A不动劲，白B，黑C时，白方不以白D为满足，又于白E"百味生"了……

图八　白1、白3、白5，以下只好黑A，然后白B，白方蹬、踏、攀、跃，其乐无穷。当然，我知道，条件近似时，这些着法，阿尔法也会的……

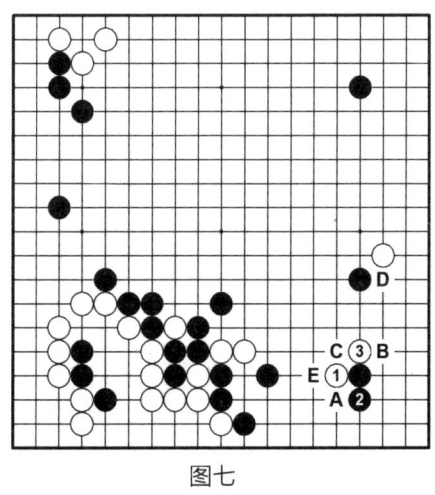

图七

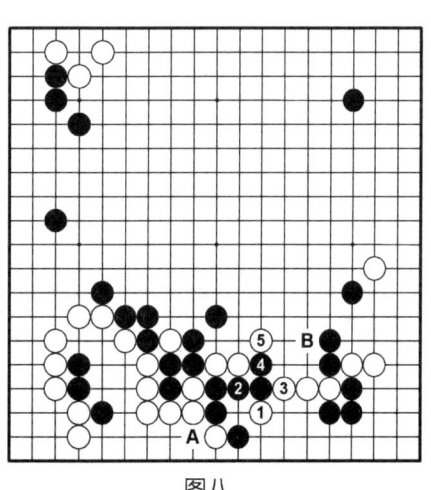

图八

第五局

日本第六期棋圣战七番棋第一局
弈于1982年

● 林海峰　○ 藤泽秀行

林海峰先生，在日本棋界创造了许多纪录，还在五十多岁时夺过世界冠军，但却只差一个"棋圣战冠军"而不能称为"全冠王"，殊为遗憾。本期棋圣战的第六局，一个勺子致煮熟的鸭子展翅飞走，心情大恶（或似"人机大战"之第一局后李世石之心情?），第七局时，又错过右边的深刻打入……

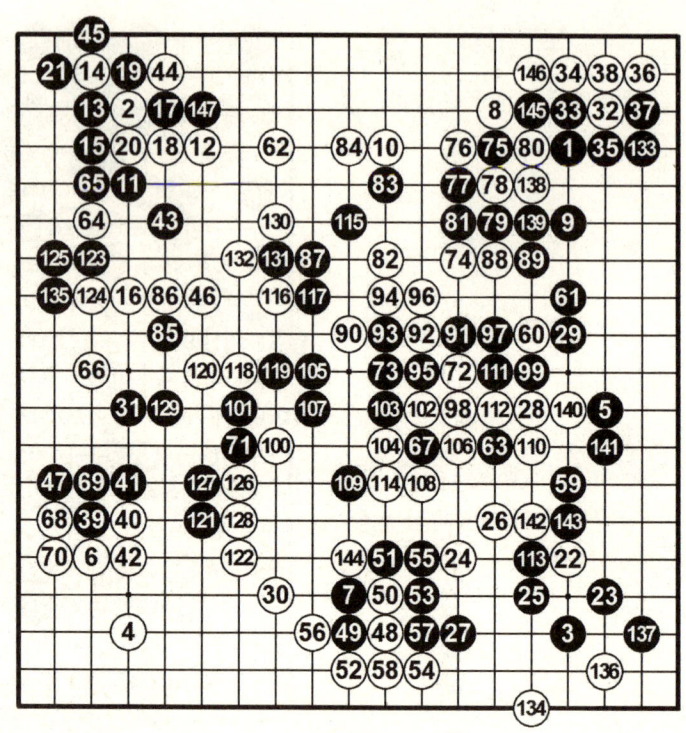

黑中盘胜

图九 藤泽秀行先生的白48，阿尔法亦据此而下出其第一局的白102?

图十 阿尔法下了多次"扳了连扳"，第五局的序盘，小李几乎是为了不让它"扳了连扳"而选择了格局显小的"断"。像本图黑75、77这类似手法，都是所谓阿尔法"概率"论的组成部分吧?

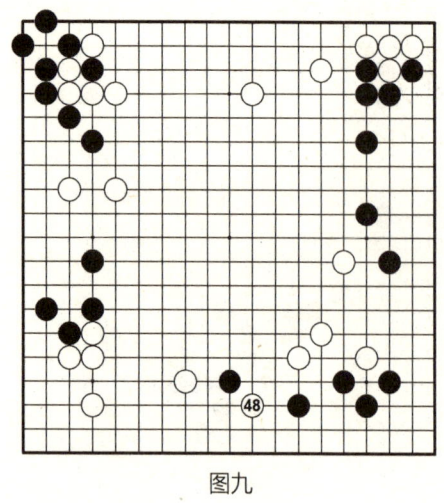

图九

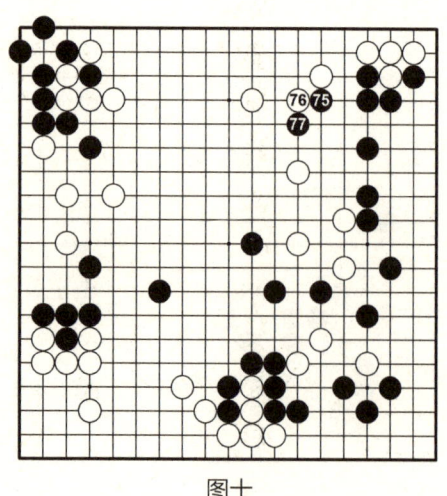

图十

第六局

日本第十一期名人战
七番棋第四局 弈于1986年

● 小林光一　○ 加藤正夫

本期，加藤先生以4∶0击败全盛中的小林先生而成"名人"。本局，更因传世妙手而成对围棋的更大贡献。

图十一　黑1，是探讨本局时，认为黑也可行的下法。这个见解，工程师们也翻译给阿尔法了吧？只是，在"人机大战"的第五局中，阿尔法所借的此见解此着法，明显金未足赤……

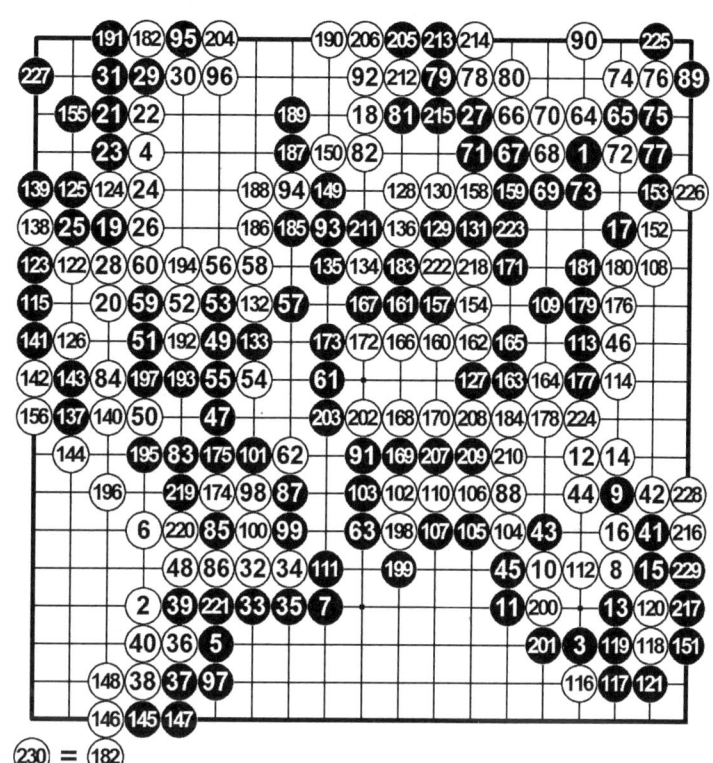

(230) = (182)

白胜

图十二　本图，即"传世妙手"。小林先生，当时（白116之前）预算了所有的终局路径及变化，认定无论怎样都将小胜，但恰恰漏算了白116！漏算此招的概率有多少？会是"万分之一"吗？（一笑哈）我还是愿意相信阿尔法工程师所谓"万分之一"的说法自有其理——尽管我确实不懂。

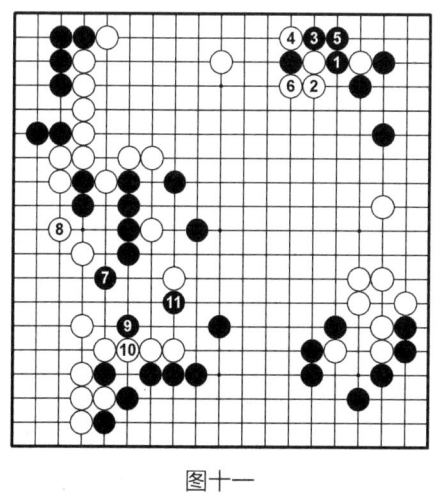

图十一

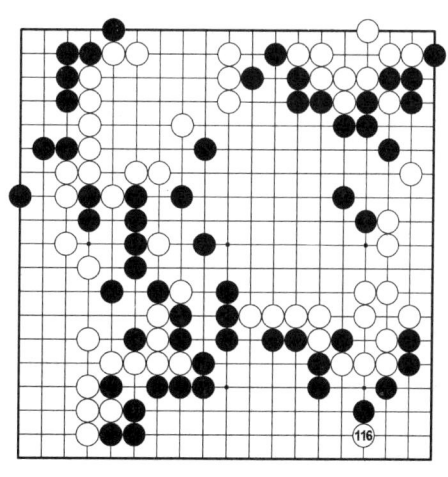

图十二

第七局

第六届春兰杯世界赛

弈于2006年

● 谢赫　○ 李世石

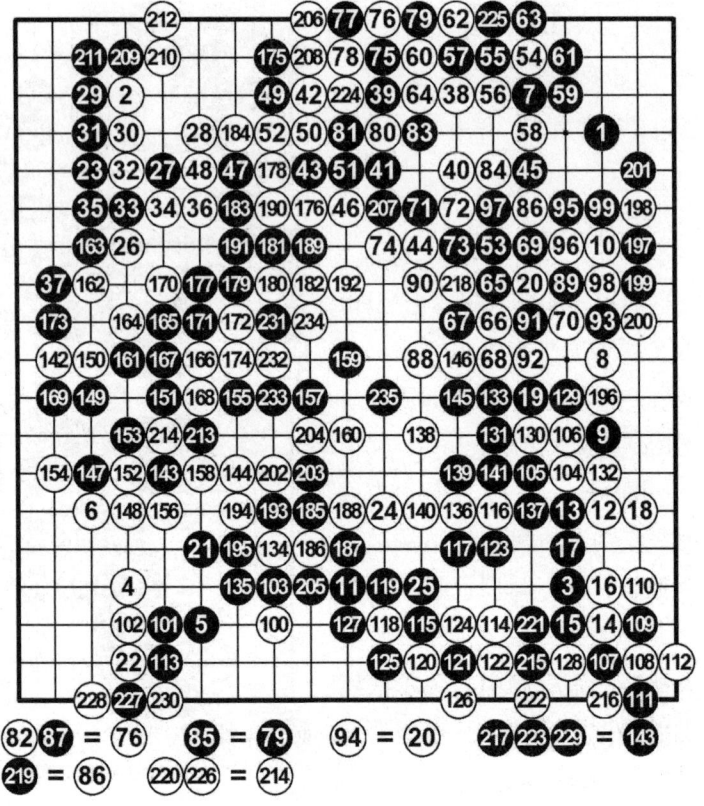

黑胜

全盛时的李世石九段曾说："谢赫，是中国棋手中最难对付的一位。"祸从口出啊！如果我是阿尔法的工程师，除了让他反复看坂田荣男先生的棋谱，谢赫的棋谱、尤其是谢赫胜小李的棋，更不能少看……

图十三　白44，更多地、棋风性地，想着要攻击，这是小李的长处，同时，辩证地这又是其短处。此着于45位曲镇，先停一拍，站稳自身，不是明显的上策吗？黑角，补与不补以及怎么补，将颇费思量。

黑45关起，既自我强化，又对白方反跟踪，实为急所。白方自此，左右前后里外上下均不是了……

图十四　"人机大战"之第二局。黑151，其意其韵，其形其神，与谢赫的棋，不能再像了。

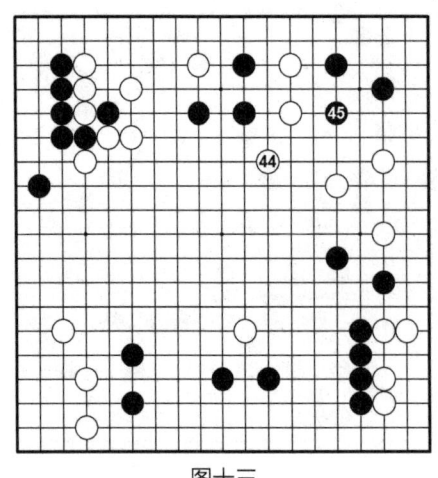

图十三

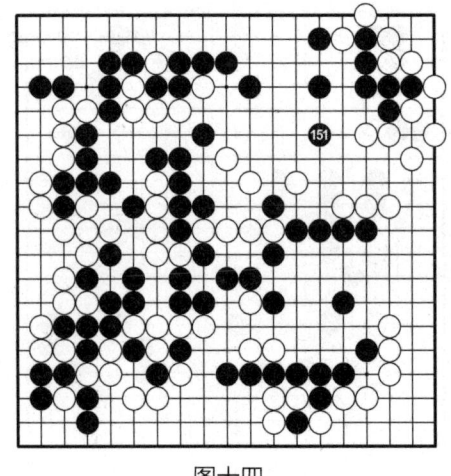

图十四

第八局

● 周东侯　○ 黄龙士

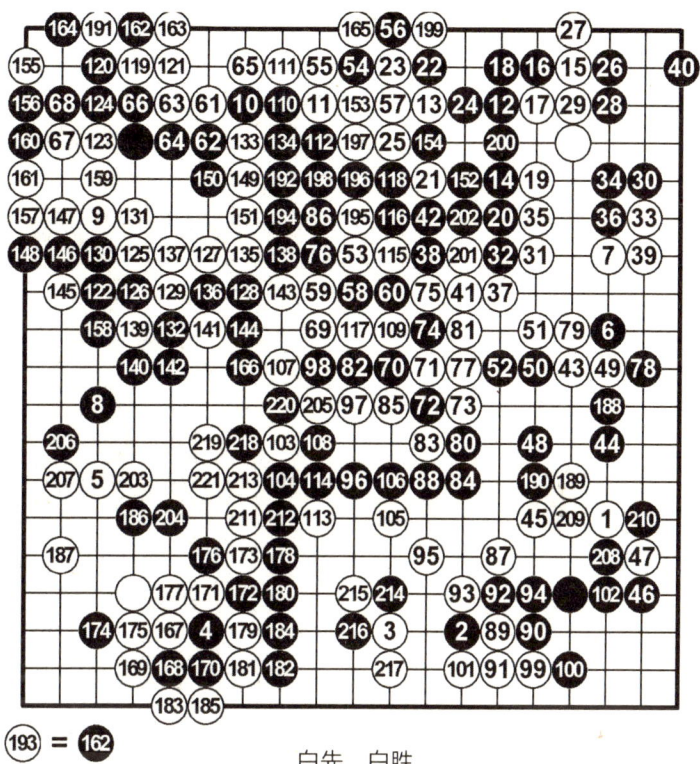

193 = 162

白先　白胜

黄龙士（月天），与道策同时代。两位未能交手，天大的遗憾。两位各自的周围，均欠够劲的对手，为又一憾事。吴清源大师，说起来也有程度不同、情形类似的处境。而黄龙士之后（约50年）的范西屏与施襄夏，在"对手"的这一点上，就幸运太多了……每当想到这些人物和他们的棋，再看标语口号一般的"电脑已经战胜人脑"之说时，真可谓情何以堪。

图十五　谱中的白61，是智慧的一着。本来，平视一般的本图白1，也不是不可以。只是，黑A、白B、黑C，乱啊。乱局，有不少棋手都喜欢。但是，白身安全后的乱，不是更好吗？

图十六　白1以下，解除后顾之忧，白9，放心追求最高的效率——白11！攻击中，"阻止对方的联络"与"合龙在即的切断"，效率是非常不同的。

这样的精彩出于三百多年前，无不令人感慨。

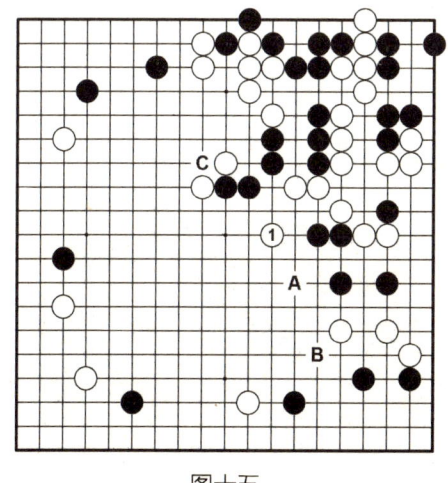

图十五

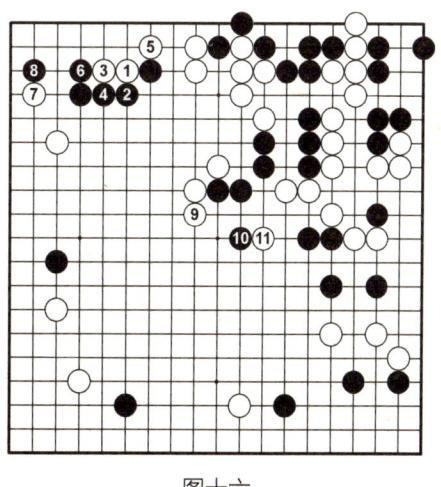

图十六

第九局

● 范西屏　○ 施襄夏

施、范，因有真正的对手，真的是幸运。摩擦生电，越是势均力敌，越能互促进步。从这个意义来说，阿尔法和其他人工智能的围棋项目，真的是希望你们能够坚持下去，尽管成本极高，但其研发的这一先进技术，必能用于其他方面，从长远来看，应是物有所值的。

图十七　白1，传世妙手，百看不厌。从某种角度来说，围棋，又是一门"关系学"：黑白的相争互证关系，已有棋子的责权利关系，面临问题的当前与今后的时间关系，等等。白1，便是点中穴位，一举改变了明明看上去黑棋人多势众、白棋两眼难求的双方力量关系。

图十八　谱中的实战，精彩之极。本图为变化之一。黑1若执意切断，白2以下因动而动，匪夷所思的是，简单几招之后，子力大优的黑方，居然分崩离析！

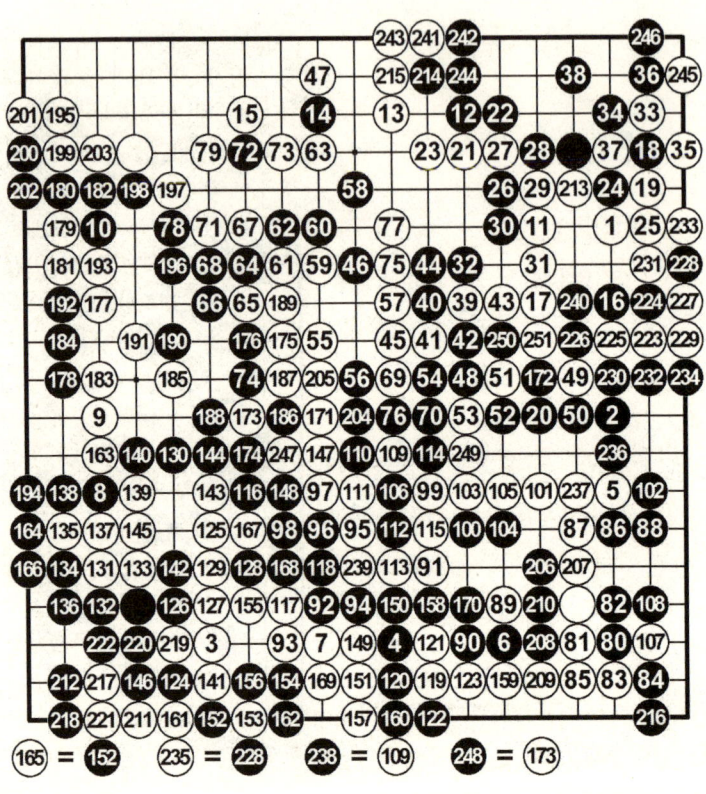

白先　白胜

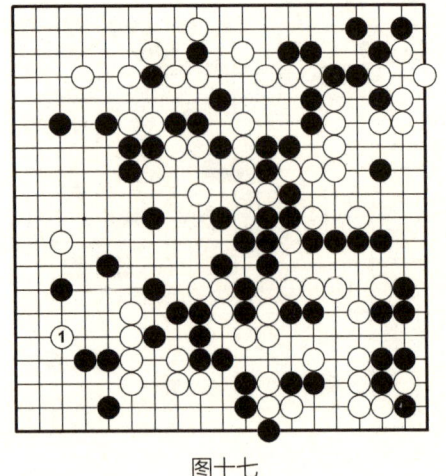

图十七

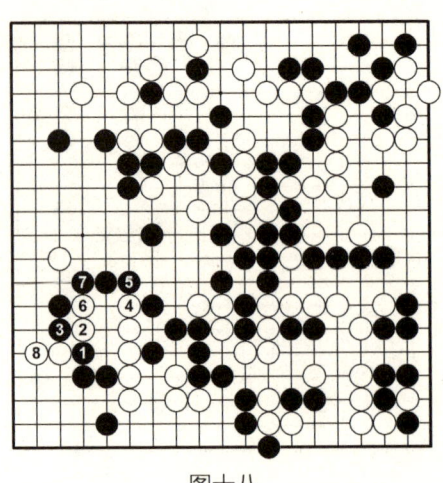

图十八

第十局

● 施襄夏　○ 范西屏

据传，清后期之国手周小松，曾被约请评注范、施诸局。精研月余，始对约请者实言相告：评注不了，因不了解处太多。周小松前辈的棋，我看过几谱，印象是——不拿别人比，免得得罪人——棋力在我之上（"上"多少，再议）。想我竟斗胆评过范、施，其实是基于"多一人多一次地介绍范、施，终归有益"的目的。敬请各位，用心看看陈祖德老师的《当湖十局细解》。

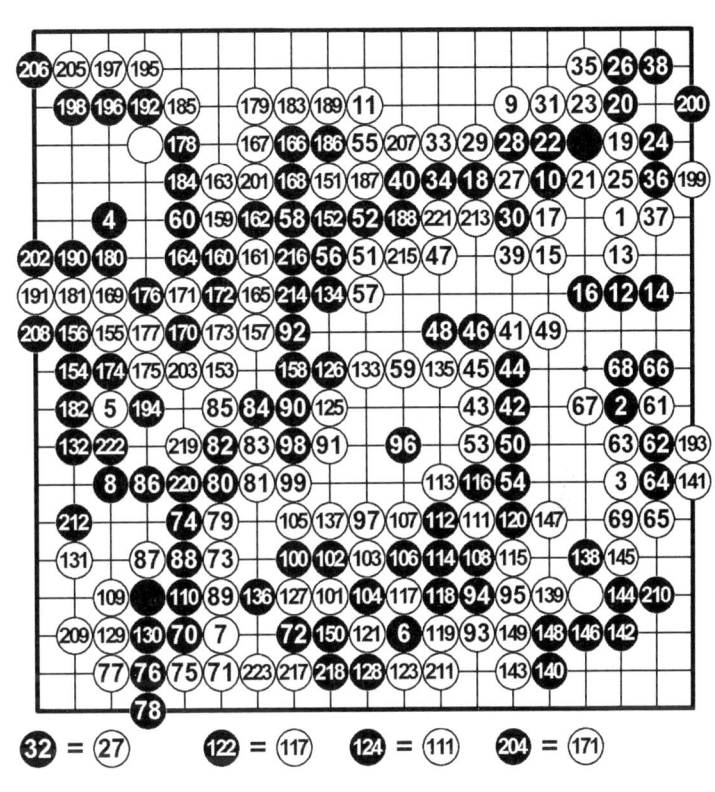

㉜ = ㉗　　⑫② = ⑪⑦　　⑫④ = ⑪①　　②⓪④ = ①⑦①

白先　白胜

图十九　白棋借力时，黑1静观更有趣。上边的黑形，因有黑A，故非白B补后白不能强攻。实战的黑C、白D、黑E，阿尔法狗熊掰棒子——只学了一半……然而，我们，又从前辈那里，学了多少呢？

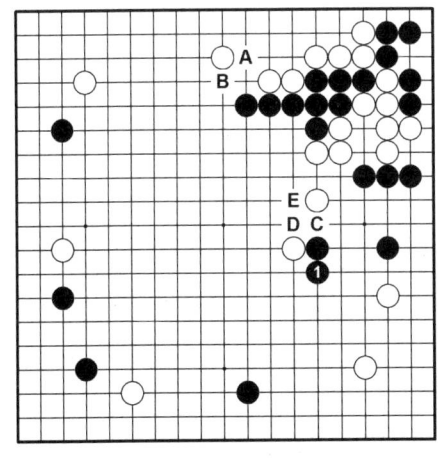

图十九

七律《星际》

善解前人平仄衷，古棋规制与诗同。
明清境界宗之典，虚幻隅边座子工。
相克相生形不定，若离若变无穷。
自由至尚一言尽，约束全消万事空。

"人机大战"带给人类的不是噩耗

谢 锐

李世石九段对谷歌AlphaGo"人机大战"以李世石1比4落败而告终,赛后李世石说:"我无法超越我自己,但是,我不认为我的极限就是人类的极限。"他还认为年轻棋手可以战胜AlphaGo,"虽然AlphaGo下得非常好,但并没有达到'围棋之神'一级的水平。如果不是我,是年轻的棋手,如朴廷桓他们,完全可以赢AlphaGo"。但即便是柯洁九段、朴廷桓九段等上场与AlphaGo一战,结果也不会乐观。以AlphaGo在五番棋中展现出来的水平来看,一如聂卫平九段所言,就算柯洁上场,机会也渺茫。

人类赖以骄傲的"智慧堡垒"已经被攻破,这已是不可改变的事实。围棋中的游戏特质过去赋予了深奥幽玄、神乎其神等内涵,现在人工智能实际上已经攻破,即便目前阶段仍与柯洁互有胜负,但阿尔法的实力排名世界前三已无任何悬念。倘若谷歌再加大投入的话,成为真正意义上的第一高手亦并非难事。

职业高手最担心的尊严问题已无法回避,赖以骄傲的"智慧堡垒"一夜之间轰然坍塌后,拢罩在职业棋界的失落感久久挥之不去。过去,吴清源、李昌镐都是世界第一,现在柯洁即便将现有世界大赛冠军悉数揽入怀中,却也不敢说是世界第一:你问阿尔法同意了吗?

撇开职业围棋高手的尊严受打击、评判职业高手的价值观业已改变等话题,"人机大战"给围棋带来的是一次前所未有的机遇,这是评判此次"人机大战"的前提。

据统计,"人机大战"五番棋每局都有1亿人在观看直播,欧美人对围棋的关注热情空前,这是举办多少届应氏杯、三星杯、百灵杯、Mlily梦百合杯也不可能达到的效果。国内新浪、腾讯、网易、凤凰、乐视等网站全方位直播"人机大战",国家围棋队全体高手出动,被各大网站一抢而空。职业高手还从未有过如此被哄抢的待遇。

央视的综合频道、新闻频道和体育频道都在关注"人机大战",五盘棋有四盘棋的报道出现于《新闻联播》,享受重大国内外时事待遇。常振明、马云、马化腾、李彦宏、雷军都在热聊"人机大战"。就连李克强总理在十二届全国人大四次会议闭幕式答记者问上,亦主动提及"人机大战"。"讲到中日韩关系也使我想到一个比较轻松的话题,就是最近韩国棋手和AlphaGO进行的围棋人机大战,三国很多民众都比较关注,这也表明三国之间文化有相似之处。我不想评论这个输赢,因为不管输赢如何,这个机器还是人造的。"

"人机大战"最初的"人类罪人"、欧洲围棋冠军樊麾二段在李世石1比4落败后如释重负,一身轻松地频频发各种微信,他有一条微信写道:"过去一周,受'人机大战'影响,韩国有10万名学生报名学习围棋,各种围棋书籍抢购一空。"

围棋入门容易,之后便发现"一入宫门深似海",没有足够强大的外推力,围棋不可能成为一种热潮,尤其是在"快生活"的今天。过去围棋热潮的引爆有中日围棋擂台赛、动漫《棋魂》问世等大事件,而且仅限于东亚文化圈,但"人机大战"将围棋推至全世界,力度和广度尤甚于前两次。

再回到人类高手被阿尔法摧毁尊严的话题。即便是阿尔法依然存在,但其功力将会大减,面目全非。一如IBM公司在深蓝完成打败人类高手卡斯帕罗夫的使命后从此退出江湖一样,谷歌公司不可能一直高投入,仅仅为了维持阿尔法的存在。"人机大战"期间,谷歌调用了一组高级服务器维持其运转,总费用超过1000万美元……这样的高成本将随着"人机大战"的结束而结束。

以后即便出现阿尔法的单机版,功力亦与"人机大战"的阿尔法相差甚远,如同爷爷辈到孙子辈。与当今泛滥成灾的高水平象棋单机软件不可相提并论,与李世石对决过的阿尔法没准从此就像动力波一样,十几亿年后再造访人类世界。人类高手如柯洁,依然可以横行于世俗棋界,该牛的时候照样牛,该网红的时候照样红。

而且,阿尔法短暂而伟大的一生给棋界带来了一场技术革命,一扫当今棋界"唯目是图"的沉默流行风。在与李世石的五番棋大战中,我们意外发现,掌控大局的竟然是机器阿尔法,而不是人类高手!阿尔法很多着法看起来歪歪扭扭,离经叛道,但偏偏能赢棋!这清楚不过地表明,过去围棋理论看似精华的其实有很多是糟粕;广受批判甚至嘲笑的着法很可能才是棋之正道。过去,围棋界两大不世出的天才吴清源和李昌镐一个将棋盘变大,一个将棋盘变小,现在阿尔法再次将棋盘变大。哪怕它局部作战会出现死机的极端情况,但它却更多地凭借大局观和博古通今、熟读群书而拿下李世石。

阿尔法的横空出世，将使职业棋手的眼光再次投向广袤无垠的中腹，大道无形却也至简，只是围棋蕴含的这一番哲理却是由电脑来发扬光大的，对功利至上的当今职业围棋似乎是一大讽刺。此外，李世石、朴廷桓、柯洁为代表的一代实战派对古谱以及前辈大师们的棋谱看淡甚至漠视的做法被严重打脸，他们习惯于以赛代练，研究的也是同时代棋手的棋谱，对同辈高手的棋谱研究到了着迷的地步，这也是他们弈出的棋局近乎千人一面、缺乏鲜明个性的一大缘由。

　　但是阿尔法在这五盘棋中的许多着法，却是来自于前辈大师们浩如烟海的棋谱！阿尔法以其强大的检索功能找到了一个个前辈大师们在棋盘上留下的足迹，一如《棋魂》一样，挖掘出了他们存于棋盘的魂！李世石不识，所以为之措手不及而方寸大乱，猝不及防之下连遭败局；当今高手们对其不识，对其着法大呼惊奇，将其推崇至无以复加的地步，诸如"阿尔法至少要让人类高手一先"之类说法不绝于耳，回过来思量，这难道不是一种悲哀吗？

　　如果通过这次"人机大战"，人类高手能够重新回头认识人类自己在围棋领域创造的价值，并从中汲取精华，那肯定比一味地为阿尔法唱赞歌更有价值得多。为有源头活水来，人类在棋艺上的进步、趋于完美的源头除了自身不断的创造之外，还在前辈高手们呕心沥血创造出来的棋谱中，阿尔法给人类上了生动一课。

后记　围棋"老炮儿"

谢　锐

　　李世石九段与谷歌阿尔法（AlphaGo）的"人机大战"结果完全出乎棋界的意料，在此之前，在能采访到常昊九段、古力九段、柯洁九段等棋界高手的场合，他们都一致认为，李世石获胜不是问题，是5比0还是4比1获胜的问题。柯洁心直口快："围棋从高手到超一流高手的那一步最难，阿法狗即便能达到职业高手的水准，但要想成为超一流高手，还是不大可能。"谷歌不懂围棋，为了制造效应给李世石"送钱"的说法成为棋界主调。

　　围棋界与人工智能界之间的鸿沟有多大？从这次"人机大战"中即可看出。职业高手们在棋界所向披靡，拥有绝对的话语权，但对人工智能的了解却还停留在入门级阶段。这谈不上悲哀，职业高手们对AlphaGo实力的了解都停留在它与欧洲围棋冠军樊麾二段的五番棋上，尽管李世石本人也提起过阿尔法半年来的进步有多大是未知数，但很少有人对其实力进步之快有足够的警觉。

　　在李世石惨遭三连败之后，棋界舆论意外地转向，从一边倒地看好李世石到一边倒地对李世石"落井下石"，从极度的自信到极度的自卑，甚而对李世石在对局中被压倒性的打击有"幸灾乐祸"之感，这种心理用韩国韩钟振九段的话来描述就是"作为被李世石赢过的棋手，现在看棋的心情就是，李世石什么时候变得这么容易对付了"。

　　李世石在第三局落败后说的一句话令人动容："阿尔法围棋打败了李世石，但并不能说明就是打败了整个人类。"孤傲的李世石说出这番话，那一刻他的内心里无异于在泣血。在习惯了他的直率、狂放之后，他的这番话等于放低自己一直高昂着的头，内心的高傲也遭受风吹雨打，不再挺拔。

棋界高手们对AlphaGo的态度先倨后恭，有的甚至说出了"要让人类高手一先"的话来，与当初几乎一致断言"李世石5比0胜出"的草率一样，轻狂、浮躁充溢其中，很少有人从技术角度去好好地反思、探索一下，AlphaGo为何在棋艺上突飞猛进，其长处在哪里，短处又在哪里？媒体以及门外汉们起起哄也就罢了，职业高手们本该担当起打败AlphaGo、将围棋理论与技术提升一个层次的使命，但很遗憾，这样的"众人皆醉我独醒"者极少极少。

了解AlphaGo，就得了解它棋艺长进之源在哪里。它拥有世界上最强大的搜索、存储功能，几乎所有能在网上找到的棋谱都在其存储库里，而当今职业棋手们很少甚至可以说不屑于去打之前许多名家的棋谱，比如李世石就说过他从未打过坂田荣男的棋谱，如果连鼎鼎大名的"剃刀"都不入其法眼的话，那其他名家棋谱在其心目中的地位可见一斑了，遑论中国古代的黄龙士、范西屏、施襄夏棋谱了。

从李世石这一代"韩流"崛起开始，职业高手们的"打谱学棋"时代似乎一去不复返，代之以打谱训练的，是他们无休无止的实战对局，尤其是网络对弈兴起后，年轻棋手们更是一天都离不开网络，哪怕白天参加正式比赛，到了晚上，他们依然上网对弈，雷打不动。陈耀烨、周睿羊、朴廷桓、范廷钰、芈昱廷、柯洁……他们成长于网络，强盛于网络，他们的生活离不开网络，反映在棋上就是，他们对各种时下流行的棋形极其熟练，布局几成摆设，快速导入中盘角力，一决胜负。

这种"轻理论、重实战"的职业训练模式在年轻高手中几成定式，但这样做的后果是对稍早以前的棋谱流行变化知之甚少，甚至一无所知。2015年1月第二届百灵杯世界围棋公开赛决赛五番棋第四局，邱峻九段仅仅在大雪崩定式中选择了外拐，而不是常见的内拐，结果17岁的柯洁大为震惊，猝不及防之下应对失误，序盘即呈大败之势。之后他竭力逆转，终因序盘损失过大而无功而返。

大雪崩外拐定式在吴清源一时兴之所至改变了定式进程之后不再流行，慢慢从棋手们的对弈棋谱中消失，但这也不过是半个多世纪而已。今天的柯洁们就对其已不再了解，对古谱他们就更没兴趣与时间去了解一二了。

在AlphaGo从棋界前辈大家的棋谱中大量汲取营养的时候，当今年轻高手们却在抛弃人类的智慧成果，而逐渐把围棋蜕变为一种"唯手熟尔"的游戏，因而围棋丰富多彩的序盘、布局正渐渐沦为套路，难得看到令人眼睛一亮的布局。倒是AlphaGo，时时在布局中有技惊四座的一手，唤醒我们对广袤无垠序盘的美好记忆。

如果李世石通古博今，对AlphaGo在对局中多次借用范西屏、施襄夏、吴清源、坂田荣男等棋界前辈大家的着法不再陌生时，他还会在猝不及防之下各种凌乱吗？

此外，当今职业高手的商业化趋势也是阻碍他们境界提升的一大痼疾。围棋是信仰，也是修行，但大多年轻棋手将此视作是赚钱的游戏，胜则喜，败则忧，不敢在棋上稍有"僭越"，对局时几乎是清一色的"脸麻"，棋局内容亦几乎千篇一律，无非是"先捞后洗"，类似吴清源、藤泽秀行、武宫正树、聂卫平在棋盘上那般无拘无束的想象力如今全然不见。90后、95后是职业的一代，也是自小背负着整个家庭希望的一代，他们生产于道场流水线，那种应试般的教育模式禁锢了他们，束缚了他们的自由想象力。看看当今95后棋手千人一面的棋谱，难道没有随便换上两个对局者名字也不会有任何异样之感吗？

围棋最令人神往的是人类自由无限的想象力驰骋在广阔无垠的棋盘上，如果围棋沦落为布局套路和中盘计算，人类高手确实难敌AlphaGo这样凝聚了数百年棋谱精华和最现代搜索、计算功能的人工智能，这一天迟早会到来，"人机大战"只是将此时间提前了。

我们无法假设，如果这次谷歌AlphaGo的对手是行棋无拘无束、对局中寸心不乱的吴清源，会是一个什么结果？AlphaGo在面对吴清源"天高任鸟飞、海阔凭鱼跃"的变化莫测着法时，是不是会频频出现类似"人机大战"第四局"死机"状态？吴清源无招胜有招，以千变应不变，AlphaGo在古今浩瀚如烟的棋谱中找不到相应的"定式"着法时，它会如何应对？

即使吴清源无法再世，换一个棋风灵活近乎诡异的罗洗河九段上场，结果又会怎样？能说一定比李世石输得更惨吗？不见得，AlphaGo最不惧的是计算，而李世石的成名绝技即被人戏称为"僵尸流"的逆势翻盘术，凭借的是自小练就的强大读秒功夫和精准计算，但这不正是电脑的强项吗？

"人机大战"后，与罗洗河九段有过一段有关AlphaGo的交谈，他说看过五盘"人机大战"后，觉得与电脑下棋意思不大，原因是电脑的棋没有灵感，都是"死"的。只要多看几盘AlphaGo的对局，就能摸清其套路。"它（AlphaGo）的棋一点都不好看，没有灵气。"而灵气不正是围棋的魂之所在吗？

这些困惑一直萦绕心头，直至以此话题相交于王元八段和姚军总编。

王元是棋界豪爽、仗义、正直、好学的君子，常常两杯小酒下肚，"老炮儿"的情怀自然流露。他说起"人机大战"，一种憋屈、愤懑、痛惜的情怀油然而生。他说参加过一次人工智能研讨会，满座皆高谈阔论AlphaGo如何厉害，如何蹂躏人类高手，他实在忍不住，拍案而起。当然，他不会叫骂，他用的是事实，他的事实是他多年来的用心积累，仅仅一句"你们知道吗？阿尔法的很多着法其实都是从人类高手棋谱中借用的，第一盘在右上角的着法借用的是1979年日本本因坊战决战第四局加藤正夫对林海峰的着法；第二局被大加赞赏的那手肩冲（黑37）其实是一步臭棋……"

图一是1988年第一届富士通杯决赛，武宫正树九段执黑对林海峰九段之局，图中黑1五·5肩冲这手棋极具"宇宙流"风格，充满想象力，赏心悦目。

图二是1988年首届应氏杯首轮藤泽秀行九段执黑对马晓春九段之局片段，同样是肩冲，黑

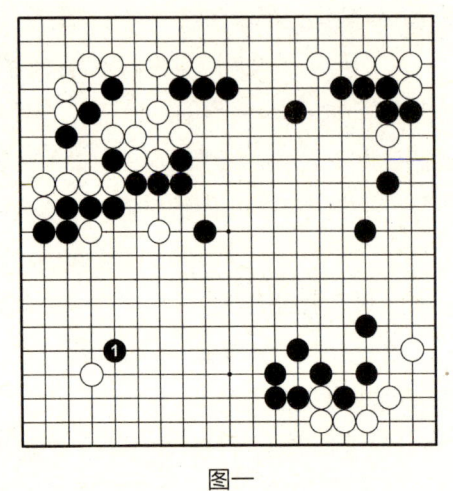 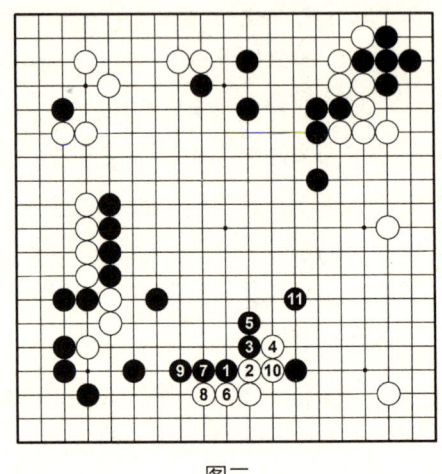

图一　　　　　　　　　　　　　图二

1这手棋恢弘大气、浑然天成，可谓"神之一手"，寥寥数手，至黑11即完全掌控大局，令人久久回味。

谈及当时那个情景时，王元依然情怀萦绕，如同身在此境。他越是看周围人乃至职业棋手对"人机大战"的态度，越是有一种写本书剖析AlphaGo的冲动，甚至使命感。为此，他已做好了自费出这本书的打算。于是乎，他开始亲手制作一张张小棋谱，在家里的工作台上，戴上老花镜一笔笔地撰文、改写，他有一个贤惠的妻子，饭菜、烟酒好生伺候，使他得以安心撰写大作。

"我想通过这本书告诉大家，AlphaGo没那么神，它的很多着法都是来自于围棋前辈大家的棋谱，有些它还学得不像，但已经足以打败李世石。如果现在的年轻棋手都了解AlphaGo的着，它没那么厉害。棋界不应该神化它，而应该像它一样，多看看前辈大家们的棋谱，从中吸取营养。"王元说这番话时，眉头紧蹙，斩钉截铁，他很痛心，为大家对AlphaGo的一知半解，为大家的盲目自卑。

姚军大概也算得上是出版界的"老炮儿"，只要有酒、棋、书法，即浑然忘形，举杯吟诗作对，半醉状态下更是口吐莲花，各种典故段子栩栩如生。他有超过一打的书画界朋友，他们的作品大多是在酒至酣处而做，情之所至，方为艺术境界。姚军指着一幅书法放言："就算电脑能模仿人类写字，但是像苏东坡这样的书法大家偶尔情怀奔放时那一竖、那一撇，电脑再发达，再能模仿，它也学不到！围棋跟书法一样，有人类的情怀在里头，我们从棋谱和书法中能看到作者丰富的情感世界，电脑智能再高超，它也不可能具备我们人类的情感！"

下图是苏轼著名的《黄州寒食诗帖》。被誉为天下第三行书的这幅书法帖最能体现出苏东坡豪放的性格，作品为他兴之所至、感情浓郁之时，在非理性状态下一挥而就的。其时他因乌台诗案被贬谪到黄州。黄州时期是其生活最为艰苦的时期，恶劣的环境、郁闷的情绪使他起而呼

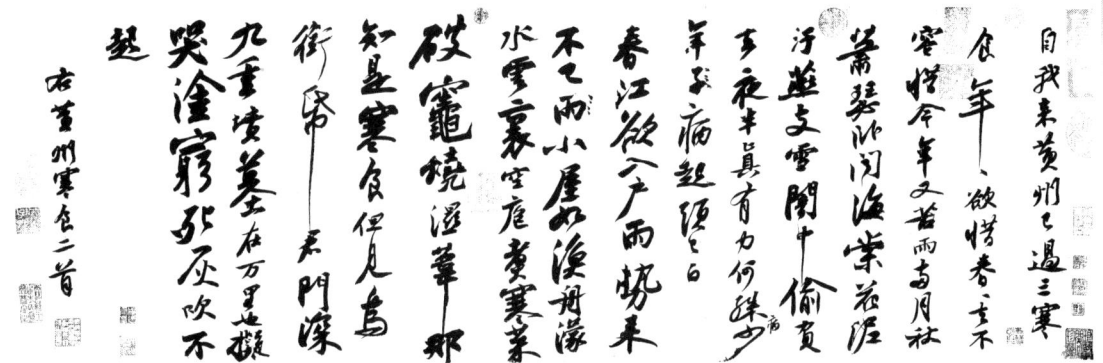

喊，这一时期成了其艺术创作高峰期，《赤壁赋》、《赤壁怀古·大江东去》便是此间之杰作。《寒食诗帖》也是这时的愤懑之作，为两首五言古风，诗句苍劲沉郁，低回长叹，极富感染力。而书法则以手卷形式一气呵成，随着感情的变比，气势跌宕错落。

写到第二首开头，运笔加快，字型变大，翰逸神飞，心手双畅，充满了不可遏制的激情。作品没有他惯常的结字、用笔特点的束缚。用笔中侧锋兼用，结字既扁又长，两次用了悬针。整体上起伏不平，字形大小对比悬殊，给人以强烈的视觉冲击，可谓是苏东坡的神来之笔。作品一改他严谨端庄的面貌，而趋向豪放不羁，在技巧、情感、意境上都无可挑剔。黄山谷在其后跋曰："东坡此诗似李太白，犹恐太白有未到处。此书兼颜鲁公、杨少师、李西台笔意，试使东坡复为之，未必及此。它日东坡或见此书，应笑我于无佛处称尊也。"山谷可谓深识其妙。

有幸结识这几位"老炮儿"，几杯酒罢，豪情满怀，于是就有了这本书。